Konflikt und Ausgrenzung in der Katholischen Kirche
Analysen zur Selektivität religiöser Institutionalisierung

ERFAHRUNG UND THEOLOGIE

SCHRIFTEN ZUR PRAKTISCHEN THEOLOGIE

Herausgegeben von
Wilhelm Gräb, Norbert Greinacher, Ferdinand Klostermann†,
Norbert Mette, Dietrich Rössler

Band 18

PETER LANG
Frankfurt am Main · Bern · New York · Paris

Rainer Schwarzenthal

Konflikt und Ausgrenzung in der Katholischen Kirche

Analysen zur Selektivität religiöser Institutionalisierung

PETER LANG
Frankfurt am Main · Bern · New York · Paris

CIP-Titelaufnahme der Deutschen Bibliothek

Schwarzenthal, Rainer:

Konflikt und Ausgrenzung in der Katholischen Kirche : Analysen zur Selektivität religiöser Institutionalisierung / Rainer Schwarzenthal. - Frankfurt am Main ; Bern ; New York ; Paris : Lang, 1990

(Erfahrung und Theologie ; Bd. 18)
Zugl.: Wuppertal, Univ., Diss., 1990
ISBN 3-631-42979-7

NE: GT

D 468
ISSN 0172-1135
ISBN 3-631-42979-7

Printed in Germany 1 2 3 5 6 7

VORWORT

In zunehmendem Maße hat die katholische Kirche in den letzten Jahren mit Problemen abweichenden Verhaltens und mit Konflikten in den *eigenen* Reihen zu tun. Nicht nur die ethischen und moralischen Forderungen unterschiedlicher katholischer Verbände und Gruppierungen an Staat und Gesellschaft sind uneinheitlich, zum Teil sogar kontrovers geworden, sondern auch die innerinstitutionellen Ordnungsnormen katholisch-kirchlicher Organisation selbst scheinen mehr und mehr zum Konfliktstoff zu werden. Gerade die Auseinandersetzungen mit Theologen, die sich mit kirchlichen Strukturproblemen befassen, wie z.B. Küng, Herrmann, Boff, Lefebvre, oder aber mit kirchlichen Mitarbeitern, denen infolge ihres Kirchenaustritts, ihrer öffentlichen Kritik an amtskirchlichen Gesetzgebungsforderungen, ihrer Wiederverheiratung nach Scheidung etc. gekündigt wird, geben beredtes Zeugnis davon, daß sich auch die Kirche, ähnlich wie außerkirchliche Verbände, Parteien und andere Gruppierungen, vor die Frage gestellt sieht, wie sie mit ihren eigenen Konflikten, mit ihren eigenen Abweichlern umgeht. Daß dies für die katholische Kirche nicht nur eine pragmatische Frage, eine Frage nach ihrer sozialtechnologischen Problemlösungskompetenz, sondern auch eine zutiefst ethische, nämlich eine Frage an das moralische Programm und christlich-ethische Selbstverständnis katholischer Kirche ist, versteht sich dabei von selbst.

So sind es gerade die innerkirchlichen Konfliktlösungsmaßnahmen mit *ausgrenzendem* Charakter (Kündigung, Amtsenthebung, Verbot der Besetzung bestimmter Ämter, der Benutzung kirchlicher Räume, Entzug der Missio Canonica, öffentliche Exkommunikation etc.), die so gar nicht in das Bild einer katholischen, d.h. all(e) umfassenden Kirche zu passen scheinen, die besonders innerhalb der katholischen Kirche auf Widerstand und Kritik stoßen. Desweiteren wirft die Vielzahl von ausgrenzenden Maßnahmen in der katholischen Kirche - man braucht sich nur die Anzahl der Arbeitsgerichtsverfahren zur Kündigung kirchlicher Mitarbeiter in den vergangenen Jahren vor Augen zu führen - die Frage auf, wie dies mit der gerade von kirchlich gebundenen Religionssoziologen immer wieder beschworenen Integrationsfunktion von Religion und Kirche zu vereinbaren sei.

In der vorliegenden Untersuchung soll nun der Frage nachgegangen werden, welches die gesellschaftlichen Bedingungen sind, die die katholische Kirche bei internen Konfliktlagen derzeit zu Mechanismen der Ausgrenzung greifen läßt, insbesondere in jenen Bereichen, wo sie ihr Selbstverständnis am ungehindertsten entfalten zu können meint: eben nicht in der Gesamtgesellschaft oder bei ihrer losen Mitgliederschaft - dort scheint ihr Einfluß nicht mehr ungebrochen, wie Befragungen deutlich zeigen -, sondern im Bereich der von ihr abhängigen Verbände, Gruppierungen und Mitarbeiter, durch die sie sich nach außen hin repräsentiert. Welche Verhaltensweisen ihrer Mitarbeiter empfinden die Vertreter der Kirchenhierarchie als so problematisch, daß sie diese aus kirchlichen Funktionen, Ämtern oder Räumen verbannen, ausgrenzen zu müssen glaubt? Warum werden die betreffenden Verhaltensweisen als so problematisch empfunden (Kapitel 3)? Wie werden die Verfahren innerkirchlicher Ausgrenzung legitimiert und organisatorisch durchgeführt (Kapitel 4)? Inwieweit kollidieren Maßnahmen innerkirchlicher Konfliktbewältigung mit staatlichem Recht, insbesondere dort, wo es um nicht mehr rein kirchliche Angelegenheiten, sondern z.B. um Rechtsbeziehungen gesamtgesellschaftlicher Bedeutung, um Arbeitsverhältnisse, geht (Kapitel 5)?

Den zentralen Kapiteln 3 bis 5 gehen einige grundlegende Erörterungen zur Konfliktträchtigkeit der besonderen Form religiöser Institutionalisierung, wie sie mit der Verkirchlichung des Christentums am Beispiel der katholischen Kirche gegeben ist, vorauf (Kapitel 1 und 2).

In Kapitel 6 werden - unter Berücksichtigung der in Kapitel 3 bis 5 dargestellten, empirisch fundierten Erkenntnisse sowie des in Kapitel 1 und 2 angerissenen theoretischen Bezugsrahmens - einige Konturen einer Soziologie religiöser Devianz bzw. kirchlicher Konflikte aufgezeigt. In einem abschließenden Ausblick wird der Versuch unternommen, einige kirchliche Entwicklungsmöglichkeiten in Richtung einer toleranteren, befreienderen Praxis des Umgangs mit innerkirchlicher Devianz und innerkirchlichen Konflikten anzudeuten.

Diese Arbeit wurde in der Hoffnung verfaßt, dazu beitragen zu können, daß "der Bezug auf das vom Evangelium her gesetzte Ziel der Kirche, nämlich allen Menschen die 'menschenfreundliche' Liebe Gottes in Christus zu vermitteln, trotz aller fremden 'Sachzwänge' eindeutig erkennbar bleibt. Von diesem Ziel her muß sich deswegen - wie das primär Institutionelle in der

Kirche - auch das konkrete Mittel der Organisation, des 'Apparates' und der 'Bürokratie' stets relativieren, kritisieren lassen" (KEHL 1976, 316).

Das Zustandekommen dieser vorliegenden Arbeit ist ohne die Aufmunterungen und Ermutigungen seitens einiger betroffener kirchlicher Mitarbeiter, die trotz ihres Leidens an kirchlichen Strukturen ihre Hoffnung (wenn auch oft nicht mehr auf die Kirche gestützt) auf die Kraft des christlichen Glaubens nicht aufgegeben haben, nicht denkbar. Ihnen und all jenen, die sich mit ihren Problemen mit kirchlicher Organisation an den Autor gewandt haben, sei für ihr Vertrauen gedankt. Mein Dank gilt auch Herrn Professor Dr. Manfred Brusten, der mit seinen Anregungen diese Arbeit mit auf ihren Weg gebracht hat, insbesondere aber Herrn Professor Dr. J. M. Häußling, der diese Arbeit mit kritischer Distanz und wertvollen Hinweisen aufmerksam begleitet hat. Den bei der Abfassung einer solchen Arbeit wohl verständlicherweise aufgekommenen 'emotionalen Überhang' half mir meine liebe Frau Annette durch geduldiges Zuhören sowie unser Töchterchen Karina durch dem wissenschaftlichen Problembewußtsein des Autors gegenüber deutlich geäußerte Ignoranz angesichts der wesentlich 'elementareren Probleme und Bedürfnisse' eines Säuglings abzubauen. Meiner Frau sowie Peter Gries danke ich für die vielen technischen Hilfeleistungen beim Eingeben dieser Arbeit in einen PC.

INHALT

EINLEITUNG

Konflikte zwischen gesellschaftlichen Gruppen und/oder Individuen beruhen auf der "Inkompatibilität zwischen Zielsetzungen oder Wertvorstellungen von Akteuren in einem Gesellschaftssystem" (GALTUNG 1975, 110), das heißt, "daß das, was ein Akteur insgesamt oder potentiell verwirklichen möchte, die Verwirklichung der Vorstellung eines anderen Akteurs ganz oder teilweise ausschließt" (GALTUNG 1975, 110). Die Möglichkeit einer beide Akteure zufriedenstellenden Konfliktlösung setzt demnach die Überwindung der Inkompatibilität entsprechender Ziel- oder Wertvorstellungen voraus, verweist damit auf ein gemeinsames Ganzes, in dem sich die Zielsetzungen oder Wertvorstellungen beider Akteure gemeinsam aufgehoben fühlen dürfen. Unter der Annahme der Lösbarkeit von Konflikten gewinnen die einstigen, als inkompatibel erachteten Zielsetzungen oder Wertvorstellungen selektiven Charakter, d.h. sie erscheinen als nur teilhaftige Elemente des übergeordneten Ganzen. Wird eine der gegenüberstehenden Konfliktpositionen jedoch als Repräsentation des Ganzen überhöht, bleibt der anderen kein Aktualisierungsspielraum mehr: Sie wird aus dem angeblichen Ganzen ausgegrenzt. Ihre nun 'marginalisierte Existenz' bleibt zumindest aber ein latenter Hinweis auf die Selektivität der sich für das Ganze ausgebenden kontroversen Konfliktposition.

Die vorliegende Arbeit versteht sich als ein "Beitrag der Soziologie zum Konflikt im kirchlichen Leben" (RUDGE 1974, 55); sie ist geprägt von dem Bewußtsein der "Objektivierung des Konfliktes als einer Sache, mit der man auf konstruktive Weise umgehen kann" (RUDGE 1974, 55); sie geht nicht von der unbewiesenen, jedoch vielerorts geäußerten Vermutung aus, daß Konflikte in der Kirche, wie Konflikte überhaupt, wesensmäßig negative Erscheinungen seien; sie unterwirft sich damit auch nicht jenem normativistischen Axiom einer wesensmäßigen Inkompatibilität von Kirche und Konflikt. Denn ein Zustand innerkirchlicher Konfliktlosigkeit wäre "im Grunde ein Zustand der Leblosigkeit, insofern zwischen Bedürfnis und Bedürfnisbefriedigung vollkommene Übereinstimmung besteht. Bei einer solchen Übereinstimmung gibt es kein Streben nach Höherem mehr" (GALTUNG 1975, 116). Wenn also die vorliegende Arbeit ein Beitrag zum Konflikt im kirchlichen *Leben* ist, ist es einer zu den Konflikten der kirchlicher Akteure, zur Inkompatibilität ihrer Zielsetzungen und Wertvorstellungen in der Kirche, und nicht nur *in* der

Kirche, sondern auch zur Inkompatibilität ihrer Vorstellungen *von* Kirche.

Konfligierende Zielsetzungen und Wertvorstellungen dürften gerade dort, wo, wie in der Kirche, ein gemeinsames Ganzes z.B. in Form der 'Einheit der Christen', der 'einen heiligen katholischen Kirche', des 'auserwählten Volkes', so ausdrücklich beschworen wird, ihre Selektivität hinsichtlich des propagierten Ganzen besonders deutlich offenbaren oder aber - wird dies als problematisch empfunden - besonders aufwendig zu verschleiern suchen. Letzteres wird dort vonnöten sein, wo sich Zielsetzungen und Wertvorstellungen durch Institutionalisierungen schon gesellschaftlich verfestigt haben und durch die Problematisierung ihrer Selektivität in ihrer Legitimation und damit in ihrem 'Vorsprung' vor noch nicht zu einem solchen gesellschaftlichen Institutionalisierungs- bzw. Durchsetzungsgrad gelangten, konkurrierenden normativen Alternativen bedroht sehen.

Die auf dem Wege der Institutionalisierung gewonnenen gesellschaftlichen Machtmittel, insbesondere der Einsatz dieser Mittel gegen religiöse, kirchliche Abweichler, machen deutlich, daß diejenigen, die diese Machtmittel anwenden, von der Wirkkraft der Legitimation der institutionalisierten religiösen Gehalte allein nicht überzeugt sind, um die Akzeptanz dieser Gehalte sicherzustellen. Besonders problematisch wird es aber, wenn im Zuge der Effizienzsteigerung der Akzeptanzkontrolle, z.B. wo es um die Kontrolle der Akzeptanz religiöser Gehalte von einer Vielzahl von Menschen geht, die Komplexität religiöser Gehalte auf leicht operationalisierbare Konformitätskriterien reduziert wird: Hier droht die Selektivität religiös-institutioneller Gehalte extreme Züge anzunehmen, im schlimmsten Falle den ursprünglich intendierten 'Geist' religiöser Gehalte in den Hintergrund zu drängen. Im Konfliktfall wird sich dann die Inkompatibilität der gegenüberstehenden Positionen wohl kaum mehr in konstruktiver, d.h. beide Seiten um die positiven Aspekte der jeweils anderen Seite bereichernden Weise auflösen lassen. Ein an der Akzeptanz religiöser Konformitätskriterien orientiertes bürokratisches Konfliktlösungsverfahren zielt lediglich auf die Alternativen formaler Anpassung oder aber der Ausgrenzung.

Die katholische - wie in der Bundesrepublik Deutschland auch die evangelische - Kirche kann als ein solches Konstrukt, das sich durch gesellschaftliche Institutionalisierung etabliert bzw. durch Selektivität der normativen Elemente ihres christlichen Wertefundus eine eigene Struktur gebildet hat, betrachtet, ihre besondere Stellung und Machtposition als Resultat religiös-institutioneller Konfliktlösungen, als Zeichen des Sieges über religiöse Konkurrenten aufgefaßt werden. Spätestens seit Konstantin ist die katholische Kirche zu einem aktiven wie auch passiven Teil der Geschichte, zu einem konstitutiven Bestandteil von Gesellschaftssystemen geworden. Damit waren die Weichen gestellt für eine tendenziöse, jedoch immer nur unvollkommen zu bewältigenden Aufgabe der menschlichen, gesellschaftlichen Abbildung der Gebote und Offenbarungen des christlichen Gottes. Seither wurde immer wieder versucht, die Komplexität des 'Mysteriums Kirche' in gesellschaftliche Formen, in kirchliche Institutionen zu integrieren, auf deren Glaubensinhalte vermittelnde Kapazitäten zu reduzieren, wodurch das religiöse Geheimnis des Natur und Gesellschaft transzendierenden Gottesglaubens zur Legitimationsideologie der historisch gerade aktuellen Institutionalisierungsform religiöser Vergemeinschaftung zu degenerieren drohte. Wo jedoch das Dilemma der 'Doppelbödigkeit' kirchlicher Existenz, d.h. gesellschaftlich als Arbeitgeber, Moral- und Weltanschauungsunternehmen, sozialer Dienstleistungsbetrieb, Grund- und Wertpapierinhaber, theologisch aber als Volk Gottes, mittels Relativierung des Absoluten und Verabsolutierung des Relativen zu lösen getrachtet wird, also mittels undifferenzierter Vermengung historisch-gesellschaftlicher Kirchlichkeit und theologisch-ekklesiologischer, oder besser glaubensmäßiger Annäherung an eine gottgewollte Wirklichkeit, dort muß es zu jenem Problem kommen, daß der konkret existierenden Kirche die ursprüngliche, ihre eigenen institutionellen Grenzen transzendierende, erneuernde Kraft des Gottesglaubens fehlt bzw. daß der jede institutionelle Dimension transzendierende Gottesglaube keine adäquaten Aktualisierungsmöglichkeiten innerhalb einer sich selbst genügenden, d.h. sich als die einzig wahre, quasi alternativlos dünkenden Kirche mehr findet. Diese Problematik wird am Beispiel der katholischen Kirche besonders deutlich.

Die Selektivität ihrer institutionellen, gesellschaftlichen Existenzform drückt sich vor allem in der Dogmatisierung ihrer Lehre und der Bürokratisierung ihrer Organisationsstruktur aus. Dogmatisierung und Bürokratisierung dienen zwar der Demonstration und Bewahrung ihrer Identität, dürften jedoch der Flexibilisierung der eigenen, der kirchlichen Position in Konfliktfällen und damit einer Fruchtbarmachung des Konflikts für innerkirchliche Erneuerungen und Entwicklungen, wie sie ja auch theologisch gefordert sind (ecclesia semper reformanda), entgegenstehen. Das Interesse, bestimmte Verhaltensweisen in *der* Weise innerkirchlich zu problematisieren, daß Inkompatibilität mit kirchlichen Normen mit Sanktionen beantwortet wird, also die Art und Weise, mit innerkirchlichen Konflikten umzugehen, dürfte weitgehend durch die Selektivität religiöser Institutionalisierung, durch die gerade herrschende kirchliche Wissens- und Organisationsstruktur vorbestimmt sein.

Umgekehrt entblößen ausgrenzende Maßnahmen im innerkirchlichen Bereich, wo sich Kirche durch ihre Mitarbeiter, Organisationen und Vereine zu repräsentieren sucht, gerade dort, wo diese Maßnahmen heute überhaupt noch wirksam sind und - wohl aus diesem Grunde nur noch dort, im kirchlichen Kernbereich - angewandt werden, in besonderer Weise die Selektivität der durch Dogmatisierung und Bürokratisierung geprägten kirchlichen Wissens- und Organisationsstruktur.

Wenn nun im folgenden Voraussetzungen der Konstitutierung innerkirchlicher Konflikte sowie kirchliche Maßnahmen der Konfliktlösung analysiert werden, geschieht dies vor dem Hintergrund bzw. im Kontext der Probleme religiöser Institutionalisierung. Dabei wird von der Annahme ausgegangen, daß die selektive Repräsentation christlicher Religion in Form dogmatisierter und bürokratisierter Resultate religiöser Institutionalisierung zu bestimmten Konfliktkonstellationen, insbesondere aber zu den Verfahren innerkirchlicher Konfliktbewältigung in Beziehung steht: Repräsentiert sich also Kirche in der Gesellschaft primär in Form dogmatisch festgelegter und bürokratisch strukturierter Einheiten, dann orientieren sich die Maßnahmen kirchlicher Devianz- und Konfliktbewältigung *notwendigerweise* an den Direktiven eines im Sinne von Dogmatismus und Bürokratie effizienten Konfliktmanagements, d.h. ein dementsprechendes kirchliches Krisenbewußtsein ist dann bestimmt durch ein in erster Linie die *Not,* die Probleme der Bürokratie und der formalisierten Lehrinhalte der Kirche ab*wendendes* Interesse.

Unter systematischen sowie historischen Gesichtspunkten werden in den folgenden, ersten beiden Kapiteln einige wesentliche strukturelle Elemente der gesellschaftlichen Gestaltwerdung katholischer Kirche beschrieben, in der diese ihren Heilsauftrag zu verwirklichen trachtet. Zum Zweck der Explikation der oben genannten Annahme wird in Kapitel 1 das strukturell angelegte Dilemma der Selektivität religiöser Institutionalisierung, wie es sich infolge der Dogmatisierung, Bürokratisierung, der Verrechtlichung und des Machtgebrauchs religiöser Institutionen ergibt, analysiert. Die Konfliktträchtigkeit dieses Dilemmas wird im Anschluß daran anhand der in Kapitel 2 beschriebenen Strukturprobleme katholischer Kirche in unserer heutigen Gesellschaft aufzuzeigen versucht. Einige spezifische Konflikte und Konfliktlösungsverfahren innerhalb der katholischen Kirche sind Gegenstand von Kapitel 3 und 4. Eine besondere Zuspitzung des Dilemmas der Selektivität religiöser Institutionalisierung wird in Konflikten innerhalb kirchlicher Arbeitsverhältnisse offenbar, die durch staatliche Regelungsorgane einer Entscheidung zugeführt werden. Die dementsprechende Subjektivität bzw. Partikularität der Interessen der amtskirchlichen Prozeßpartei vor dem Arbeits- und Verfassungsgericht wird in Kapitel 5 thematisiert. In Kapitel 6 werden grundlegende Problemstellungen einer Soziologie religiöser Devianz unter besonderer Berücksichtigung der durch Selektivität gekennzeichneten religiösen Institutionen formuliert, bevor in Kapitel 7 vor dem Hintergrund der sozialwissenschaftlichen Analyse der Selektivität katholisch verkirchlichten Christentums die ekklesiologisch fundamentale Frage nach den Möglichkeiten und Grenzen religiöser, katholisch-kirchlicher Toleranz und Dialogfähigkeit neu zu stellen versucht wird.

1 Konflikt und Ausgrenzung - Tribute verkirchlichten Christentums

"Wenn ihre evangelische Sendung wirksam erfolgen soll, so muß die Kirche an erster und vorderster Stelle sich dafür einsetzen, daß die Rechte der menschlichen Person in der Welt anerkannt und gewahrt, geschützt und gefördert werden, und dabei mit einem Akt der Selbstprüfung beginnen, mit einem strengen Blick darauf, wie und wieweit diese Grundrechte in ihrer eigenen Organisation gewahrt und in die Praxis umgesetzt werden" (Päpstliche Kommission "Justitia et pax", Die Kirche und die Menschenrechte 1974, Nr. 62).

Ist dieses Zitat auch nicht der Anlaß für die vorliegende Untersuchung, so stimmt dessen Inhalt jedoch ein in die Option, die der Beschäftigung mit den Konflikten und Konfliktlösungen, mit Macht und Ausgrenzung in der katholischen Kirche zugrundegelegen hat. Dies soll auch zur Besänftigung all jener gesagt sein, die mit der Thematisierung innerkirchlicher Konflikte *per se* einen Angriff auf das Christentum gegeben sehen, den es von vorn herein zu wehren gelte. Konflikte - wenn sie recht gedeutet werden - haben bisweilen etwas Karthartisches an sich, etwas die Verklemmungen der Gegenwart, aus der sie nicht selten resultieren, Transzendierendes, oder, in sozialwissenschaftlichen Begriffen formuliert: Konflikte beherbergen ein innovatives Potential.

Der Verzicht auf die Erkenntnis und Nutzung dieses innovativen Potentials innerkirchlicher Konflikte ist sowohl für die Organisation wie auch für die Theologie der Kirche folgenreich: Er bedeutet die Errichtung von Reflexionsblockaden und so die Installierung von Häresien, von Wahrnehmungsverzerrungen und subjektiver Interessenpolitik. Er bedeutet schließlich die Notwendigkeit des Einsatzes von Macht zur Abwehr des Einflusses konfligierender Positionen, zur Konservierung der Identität einer historisch gewachsenen Kirchenstruktur und schließlich die Kontraproduktivität wesentlicher Elemente dieser Struktur angesichts des institutionentranszendierenden Liebesgebots ihrer einstigen charismatischen Grundfigur. So wird der institutionelle kirchliche Apparat selbst zum Konfliktgegenstand: Traditionelle Legitimierungen verbrauchen sich mit der Problematisierung von Diskrepanzen zwischen ideellem Anspruch und institutioneller Wirklichkeit der Kirche - und wollen mit der Innovation kirchlicher Institutionen aktualisiert werden, insofern nicht endgültig Abstand vom verkirchlichten Christentum genommen wird. "Daher kann eine soziologische Kritik kirchlicher Ideologie kaum schärfer und für deren Repräsentanten entlarvender ausfallen als die Konfrontation einer theologischen Legitimation des Institutionellen mit seinem empirischen Gegenbild, das hinter seinem Anspruch zurückbleibt" (HÖHN 1985, 214).

So dürften nicht selten derzeitige innerkirchliche Konflikte aus Aktualisierungsbestrebungen institutioneller, gesellschaftlicher Repräsentation des Christentums entstehen, aus der Erfahrung der historischen Insensibilität, der gesellschaftlichen Entbehrlichkeit wesentlicher Elemente des traditionell hierarchischen Kirchensystems, dessen Legitimität nicht zuletzt an der Verfangenheit in seiner Eigendynamik und der daraus resultierenden Politik partieller Interessen zu zerbrechen droht.

"Wir können abkürzend sagen, daß das Christentum - insofern seine Entwicklung lediglich entlang der gegenwärtig absehbaren gesellschaftlichen Entwicklungstendenzen verlaufen sollte - sich in dem Sinne verkirchlicht, daß das Christliche zunehmend nur noch mit dem explizit Religiösen und das Religiöse mit den etablierten Kirchen und religiösen Gemeinschaften identifiziert wird, diese selbst jedoch zunehmend den Charakter religiöser Organisationen annehmen, deren Eigendynamik mit den Möglichkeiten individuellen Glaubens nur noch sporadisch zur Deckung zu bringen ist" (KAUFMANN 1979, 102f.).

Analytisch lassen sich zunächst zwei Ebenen innerkirchlicher Konflikte unterscheiden: Diejenigen in der Begrifflichkeit und um den Gegenstand der Theologie, des religiösen Wissenssystems, und diejenigen um die soziale Vergegenständlichung dieses Wissensystems in Form von Institution und Organisationen der Kirche. Reine theologische Konflikte sollen hier nicht weiter interessieren. Denn "die Kirchenleitung war immer am härtesten gegen die, welche soziale Strukturen in ihr kritisierten. Der Häretiker in Glaubensfragen scheint dagegen harmlos" (BECKER 1967, 10). So stehen Konflikte um die gesellschaftliche, institutionelle Repräsentation des katholischen Christentums im Kontext ihres legitimatorischen Begriffssystems, der Ekklesiologie, im Mittelpunkt des Interesses dieser Arbeit. Es geht also um den Versuch einer historischen Momentaufnahme des Schnittpunktes der beiden analytisch unterschiedenen Konfliktebenen.

Systematischer Ansatzpunkt hierfür ist das Theorem der Selektivität religiöser Institutionalisierung durch Bürokratisierung und Dogmatisierung zur Bewältigung der Probleme von religiös-kirchlicher Systemidentität und Integration. Innerkirchliche Konflikte, die hier zur Diskussion stehen werden, sind demnach Indikatoren für die Disponibilität und Kontingenz unterschiedlicher Tendenzen religiöser Institutionalisierung, für Aktualisierungsspielräume einer Kirche. Die Inizilerung von Ausgrenzungsprozessen - notwendigerweise verbunden mit dem Einsatz gesellschaftlicher Machtmittel - ist einerseits im Kontext der Regulierung von Spannungen in bzw. zwischen religiösen Wissenssystemen zu sehen, andererseits unter Aspekten der Strukturgesetzlichkeiten gesellschaftlicher Repräsentation religiöser Systemidentität, dem organisatorischen Integrationsproblem zu reflektieren. "Die Geschichte eines etablierten religiösen Systems ist also die Geschichte ihres erfolgreichen Kampfes gegen abweichende religiöse Interessen bzw. gegen die Befriedigung dieser Bedürfnisse durch andere religiöse Vermittler" (HOUTART/ROUSSEAU 1973, 290). Ausgrenzungsprozesse dienen demnach der Symbolisierung der Dominanz eines religiösen Systems über ein anderes bzw. innerhalb ein und derselben Kirche der Favorisierung eines ekklesiologischen Paradigmas gegenüber anderen.

1.1 Integration und Selektion - zum Dilemma religiöser Institutionalisierung

Ohne an dieser Stelle vertieft in die Problematik der gesellschaftswissenschaftlichen Konstruktion von Religion einsteigen zu wollen, seien hier vorweg doch jene religionstheoretischen Konturen nachgezeichnet, die für die Ortung der anstehenden Fragestellungen aus wissenschaftssystematischen Gründen notwendig erscheinen.

"Es gibt mehrere Versuche, den Religionsbegriff funktional zu bestimmen. Einige von ihnen lassen sich vorab ausscheiden. Sie widersprechen entweder den Fakten, oder sie greifen zu kurz. Den Fakten widerspricht vor allem die Annahme, Religion habe eine systemintegrierende Funktion, denn offensichtlich gibt es auch systemsprengende oder doch desintegrierende religiöse Bewegungen. Religiöse Erfahrungen können gegebene soziale Ordnungen stützen oder in Frage stellen, können den Einzelnen zu bejahenden oder zu verneinenden Haltungen führen, können konstruktiv oder destruktiv wirken oder sich auch vom einen zum anderen wandeln" (LUHMANN 1977, 10f.). LUHMANN verweist mit seinen Ausführungen auf die *prinzipielle Ambiguität der Funktion von Religion*, auf deren Abhängigkeit von dem jeweiligen gesellschaftlichen Kontext, in dem sie wirksam wird. Die Relativität der religiösen Integrationsfunktion verdeutlicht ROBBE: "Die Integrationsthese beispielsweise sagt Wesentliches aus über die Rolle, die Religion im menschlichen Leben spielen k a n n. Indem sie jedoch die jeweiligen gesellschaftlichen Wurzeln einer solchen Funktion übersieht, bleiben ihre Bestimmungen weitgehend im Formalen stecken. Es ist ein grundsätzlicher Unterschied, ob Religion über den Konformismus einer Staatskirche, der sich der Tradition, des Gewissenszwanges, aber auch der nackten Gewalt bedienen kann, die Gläubigen den Interessen der herrschenden Klassen einordnet, oder ob sie, wie in verschiedenen um ihre nationale Unabhängigkeit kämpfenden Ländern, Volksmassen in eine Befreiungsbewegung einbezieht. Die Reduzierung beider Funktionen auf 'Integration' abstrahiert vom spezifisch Sozialen, d.h. letztlich vom Kampf zwischen progressiven und reaktionären Strömungen, der den Hauptinhalt aller Religionsgeschichte ausmacht, und unterschlägt damit das für eine Soziologie Wesentliche" (ROBBE 1966, 164).

Mit der dauerhaften gesellschaftlichen Installierung religiöser Funktionen, mit der Etablierung religiöser Institutionen innerhalb konkreter Gesellschaftsformationen also, wird die prinzipielle Ambiguität religiöser Funktionen tendenziell überwunden. Die sich im Laufe historischer Manifestierungen ergebene systemische Konstituierung der Kirchen[1] verschaffte diesen nicht nur eine inzwischen weitgehende gesellschaftliche Funktionalität, sondern führte zugleich auch zu einer zumindest partiellen Funktionalisierbarkeit wesentlicher kirchlicher Institutionen. Darin dürfte auch ein grundlegender Unterschied zu den Entwicklungen der sogenannten Sekten liegen, deren "Verhältnis zur Welt" eher "ablehnend, verneinend oder bekämpfend" (KEHRER 1982, 118) ist.[2] Mit der Errungenschaft gesellschaftlicher Relevanz, der Beteiligung an Macht und öffentlichem Einfluß verloren die Kirchen ihre historische Unschuld: Sie machten sich selbst zum Subjekt *und* Objekt von Geschichte.

Der latente Funktionalismus, wie er heute in der systemischen Ausgestaltung der beiden Großkirchen in der Bundesrepublik vorzufinden ist, legt logischerweise die Vermutung einer dominierenden Integrationswirkung des herrschenden Kirchensystems hinsichtlich des damit in regem Austausch stehenden gesellschaftlichen Gesamtsystems nahe.[3] Wenn dann davon auszugehen ist, "daß alle sozialen Systeme menschlicher Interaktion sich durch Selektion eine Struktur bilden, die die Komplexität dessen, was in der Welt möglich ist, reduziert und zugleich steigert - reduziert insofern, als im System nicht mehr alles möglich ist, was in der Welt möglich ist; und steigert insofern, als eben durch Reduktion neue Möglichkeiten möglich werden" (LUHMANN 1972, 245f.), so dürften die beiden Großkirchen in *der* Weise Anteil an der Selektivität, der "nicht-zufällige(n) (d.h. systematische(n)) Restriktion eines Möglichkeitsraumes" (OFFE 1975, 78) des politischen Gesamtsystems haben, als sie mit diesem in einem *eu*funktionalen Zu-

---

[1]Vgl. Kapitel 2.1

[2]Vgl. auch WEBER 1985, 721-726

[3]Auf die ideologische Problematik dieses Austauschverhältnisses soll hier nicht weiter eingegangen werden. Sie ist insbesondere zu Anfang der siebziger Jahre ausführlich thematisiert worden, siehe hierzu: RATH 1974; SPIEGEL 1974; STORCH 1984.

sammenhang stehen bzw. wirkungsvoll in dieses hinein zu integrieren in der Lage sind.

Strukturell geht mit dem Prozeß religiöser Institutionalisierung die für gesellschaftliche Teilsysteme typische *Spezifikation funktionaler Primate* einher, wodurch *Differenzierungs- und Relationierungsgewinne* erreicht werden: "Das Teilsystem für Religion kann ... in seiner Umwelt beobachten, wie andere Systeme ... die Horizonte und Appräsentationen ihrer Umwelt erfahren, und es kann auf diese Erfahrung, indem es sie religiös qualifiziert, einzuwirken versuchen. Erst dadurch entstehen Duale wie Sünde und Gnade oder Leid und Heil, die voraussetzen, daß in der Umwelt des religiös bestimmten Beurteilers sowohl die Systeme als auch deren Umwelten kontingente Faktoren sind, die sich ändern könnten, und daß deren rechte Relationierung den Ausschlag gibt" (LUHMANN 1977, 50f.).

Die Frage nach der Beziehung des religiösen Systems zur Gesellschaft als dem umfassenden System - nach LUHMANN die nach der *Funktion* religiöser Systeme - bzw. nach der Beziehung zu den anderen Teilsystemen - nach LUHMANN die nach ihrer *Leistung* - ist letztlich die Frage nach der *Identität* des religiösen Teilsystems, welche sich zwangsläufig nur durch Reduzierung eines Möglichkeitsraumes herstellen läßt.[4] Hier wird die unaufhebbare Dialektik von Selektivität und Integrativität religiöser Institutionalisierung deutlich. Gerade die organisatorisch hochdifferenzierten und -institutionalisierten Großkirchen in der Bundesrepublik Deutschland verfügen - im Gegensatz zu Sekten - über die für Integrations- und Austauschverhältnisse notwendigen Differenzierungs- und Relationierungsgewinne aufgrund ihrer gerade für gesellschaftliche Teilsysteme typischen Spezifikation.
Das gilt einerseits für die Ebene ihrer Funktion - wie oben schon angedeutet wurde - wie auch andererseits für die ihrer Leistung[5]; das gilt zudem auch für die Ebene der *Reflexion*, der Beziehung zu sich selbst[6], für den Bereich der Theologie, wie weiter unten noch gezeigt werden wird[7]: D.h. die in diesem Sinne vollzogene systemische Konstituierung der Kirchen im

---

[4]Vgl. LUHMANN 1972, 245

[5]Vgl. Kapitel 2.5

[6]Vgl. LUHMANN 1977, 56

[7]Vgl. Kapitel 1.3, 1.5, 2.1 und 2.4

Rahmen ihres Institutionalisierungsprozesses birgt ein in den Bereichen ihrer funktionalen Primate leicht aktivierbares Integrations- bzw. Verwertungspotential[8], eine gesellschaftliche 'Marktfähigkeit', die durch Anpassung an die jeweilige 'religiöse Bedürfnislage'[9] und die Legitimations- und Bestandsnotwendigkeiten der Institution und damit von einer weitgehend fremdbestimmten Selektivität determiniert ist.

Selektivität ist somit prinzipiell der Tribut, der gezollt wird, wenn sich religiöse Institutionalisierung zur Erfüllung kontinuierlicher gesellschaftlicher Funktions- bzw. Systemleistungen *programmatisch* vollzieht. Sie zeigt sich dort, wo sich die Identität des religiösen Teilsystems gesellschaftlich offenbaren muß: innerhalb ihrer Strukturbereiche der *inhaltlichen Programmatik*, in der die normativen "Bedingungen der Richtigkeit des Verhaltens" (LUHMANN 1972, 278) definiert sind, im Bereich des *Personals* und dessen Auswahl und schließlich im Bereich der *Organisation* unter dem Aspekt der "Einschränkung der Kommunikationsmöglichkeiten" (LUHMANN 1972, 279). "Andererseits ist nicht zu sehen, wie ohne Organisation und ohne eine Lösung des Programmierproblems eine integrierende Steuerung der Kirche durch religiöses Gedankengut erreicht und ihr Zerfallen in historische Reminiszenzen einerseits und eine Vielfalt von kurzschlüssig auf gesellschaftliche Bedürfnisse bezogene Aktivitäten andererseits vermieden werden kann. Dies Problem greift auch auf die anderen Strukturbereiche, nämlich Organisation der Kommunika-

---

[8]Siehe hierzu MOLTMANN, der auf die Gefahren einer Überhöhung religiöser Verwertungsfunktionen warnt: "'Jene, die die Religion verteidigen wollen, indem sie ihre äußere Notwendigkeit und Nützlichkeit demonstrieren, sind im Grunde ihre ärgsten Feinde. ... Religion geht ... nicht in den allgemeinen Kreislauf der Verwertungsprozesse der modernen Gesellschaft auf. Wird sie in diese eingebaut, so wird sie sich vielmehr auflösen und vernichtet werden'" (JÜRGEN MOLTMANN: Die ersten Freigelassenen der Schöpfung, München 1971, 67f., so zitiert nach WEBER 1984, 38).

[9]Die religiöse Bedürfnislage wird hier ganz im Sinne von Karl Marx als eine gesellschaftlich konstruierte bzw. zumindest geformte betrachtet. Vgl. hierzu MARX/ENGELS 1976; HINKELAMMERT 1976; bzw. die Veröffentlichungen zur bürgerlichen Theologie.

tionsprozesse und Personal über. Wenn keine theologischen Arbeitsprogramme entwickelt werden können, werden Organisation und Personal ... Funktionen des Defizienzausgleichs übernehmen müssen" (LUHMANN 1972, 283).

In der Selektivität innerhalb der einzelnen Strukturbereiche selbst sowie im kompensatorischen Ungenügen des Defizienzausgleiches zwischen diesen dürften wesentliche Ursachen für die Konfliktträchtigkeit religiöser Teilsysteme liegen. Ähnlich wie andere gesellschaftliche Teilsysteme haben gerade hochdifferenzierte Organisationen wie die Kirchen in der Bundesrepublik Deutschland "eine strukturelle Selektivität (bias) zugunsten der Ausbeutung ganz bestimmter Konflikte und der Unterdrückung anderer, denn Organisation ist die Mobilisierung eines bias".[10] Im folgenden sollen nun diejenigen Mechanismen erhellt werden, die Selektivität in den Strukturbereichen der Organisation und der inhaltlichen Programmatik bewirken.

---

[10]SCHATTSCHNEIDER: The Semi-Sovereign People. A Realist's View of Democracy in America, New York 1960, 69, zit. nach: SACK/STEINERT 1984, 47).

1.2 Bürokratisierung und Dogmatisierung - Mechanismen zur Erhöhung institutioneller Effizienz und zur Verringerung religiöser Komplexität

Zur Wahrung der historischen Kontinuität und der Identität eines religiösen Systems in einem bestimmten gesellschaftlichen Gesamtsystem sind entsprechende Austauschleistungen im funktionalen Zusammenspiel mit den anderen Teilsystemen auf der einen Seite und Integrationsleistungen innerhalb des religiösen Teilsystems auf der anderen Seite unentbehrlich. Diese Austausch- bzw. Integrationsleistungen setzen Rationalisierungs- bzw. Selektionsprozesse voraus, die die Komplexität religiöser Funktionen auf systemadäquate, administrativ handhabbare Größen reduziert. "Sicher ist jedoch, daß der Bürger, wenn er religiöse Leistungen nachfragen will, sich an bürokratische Organisationen wenden muß, die in der Regel gemäß den routinisierten Verfahrensweisen von Organisationen vorgehen werden" (KEHRER 1982, 8). Wenn sie auch in unserer Gesellschaft das religiöse System nicht mehr ausschließlich repräsentieren, so sind die *Kirchen* jedoch diejenigen religiösen Organisationen, in denen historische Kontinuität aufgrund ihrer bürokratischen Verfaßtheit am ehesten gewährleistet, "das Ausmaß an Selbstkontrolle und die Berechtigung zur Abwehr externer Interferenzen am größten und am besten gesichert" (LUHMANN 1977, 56f.) zu sein scheint. "In der Darstellung Webers erscheint die Organisationsform der 'Kirche' geradezu als geschichtlicher Prototyp aller gegenwärtigen Formen bürokratischer Organisation" (KAUFMANN 1979, 41).

"Die Bürokratisierung der kirchlichen Institutionen manifestiert sich als Konsequenz marktwirtschaftlicher Rationalität. Die dadurch in Gang gesetzten Mechanismen bleiben in ihrer Veränderungsmächtigkeit allerdings nicht auf die strukturell-institutionelle Erscheinungsform der Kirchen beschränkt, sondern betreffen die wissenssoziologische anvisierte Form des angebotenen 'Produktes' selbst" (KREINER 1986, 161), also auch die durch sie vermittelten Glaubensinhalte, die Sätze ihrer Lehre. Die mit der Säkularisierung einhergehende Pluralisierung des religiösen Marktes zwingt die Kirchen zu bedarfsgerechten Erweiterungen bzw. Spezialisierungen ihres ideellen wie institutionellen Angebotes[1], um konkurrenzfähig zu bleiben: "Pluralism entails the transformation of religious institutions from primary to secondary ones, that is from constraining, monopolistic institutions of the public sphere to voluntary, competitive institutions of private life" (BERGER/LUCKMANN 1966, 80). BERGER schildert eindrucksvoll die für die gegenwärtige Lage der Religion charakteristische fortschreitende Bürokratisierung ihrer Institutionen: "Ihr innerer Zustand und ihre Beziehungen nach außen werden durch diesen Vorgang geprägt. Die religionseigenen Institutionen werden nicht nur bürokratisch verwaltet, sondern tragen auch den Stempel bürokratischer 'Logik' mit den für diese Logik typischen Problemen. Nach außen müssen sie sowohl mit anderen gesellschaftlichen Institutionen als auch untereinander nach den Regeln bürokratischer Interaktion verkehren, als da sind: 'Public Relations' mit ihren 'Kunden', Lobbyismus bei Regierung und Wirtschaft, Beteiligung am Wirtschaftsleben (vorwiegend durch Kapitalanlage) – alle diese Aspekte ihrer 'Mission' zwingen sie, 'Resultate' einzubringen, und zwar mit Methoden, die denen anderer Bürokratien mit ähnlichen Problemen zwangsläufig gleichen" (BERGER 1973, 134).

Systematisch vollzog sich die Bürokratisierung der Kirchen mit der Trennung von persönlicher Qualifikation und Amt, der Monopolisierung des Charismas durch die geweihten Amtsträger. "'Charisma' soll eine als außeralltäglich (ursprünglich, sowohl bei Propheten wie bei therapeutischen wie bei Rechts-Weisen wie bei Jagdführern wie bei Kriegshelden: als magisch bedingt) geltende Qualität einer Persönlichkeit heißen, um derentwillen sie als mit übernatürlichen oder übermenschlichen oder mindestens spezifisch außeralltäglichen, nicht jedem andern zugänglichen Kräften oder Eigenschaften (begabt) oder als gottgesandt oder als vorbildlich und deshalb als 'Führer' gewertet wird. Wie die betreffende Qualität von irgendeinem ethischen, ästhetischen oder sonstigen Standpunkt aus 'objektiv' richtig zu bewerten sein würde, ist natürlich dabei begrifflich völlig gleichgültig: darauf allein, wie sie tatsächlich von den charismatisch Beherrschten, den 'Anhängern', bewertet wird, kommt es an" (WEBER 1985, 140).

---

[1]Vgl. Kapitel 2.5

Eine auf Langfristigkeit angelegte gesellschaftliche Etablierung einer charismatischen Grundfigur wie der Jesu Christi muß zwangsläufig die Bindung des Charismas an die biologische, persönliche Existenz seines Trägers überwinden, einerseits, um die Existenz des durch die charismatische Person repräsentierten religiösen Systems durch deren 'physischen Tod' nicht zu gefährden, andererseits, um die ehemals historische, später entpersönlichte charismatische Grundfigur dem sich wandelnden Legitimationsbedarf des auf diese zurückzuführenden religiösen Systems anzupassen. In diesem Zusammenhang spricht MAX WEBER von der "Versachlichung" bzw. von der "Veralltäglichung des Charismas": "Ein treibendes Motiv für die Veralltäglichung des Charisma ist natürlich in allen Fällen das Streben nach Sicherung und das heißt: Legitimierung der sozialen Herrenpositionen und ökonomischen Chancen für die Gefolgschaft und Anhängerschaft des Herrn. Ein weiteres (bildet) die objektive Notwendigkeit der Anpassung der Ordnungen und des Verwaltungsstabes an die normalen Alltagserfordernisse und -bedingungen einer Verwaltung" (1985, 147).

Hier wird die grundlegende Paradoxie der Institutionalisierung von Charisma virulent: "Reines Charisma ist wirtschaftsfremd. Es konstituiert, wo es auftritt, einen 'Beruf' im emphatischen Sinne des Worts: als 'Sendung' oder innere 'Aufgabe'" (WEBER 1985, 142). Andererseits diktieren die Gesetze der Ökonomie den Legitimitätshaushalt der auf charismatische Grundfiguren zurückzuführenden Religionsformen. "Die Veralltäglichung des Charisma ist in sehr wesentlicher Hinsicht identisch mit der Anpassung an die Bedingungen der Wirtschaft als der kontinuierlich wirkenden Alltagsmacht. Die Wirtschaft ist dabei führend, nicht geführt. In weitestgehendem Maße dient hierbei die erb- oder amtscharismatische Umbildung als Mittel der Legitimierung bestehender oder erworbener Verfügungsgewalten" (WEBER 1985, 148). Mit der Institutionalisierung von Charisma vollzieht sich demnach eine Entwicklung hin zum Amtscharisma, d.h. Elemente bürokratischer, traditionaler bzw. patriarchaler Herrschaftsformen ersetzen weitgehend die dazu ursprünglich in schroffem Gegensatz stehende Legitimitätswirkung 'reinen Charismas'. "Der Legitimitätsglaube gilt dann nicht mehr der Person, sondern den erworbenen Qualitäten und der Wirksamkeit der hierurgischen Akte" (WEBER 1985, 144).

Diese Erkenntnis leitet weiter zu jener These von axiomatischer Bedeutung für die vorliegende Arbeit, daß mit dem Einzug bürokratischer Herrschaftselemente in ursprünglich charismatisch geprägte Gruppierungen deren notwendige Legitimitätskriterien einem normativen Diskurs überantwortet werden, der prinzipiell machtpolitischer Interesseorganisation zur Disposition steht. Die Bürokratisierung kirchlicher Organisations- und Herrschaftsform ist "spezifisch rational im Sinne der Bindung an diskursiv analysierbare Regeln" (WEBER 1985, 141). Normalität und Devianz in weitgehend bürokratisch geprägten religiösen Organisationen wie den Kirchen sind allein durch einen Rekurs auf die ursprüngliche charismatische Grundfigur nicht mehr erklärbar. Die Normalitäts- und Devianzdefinitionen der Kirchen entbehren jene Unschuld verleihende, ideologische Indifferenz ihrer gerne zu Legitimationszwecken angeführten charismatischen Grundfigur, in deren Licht, im Lichte jener spezifischen Irrationalität - "im Sinne von Regelfremdheit" (WEBER 1985, 141) - sie erscheinen sollen.

Die im Verlaufe gesellschaftlicher Institutionalisierungsprozesse konstituierte Kontingenz kirchlicher Instanzen der Normdefinition und -durchsetzung in Form von Moraltheologie, Kirchenrecht, Jurisdiktionsprimat, bischöflicher Leitungsgewalt etc. ist

a) *soziologisch* auf ihre Selektivität hinsichtlich der durch amtskirchliche Konfliktpositionen bzw. Konfliktparteien aktualisierten Teilaspekte christlicher Werte zu untersuchen sowie

b) *theologisch* hinsichtlich der Forderung zu überprüfen, daß "nicht der Selbstbehauptungswille von Recht und Dogma, nicht die eigenmächtige Stabilisierung des Amtlichen, sondern die ständige Selbstrelativierung in die Finalität des Dienstes an der Freiheit und Einheit der Glaubenden ... das Charakteristikum kirchlicher Institutionen sein (muß)" (HÖHN 1985, 242).

Die amtskirchlichen Norm- bzw. Gesetzesbegriffe fraglos zu übernehmen, hieße, die Aktualisierungsspielräume christlich religiöser Werte auf die Maßgaben des amtskirchlichen Status quo hin zu verengen und sich an der entsprechenden Diskreditierung alternativer Normierungsbestrebungen zu beteiligen. "Wenn die Soziologie zeige, daß die Funktion von Gesetzen in der Gegenwartsgesellschaft eine andere sei, als die Theologie es in ihrem Gesetzesbegriff voraussetze, so müsse sich die Theologie fragen, ob sie die von ihr gemeinte Wirklichkeit heute noch im Begriff des 'Gesetzes' formulieren könne. 'Wir müssen begreifen, daß die Weigerung der Soziologie wie der anderen Wissenschaften vom Menschen nicht in erster Linie aus schlechtem Willen, aus Unwissenheit oder aus Verblendung in philosophischer oder theologischer Hinsicht erfolgt. Sie resultiert vor allem aus der Tatsache, daß die Erfahrung der Wirklichkeit kein Äquivalent hergibt, um im Begriff des Gesetzes etwas zu denken, das gleichzeitig einzigartig und wertvoll für alle ist'".[2]

Insofern es sich bei der *Bürokratisierung* religiöser Organisationen um eine möglichst rationale und effiziente Verwaltung einer Auswahl von Möglichkeiten religiöser Institutionalisierungen, um die Administration einer 'spezifischen religiösen Normalität' handelt - und um nichts anderes als um eine Auswahl, eine Konzentration auf *bestimmte Organisationsziele* kann es den Kirchen als bürokratisch strukturierte Organisationen gehen -, müssen sich diese auf ihr partikulares Wirklichkeits- bzw. Normalitätsverständnis hin befragen lassen. Handelte es sich bei dem Prozeß der Bürokratisierung also um die Reduzierung organisatorischer Komplexität, um die Generalisierung und Anonymisierung der Ordnung und Kontrolle bestimmter Institutionen zur Tradierung des Christentums[3], so geht es bei dem Verfahren der *Dogmatisierung* einerseits um die Immunisierung entsprechender institutioneller Legitimationen, andererseits um die Abwehr konkurrierender Institutionalisierungsbestrebungen, also um die Reduzierung und selektive Zuschreibung von religiösen Legitimationskompetenzen. Bürokratisierung und Dogmatisierung in der katholischen Kirche sind, wie noch gezeigt werden wird, aufeinander bezogene Verfahren zur Reduzierung religiöser Komplexität.

"Der Zweck der Installierung von Dogmen ist nicht so sehr die Lösung von Problemen der Erkenntnis oder der Moral als die Zurückweisung inadäquater, das heißt: von den betreffenden Autoritäten als gefährlich ange-

---

[2]Zitat im Zitat von POHTIER, Remarques d'un théologien, in: Supplément de la vie spirituelle, Nr. 90 (Sept. 1969) 345-354, so zit. nach KAUFMANN 1973, 64.

[3]Vgl. KAUFMANN 1979, 136ff.

sehener Lösungen, die Diffamierung von Alternativen. Sie richtet sich gegen die freie Erwägung solcher alternativer Lösungen und soll der Fixierung der von diesen Autoritäten akzeptierten Problemlösungen und damit gleichzeitig der Existenzsicherung der mit dem betreffenden Glaubenssystem verbundenen Institutionen durch Ausschaltung von Andersgläubigen, also von Individuen, die sich den betreffenden Autoritäten nicht unterwerfen wollen, dienen" (ALBERT 1969, 97). Um es kurz zu sagen: Dogmatisierungen dienen der ideologisch-legitimatorischen Absicherung religiöser Institutionen dadurch, "daß sie einen gegebenen gesellschaftlichen Zustand einerseits durch interne Rechtfertigungen konsolidieren, ihn andererseits gegen seine historischen Alternativen verwahren und abschirmen, ja die historische Begrenztheit eines bestehenden Zustandes leugnen" (OFFE 1973, 9).

Der *segregierenden* Funktion von Dogmatisierung nach außen steht die *integrierende* Funktion nach innen gegenüber, die zumindest, solange es noch nicht zum Bruch der Akzeptanz dogmatischer Inhalte gekommen ist, von Seiten derjenigen intendiert ist, die sich der Verfahren der Dogmatisierung bedienen. Insofern trägt der Prozeß der Dogmatisierung immer auch dazu bei, Probleme der Organisation zu lösen: Einerseits, um griffige, plausible Solidarisierungsformeln zu entwickeln, andererseits, um Indikatoren für die Kennzeichnung von Abweichungen zu formulieren. So besteht eine wesentliche Funktion der Dogmatisierungsprozesse in der Instrumentalisierung religiöser Inhalte zur Lösung von Problemen religiöser Organisationen. Denn dogmatisierte Inhalte ohne die Chance ihrer sozialen Durchsetzung, ihrer Implementation *in* und Widerspiegelung *durch* religiöse(n) Institutionen sind gesellschaftlich ohne Relevanz. Auf dieses Problem verweist HÖHN, wenn er feststellt: "Da aber die Religion ihre Deutungsmuster im Zuge ihrer sozialen Ausdifferenzierung und Institutionalisierung umfassend generalisieren mußte, sind diese gleichzeitig so allgemein und abstrakt geworden, daß sie im Grunde mit jeder gesellschaftlichen Konstellation vereinbar sind. Jedes Ereignis in jeder möglichen Sozialordnung verträgt sich in irgendeiner Hinsicht mit dem Gedanken des allmächtigen Gottes, der Vorsehung oder des Endgerichtes. Deswegen kann auch die religiöse Dogmatik kaum mehr spezifische Erklärungs- oder Motivationsleistungen für bestimmte gesellschaftliche Situationen erbringen. Sie steht in Gefahr, sich 'übergeneralisiert' zu haben, und droht wegen des dadurch zwangsläufig entstandenen Plausibilitätsverlustes als identitätsverbürgendes Reflexionsmedium der Religion unbrauchbar zu werden" (1985, 250). So ist der gesellschaftliche Verwendungskontext von kirchlichen Dogmatisierungen eng verbunden mit der Tendenz ihrer inhaltlichen Ausdeutung. "'In jeder kritischen Situation ... läßt sich das Verhalten der Kirche zuverlässiger von ihren konkreten Interessen als politische Organisation voraussagen als von ihren zeitlosen Dogmen'. Man kann noch einen Schritt weiter gehen und sagen: Diese Dogmen sind so elastisch und mehrdeutig, daß sich die Kirche einer Vielzahl politischer Umstände anzupassen vermag, wobei die Skala von der Demokratie bis zur totalitären Diktatur reicht"[4]. Hierin wird die ganze Dramatik einer funktionalistischen Gestaltung des Religionssystems deutlich, das sich primär zur Aufgabe macht, "die an sich kontingente Selektivität gesellschaftlicher Strukturen und Weltentwürfe tragbar zu machen, das heißt ihre Kontingenz zu chiffrieren und motivfähig zu interpretieren" (LUHMANN 1972, 250f.).

Das prinzipielle Dilemma der Selektivität religiöser Institutionalisierung, das seine besondere Verschärfung durch Bürokratisierungs- und Dogmatisierungsprozesse erfährt, läßt für die anstehende Problematik von Konflikt, Macht und Ausgrenzung in der katholischen Kirche den Schluß zu, daß "auch das Christentum keine gegebene historische Größe (ist), sondern ein komplexes, wandelbares Phänomen, das von den einzelnen Kirchen in ihrer Tradition nur selektiv aufbewahrt wird " (KAUFMANN 1979, 126). Für den kirchlichen Umgang mit Konflikten wird es daher von größter Bedeutung sein, ob die religiös-institutionellen Gegebenheiten in ihrer relativen historischen Faktizität begriffen werden und sich dem innovativen Potential von Spannungen öffnen können oder nicht, bzw. ob es der Kirche gelingt, die entlastende Funktion ihrer Institutionalisierung im Sinne der gerade noch notwendigen Reduzierung von Komplexität zur Geltung zu bringen, um "die Spannungen innerhalb von Grenzen zu halten, die sie mit dem allgemeinen Wohl vereinbaren lassen und es verhüten, daß sie zu einem destruktiven, anarchistischen Kampf ausarten. Doch dies ist bloß der negative Aspekt der Institutionalisierung; der ihm vorangehende

---

[4]LEWY, Die katholische Kirche und das Dritte Reich, München 1965, 353. Das Zitat im Zitat stammt aus: HOOK, Integral humanism, in: Reason, social myths and democracy, New York 1940, 91, so zitiert in: BOFF 1985, 107.

Aspekt ist die Verteidigung der Gesellschaftsdynamik, welche die Existenz von Spannungen ermöglicht"[5].

[5]SETIEN: Spannungen in der Kirche, in: Concilium 5/1969, 606, so zitiert in: POTZ 1978, 166.

1.3 Macht und Ausgrenzung - politische Implikationen kirchlicher Institution

Spätestens mit der Etablierung bürokratischer Kirchenstrukturen, mit der 'Verkirchlichung des Christentums' sind die konfessionell differenzierten Versionen des Christentums in Form der Großkirchen zu einem essentiellen Bestandteil politischer Systeme geworden: Ihnen obliegt maßgeblich die gesellschaftliche *Ver*sorgung mit Religion bzw. die *Ent*sorgung gesellschaftlicher Kontingenzprobleme durch die Übernahme wesentlicher Kompensationsfunktionen, a) durch Anpassung christlicher Sinngehalte an den Bedarf gesellschaftlicher Kontingenzbewältigung und b) durch die Verwaltung weiter Bereiche des sozialtherapeutischen Krisenmanagements.[1] Damit sind Kirchen auch weitgehend eingebunden in die Lösung des politischen Problems der Regulierung gesellschaftlicher Devianz. "The political problem posed by deviance is how to avoid social disorder while at the same time avoiding the problem of total social control" (HOROWITZ/LIEBOWITZ 1967-1968, 295). Gerade in der Bundesrepublik Deutschland ist die kirchliche Einflußnahme auf die politischen Lösungen von Devianzproblemen besonders ausgeprägt, wie sich anhand unzähliger Beispiele belegen läßt. Nur einige seien hier aufgeführt: Die Versuche der Einflußnahme auf die Abtreibungs- und Pornographiegesetzgebung, auf die Terrorismusdiskussion etc.[2]

Diese weitgehende Funktionalität der Kirchen in der Bundesrepublik Deutschland bedeutet letztlich auch Teilhabe an politischer Macht über den eigentlich kirchlich-religiösen Rahmen hinaus. Diese ergibt sich aus der Kooperation mit anderen politisch relevanten Teilsystemen, aus der Komplementarität politischer Normen und kirchlicher Organisationsziele, die zugunsten der Wahrung systemischer Funktionalität zu Abstrichen der gesellschaftlichen Durchsetzungsfähigkeit bestimmter alternativer religiöser Orientierungen führen muß.

Der gesellschaftspolitische Kontext ist unabdingbar für die Einschätzung der Bedeutung amtskirchlicher Macht, für kirchliche Normalitäts- und De-

---

[1]Vgl. SPIEGEL 1974, 7-42; vgl. auch Kap. 2.6.

[2]Vgl. DIE DEUTSCHEN BISCHÖFE 1976, 1977, 1978, 1979; HÖFFNER 1974

vianzdefinitionen, um deren Selektivität, Konfliktträchtigkeit und Durchsetzung es im Weiteren gehen soll. Die institutionelle, historische Ausgestaltung der ursprünglichen charismatischen Grundfigur des Christentums, der Versuch, sie durch Bürokratisierung, durch Verkirchlichung in der Geschichte zu installieren sowie der Gebrauch von Machtmitteln zur 'Lösung' religiöser Probleme belegen die weitgehende *Entdifferenzierung von Politik und Religion* im System der Bundesrepublik Deutschland. In den Kirchen ist damit strukturell das Problem des Austragens "von moralischem Dissens letztlich mit den Mitteln der Politik, d.h. mit Recht und Gewalt" angelegt. "Dann erhalten moralische Ansprüche und Erwartungen Rechtsförmigkeit, schlagen sich in Paragraphen nieder, d.h. werden mit der Chance der gewaltsamen Durchsetzung ausgestattet" (SACK 1984, 44).[3] Das betrifft sowohl die innerkirchliche Ebene wie auch deren Verhältnis zu den anderen Teilbereichen der Gesellschaft und verweist einmal mehr auf das prinzipielle Dilemma religiöser Institutionalisierung: "Der Durchsetzungswille der Hierarchie, das Stabilitätsinteresse der Machthaber und das Trostbedürfnis der Unterdrückten liefern die Bausteine für jenes institutionelle Gebilde, das die Kirche auch als Machtzentrum darstellt. Aber die berechtigte Institutionskritik unterstützt alle latent vorhandenen Institutionsphobien, wenn nicht gleichzeitig die positiven Aspekte herausgearbeitet werden, die die Institutionalisierung von Kirche für die Weitergabe der biblischen Tradition geleistet hat" (JOSUTTIS 1985, 52).

Kirchliche Konflikte von essentieller Bedeutung dürften von daher vor allem dort zu vermuten sein, wo es um die Problematisierung des Status quo der konkreten historischen Entdifferenziertheit von Politik und Kirche geht, in der die Existenzsicherheit des heutigen Kirchensystems und das Rollenspiel deren maßgebliche Vertreter verwurzelt ist: in der *bürgerlichen Religion.*

"Sie ist eine extrem privatisierte, für den Hausgebrauch des Besitzbürgers zurechtgemachte Religion, eine Gefühls- und Innerlichkeitsreligion. Von ihr geht keine Gefahr, kein Widerstand, keine Protestation gegen die in

---

[3]Vgl. hierzu u.a. die Auseinandersetzungen der Amtshierarchie mit der Politischen Theologie bzw. Befreiungstheologie, siehe ROTTLÄNDER 1979; METZ 1978

der bürgerlichen Tausch- und Erfolgsgesellschaft geltenden Definitionen von Wirklichkeit, Sinn, Wahrheit etc. aus. Sie überhöht noch das, was ohne sie sowieso schon gilt" (METZ 1977, 41). Die Konfliktträchtigkeit einer solchen verbürgerlichten Kirche liegt weniger in deren Beziehung zum politischen System als vielmehr im innerkirchlichen Mangel an Kritik- und Problematisierungsfähigkeit in Bezug auf diese Beziehung. "Unter dem Deckmantel bürgerlicher Religion klafft inmitten der Kirche ein Riß zwischen den öffentlich proklamierten, kirchlich verordneten und geglaubten messianischen Tugenden des Christentums (Umkehr und Nachfolge, Liebe und Leidensbereitschaft) und den tatsächlichen Wert- und Lebensorientierungen bürgerlicher (und auch kirchlicher, R.S.) Praxis (Autonomie, Besitz, Stabilität, Erfolg). Unter den Prioritäten des Evangeliums werden zu sehr die Prioritäten des bürgerlichen Lebens praktiziert" (METZ 1978, 420).

Prinzipiell widerspreche dem - so METZ - auch nicht die Klagen von Seiten kirchlicher Machtzentren[4] über die Diskrepanzen zwischen "messianischen Tugenden des Christentums (Umkehr und Nachfolge, Liebe und Leidensbereitschaft) und den tatsächlichen Wert- und Lebensorientierungen bürgerlicher Praxis (Autonomie, Besitz, Stabilität, Erfolg)" (METZ 1978, 420). Dementsprechend zeigen Zufriedenheit mit der gegenwärtigen Form der Kirche gerade diejenigen, denen eine materialistische Orientierung zugeschrieben werden kann, "die 'Kampf gegen steigende Preise' und 'Aufrechterhaltung von Ruhe und Ordnung in diesem Land' als die wichtigsten Ziele bezeichnen" (STATISTISCHES BUNDESAMT 1986, 383). Eher unzufrieden mit der Kirche sind umgekehrt gerade die, "die 'mehr Einfluß der Bürger auf Entscheidungen der

---

[4]Ein Lehrbeispiel der Identifikation christlicher und bürgerlicher Tugenden seitens des bundesdeutschen kirchlichen Machtzentrums lieferte kürzlich Erzbischof Dyba: "Was also sollten wir tun, wenn wir die Zukunft gewinnen und nicht verlieren wollen? Dann müssen wir den Mut haben, unsere Kinder wieder Tugenden zu lehren - in der Familie und in der Schule, die christlichen und die bürgerlichen Tugenden! Ja, und noch mehr: Wir sollten sie diese Tugenden nicht nur lehren, wir sollten sie ihnen auch vorleben: Ehrlichkeit, Treue, Selbstlosigkeit, Nächstenliebe, Tapferkeit, Dankbarkeit und Gottesfurcht" (Dokumentation. Strittige Predigt zum Startbahn-Mord, in: Publik-Forum Nr. 24, 4. Dezember 1987, 5).

Regierung' und 'Schutz des Rechtes auf freie Meinungsäußerung' Priorität einräumen" (383), also jene, die man eher als Postmaterialisten bezeichnen könnte (vgl. 380f.). "So reagieren die Bischöfe mit gesetzlicher Rigorosität in jenen Fällen, in denen tatsächliche oder vermeintliche Plausibilitäten der bürgerlichen Gesellschaft mit der kirchlichen Verkündigung allzu offensichtlich in Konflikt geraten: z.B. in der Frage der Ehescheidung bzw. der Wiederzulassung (wiederverheirateter, R.S.) Geschiedener zu den Sakramenten, in Fragen der Sexualmoral und schließlich auch in der Frage des Pflichtzölibats, um nur diese Beispiele zu nennen... . Die Frage ist nur, ob auf dem Wege über solche gesetzliche Rigorosität sowohl die Widersprüche bürgerlicher Religion im Christentum überwunden als auch die christlichen Alternativen zum verbürgerlichten Leben wirklich sichtbar gemacht werden können" (METZ 1987, 421), bzw. ob angesichts solch gravierender, existentieller Probleme wie Hunger, Unterdrückung, politischem Terror, den persönlichkeitszerstörenden Folgen bestimmter Formen gesellschaftlicher Marginalisierungen durch Arbeitslosigkeit, Armut etc., an denen die politischen Realisierungen bürgerlicher Werte wie Besitz, Erfolg und Autonomie in nicht unerheblichem Maße ursächlich partizipieren dürften, mit der besonderen Problematisierung nur einiger Defizite bürgerlicher Gesellschaftsformation im individualethischen Bereich der Radikalität der messianischen Forderung nach "Umkehr und Nachfolge, Liebe und Leidensbereitschaft" (METZ 1978, 420) genüge getan ist, oder ob es sich bei dem bischöflichen gesetzlichen Rigorismus um Kompensationsversuche amtskirchlichen Machtverlustes, also primär um die Lösungsversuche organisatorischer Probleme handelt. "Vor allem scheint diese Rigorosität, mit der die offizielle Kirche auf die durch die bürgerliche Religion angedeutete Krise und Krankheit des kirchlichen Lebens reagiert, keine wirkliche Hilfe für die Basis, also konkret für unsere Gemeinden zu sein" (METZ 1978, 421).

Die grundsätzliche Affinität der bundesdeutschen Kirchenleitungen zu den wesentlichen ökonomischen und politischen Fundamenten der bürgerlichen Gesellschaft wird von ihnen selbst hingegen nicht zur Disposition gestellt. Deutlich wird dies an der besonderen Funktion des Geldes in der bürgerlichen Kirche. Die nicht zuletzt durch den Kirchensteuereinzug in der Bundesrepublik Deutschland in seiner bürokratischen Perfektion geschaffene Situation gibt ein Beispiel par exellence dafür: "Einmal auf seiten der Kirchenleitungen, wenn Geldentzug etwa als Disziplinierungsmaßnahme eingesetzt und Geld sozusagen zum Erfüllungsgehilfen der kirchlichen Orthodoxie wird. Dann aber auch die salvatorische Funktion des Geldes bei den Christen selbst: Geld, oft recht mitleidlos erworben, wird zum Ersatz für das Mitleiden am fremden Leid; es dient dazu, Solidarität und Sympathie auszudrücken, um den von der durch Tausch überdeterminierten Gesellschaft erzwungenen Verzicht auf umfassendere Gerechtigkeit wettzumachen. So wird Geld zur großen Vermittlung zwischen den in der bürgerlichen Religion strikt privatisierten christlichen Tugenden und den gesellschaftlichen Leiden; es wird zum Quasi-Sakrament von Solidarität und Sympathie" (METZ 1978, 420).

Dort, wo Geld zum Medium kirchlicher Kommunikation emporgehoben wird, wo die Zuteilung von Geld paradigmatische Kontroversen religiöser Wahrheitsfindung entscheidend beeinflußt, gehen religiöse endgültig in politische Funktionen auf, ist jede proklamierte Trennung von Religion und Politik reine Ideologie. So sind Privatisierung christlicher Tugenden und Individualisierung gesellschaftlicher Leiden ideologische Verfahren zur Stabilisierung eines "unmoralischen Verhältnisses" (HERRMANN 1974) zwischen historischer Kirche und Staat; sie belegen die Dominanz eines funktionalen Bezuges zueinander, der nicht nur konzertierte Problemwahrnehmungen, sondern auch konzertierte Problembewältigungsmuster zur Erreichung letztlich gemeinsamer Organisationsziele gebiert. Diese Entdifferenzierung bürgerlicher Religion/Kirche und bürgerlichen Staates läßt gemeinsame Marginalisierungsinteressen entstehen: Der gemeinsamen ideologischen Basis entspricht der tendentiell gleichgerichtete Orientierungsprimat praktischer, politischer Handlungsvollzüge[5] zur Ausgrenzung gemeinsamer 'Systemfeinde'.[6]

---

[5]Vgl. hierzu z.B. Kardinal Höffner: "Ich habe am 31. August 1962 bei der Amtsübernahme als Bischof den Eid geleistet: 'Ich werde in Ausübung des mir übertragenen geistlichen Amtes jeden Schaden zu verhüten trachten, der das Wohl des deutschen Staates bedrohen könnte" (HÖFFNER 1986, 5).

[6]Siehe hierzu beispielhaft die Auseinandersetzungen zwischen dem deutschen katholischen Klerus und der Partei der Grünen sowie die kognitive Bewältigung des Terrorismusproblems (vgl. DIE DEUTSCHEN BISCHÖFE 1978; SCHWARZENTHAL 1982).

Kirchliche Konflikte sind somit immer im Lichte ihrer politischen Implikationen zu beleuchten. Das gilt zum einen hinsichtlich ihrer Relevanz für das politische System wie zum anderen für die Marktfähigkeit kirchlich-religiöser Sinnproduktion in Konkurrenz zu anderen Sinnproduzenten, also zu anderen institutionalisierten Religionsformen mit gesellschaftspolitischer Bedeutung: Beide Ebenen sind gekennzeichnet von der Intention der Ausstattung religiöser Gehalte mit Mitteln politischer Durchsetzbarkeit. Die enorme ideologische Brisanz kirchlichen Machtgebrauchs - sei er hervorgegangen aus der Partizipation an der Herrschaft eines politischen Systems und/oder lediglich aus der Eigendynamik eines innerkirchlichen Herrschaftsapparates - wird deutlich am amtskirchlichen Umgang mit Konflikten.

1.4 <u>Präjudizierung kirchlicher Konfliktlösung - zur Problematik von Legitimation und Verrechtlichung kirchlicher Institution</u>

Devianz und Konflikt sind auch innerhalb der Kirche keine zufälligen Erscheinungen. Was zu einer gegebenen Zeit von der Kirche als abweichend empfunden und sanktioniert wird, hängt ganz von den von ihr festgelegten Devianznormen und damit nicht zuletzt von den Spezifikationen und Konkretionen eines von ihr kreierten religiös-dogmatischen und -organisatorischen 'Normalzustandes' ab. Einzelne Objektivationen eines solchen religiös-institutionellen 'Normalzustandes' werden zu diesem Zweck kodifiziert und mit einem rechtlich durchsetzbaren Geltungsanspruch ausgestattet. Die Auswahl der zu kodifizierenden institutionellen Festlegungen folgt dabei gewöhnlich der Logik des herrschenden Organisationsprinzips, d.h. der 'Hierarchie der für die Institutionen relevanten Werte'. Die Verrechtlichung religiöser Gehalte gibt Auskunft nicht nur über die Bedeutung einzelner ihrer Elemente in Relation zu anderen normativen Elementen, sondern verschafft den bedeutenderen unter ihnen zudem gesellschaftliche Durchsetzungsmöglichkeiten. Kirchliches Recht ist wie jedes "Recht ... somit nicht nur, wie eine mechanische Widerspiegelungskonzeption nahelegt, eine Form der Erkenntnis, sondern *auch* ein *Handlungsinstrument*" (WAGNER 1976, 13); es widerspiegelt den besonderen Status spezifischer Resultate religiöser Institutionalisierung und beherbergt und bewahrt deren innerkirchliche Legitimationen.

Die mit der Verrechtlichung religiöser Gehalte intendierte Implementation eines spezifischen religiösen Programms vollzieht sich mit der Propagierung eines bestimmten Standards religiöser Normalität einerseits und der Bekämpfung davon abweichender *religiöser Devianz* andererseits. Und spätestens hier, bei der Bekämpfung religiöser Devianz, die auf dem Wege des Rechts - so auch im Kirchenrecht - üblicherweise mit dem Entzug materieller und/oder ideeller Ressourcen betrieben wird, stellt sich die Frage nach der Zweck-Mittel-Relation, nach der Angemessenheit kirchlicher Sanktionsmittel und schließlich nach der *Legitimität* jenes institutionalisierten Standards religiöser Normalität, der sich auf diese - rechtliche - Weise gesellschaftlich zu etablieren trachtet. "Das Problem, in das die meisten geraten sind, die sich um eine Legitimierung des Rechtes und der

Rechtsstruktur der Kirche(n) bemüht haben, entsteht im wesentlichen dadurch, daß sie die Legitimationskonstrukte erdachten, ohne der Tatsache Aufmerksamkeit zu schenken, daß diese selbst jeweils von der kirchlichen Realität abhängig sind. Alle Legitimierungsbemühungen gehen von dem Status quo der jeweiligen Kirche aus. Gleichwohl wird der Eindruck erweckt, kirchliche Realität folge aus der Idealität, die historisch gewachsene Struktur der Kirche, wie sie sich uns heute darstellt, sei etwas Vorgegebenes, von Gott Gewolltes" (WALF 1984(a), 17).

Besondere Brisanz erfährt dieses Legitimationsproblem kirchlichen Rechts bzw. verrechtlichter Kirche, wenn der verrechtlichte Zustand der Kirche deren ursprünglichem ethischen Programm gegenüber als strukturell kontraindiziert erscheint. "Die Kirche ist in ihrer Rechtsstruktur, in der Glaubensverwaltung und Sittenlehre zur Gesetzeskirche geworden, die ihre eigenen, oft ideologisch bestimmten Ordnungsvorstellungen über die Emanzipation des einzelnen stellt. Darum hat diese Kirche auch keine emanzipierende Funktion für die Gesellschaft" (HALBFAS, zit. nach RINGEL/KIRCHMAYR 1985, 164f.). Sie scheint, so meint HALBFAS weiter, "auf großen Teilstrekken ihrer Tätigkeit unchristlich und antihuman" (ibid.). Ein solcher Zustand ist auf die ideologische Bewältigung des grundlegenden kirchenrechtlichen Legitimationsproblems, wie es oben von WALF angedeutet worden ist, zurückzuführen. Insbesondere für die katholische Kirche ist typisch, daß sie die durch Dogmatisierung beabsichtigte Immunisierung ihrer theologischen Inhalte auf deren rechtliche Durchsetzungsinstanzen übertragen wissen will. Als Konsequenz daraus fordert das Kirchenrecht:

> "Can. 212 - §1. Was die geistlichen Hirten in Stellvertretung Christi als Lehrer des Glaubens erklären oder als Leiter der Kirche bestimmen, haben die Gläubigen im Bewußtsein ihrer eigenen Verantwortung in christlichem Gehorsam zu befolgen."

Das kirchliche Recht wird so zum Durchsetzungsinstrument dogmatisierter religiöser Gehalte, und mit der ideologischen Überhöhung letzterer wird die Legitimation kirchlichen Rechts betrieben: "Die Dogmen werden rechtlich und die kirchenrechtlichen Bestimmungen dogmatisch verstanden" (BOFF 1985, 102). Dieser Symbiose von Dogma und Recht muß zwangsläufig eine Affinität zum konservierenden Denken und zum Beharren auf dem in solcher

Weise institutionalisierten, historischen Status quo verkirchlichten Christentums entspringen. Entsprechend erhalten Abweichungen von einer solchen verabsolutierten religiösen Ordnung eine ebenso 'absolute Qualität': Der Affront gegen einzelne Elemente kirchlicher Lehre wird zum Angriff auf die diese vermittelnde Hierarchie, und die Kritik an der Hierarchie wird zum Affront gegen die 'wesentlichen Bestandteile' der katholisch-kirchlichen Theologie hochstilisiert. Mit ihrer Verrechtlichung begeben sich dogmatisierte religiöse Gehalte unweigerlich auf die Ebene eines auf Parteilichkeit angelegten Konfliktregulierungsverfahrens; sie 'degenerieren' zur religiösen *Lehre* mit rechtlich, d.h. gesellschaftlich durchsetzbarem Geltungsanspruch, aus der entsprechende kirchliche Konformitäts- und Devianzkriterien direkt deduzierbar erscheinen.

Die Verrechtlichung religiöser Gehalte stellt einen besonderen Fall dogmatisierter und bürokratisierter Religiösität dar. Durch sie wird die Systematisierung religiöser Selektionsregeln quasi zum kirchlich-religiösen Programm erhoben. Nicht nur dogmatische *Ab*grenzungen, sondern auch kirchlich-gesellschaftliche *Aus*grenzungen von konfligierenden oder abweichenden Kirchenmitgliedern sind in der Situation verrechtlichten Christentums *normal*. Das Besondere hieran ist nun, daß den bürokratisch gehandhabten Verfahren innerkirchlicher Ausgrenzung mit der Transformation religiöser Gehalte in Rechtssätze die Würde des Normativen verliehen wird. "Dabei wird die Repression mit dem besten Gewissen durchgeführt... - in der Annahme, eine heilige Pflicht zu erfüllen, und mit dem einzigen Willen, das göttliche Recht der Offenbarung zu erhalten" (BOFF 1985, 84).

Die Transformation religiös-dogmatischer und organisatorischer Ordnungsnormen in Institutionen rechtlicher Geltungsqualität ist mit der Transformation religiöser bzw. innerkirchlicher Konflikte in Rechtskonflikte auf das engste verknüpft. Die rechtliche Absicherung der Produkte religiöser Institutionalisierung präjudiziert den Ausgang jedes auf der Ebene kirchlichen Rechts ausgefochtenen Konflikts. Die systematische Überführung religiöser Glaubensinhalte in dogmatische Lehrsätze und die Überführung dieser wiederum in die rechtlich abgesicherte Verfügungsgewalt einer kirchlichen 'Elite' entscheidet die Lösung sowohl eines jeden auf der Ebene der Dogmatik als auch auf der des Kirchenrechts verhandelten Konflikts vor: Der Verlierer wird meist der 'kirchliche Abweichler' sein, doch nicht nur der kirchliche Abweichler, sondern jeder, der in dem rechtlich nicht faßbaren persönlichen Ringen um den christlichen Glauben, um die glaubwürdige Nachfolge Christi, Unsicherheiten oder partielle Divergenzen hinsichtlich der kirchenbürokratisch festgelegten Lehraussagen offenbart.

Hier deutet sich wieder jene Ambivalenz religiöser Institutionalisierung, religiöser Verrechtlichung und deren unaufhebbares Ungenügen an, auf das JOSEPH KLEIN schon vor über vierzig Jahren hinwies, nämlich die "ewige Sicherungstendenz" des Menschen in dem zumindest teilweise untauglichen Versuch "der garantierten Möglichkeit des Zugriffs der Gemeinschaft zur Ruhe ... kommen"[1] zu lassen, die sich der Mittel des Zwanges bedient. Denn die notwendige, freie Glaubensentscheidung ist kirchlich-institutionell nicht substituierbar.[2] Wird dies zu ignorieren versucht, d.h. wird über Zwang, Androhung oder Durchführung von Sanktionen Glaubenskon*form*ität, besser Verhaltenskonformität zu erzeugen gesucht, kehrt sich die konfliktreduzierende Funktion kirchlicher Ordnungselemente um in eine konfliktproduzierende, vor allem dort, wo, wie heute gegeben, kirchliche Sanktionen bzw. kirchliche Sozialisation den sozialen und psychischen Lebenszusammenhang des Menschen meist nicht mehr in seiner Totalität zu umgreifen vermag.[3] Hieran wird offenbar, daß es beim Einsatz innerkirchlicher Zwangsmittel nicht so sehr um die Lösung von Glaubensproblemen als um solche kirchlicher Organisation und dessen Ordnungsgefüge geht.

So verwundert es nicht, daß die Entstehung der kirchenstrafrechtlichen, der über die individuelle Bußpraxis hinausgehenden, systematisierten institutionellen Sanktionspraxis, also der Praxis der Sanktionierung von "Handlungen, welche gerade keine schweren Sünden waren, welche sie (die Kirche, R.S.) aber im Interesse der kirchlichen Ordnung zu verhüten suchen mußte, auch äusserlich durch Strafsatzungen als unerlaubte" (HINCHIUS 1959, 752) kennzeichnete, in der Zeit Konstantins, also im 4. Jahrhundert[4]

---

[1]JOSEPH KLEIN: Grundlegung und Grenzen des Kanonischen Rechts, Recht und Staat in Geschichte und Gegenwart Bd. 130, Tübingen 1947, S. 26ff., so zitiert in: POTZ 1978, 134

[2]Vgl. JOSEPH KLEIN wie Fußnote 1

[3]Vgl. Kapitel 2.2

[4]Vgl. HINCHIUS 1959, 746 und 752

zu veranschlagen ist, als die christliche Kirche Staatskirche wurde und damit Kennzeichen einer öffentlichen Körperschaft zu tragen begann, sich sogar als *der* stabilisierende "Ordnungsfaktor im Römischen Reich ... immer stärker in Verfassung und territorialer Strukturierung an die vorgegebene Lage anpaßte" (WALF 1984 (b), 21), und sich "im 4. Jahrhundert der Übergang von der Gemeinde zur Bischofskirche ... mit ihrer vertikalen, immer stärker nach Rom hin ausgerichteten Struktur" (WALF 1984 (b), 21) vollzog. "In einer beispielhaft klassischen Entwicklung hierarchischer Ausdifferenzierung wechselten die Bischöfe in wachsendem Maße aus ihrer pastoralen Rolle in eine Rolle als Verwaltungsbeamte" (WARWICK 1974, 57).

Damit war endgültig der Schritt von "auf Gott zurückzuführenden religiös-sittlichen Gebote(n) oder Imperative(n) ... zu äusseren, das Leben der christlichen Gemeinden regelnden und durch äusseren Zwang zu sichernden Normen, also zu rechtlichen Geboten, gemacht" (HINCHIUS 1959, 744), in denen die *Inhalte* christlicher Religion zu einer (Legitimations-) Funktion äußerer, gesellschaftlich-christlicher *Form*, kirchlich-religiöser Organisation zu degenerieren begannen. Denn vorher, "in den ersten Jahrhunderten der Kirche (hat es) keine festnormirten Thatbestände der mit der Ausschließung aus der Gemeinschaft bedrohten Sünden, d.h. der Kirchenvergehen gegeben, vielmehr war nur das Princip allgemein anerkannt, dass eine solche Strafe allein für die nach den Anhaltspunkten in der h. Schrift als schwere oder Todsünden zu erachtenden Handlungen zu verhängen sei... . Dass dabei für eine Reihe von Fällen Zweifel über die Subsumtion von Handlungen unter die Imperative übrig blieben, ... und die kirchlichen Gemeindeorgane, später die Bischöfe deren Qualifikation als der Ausschliessung unterliegende Verfehlung feststellten, sie also erst als kirchliche Vergehen charakterisirten, lässt sich nicht leugnen" (HINCHIUS 1959, 745).

1.5 Konflikt und Ausgrenzung - zur gesellschaftlichen Praxis amtskirchlicher Ekklesiologie

> "Institutionelle Gewalt, wo immer sie auftaucht, wird am deutlichsten spürbar im Umgang der Institutionen mit ihren Abweichlern. Sie macht sich zum Hüter von Ideologien mit Hilfe von Inquisition, die keine 'neue' ist, sondern die Fortsetzung der alten mit subtilen Mitteln. Solange der Häresieverdacht als Machtmittel eingesetzt wird, sei es in Kirche oder Staat, kann nicht von allen entschieden werden, was alle angeht" (DERICUM 1985, 34).

Kirchliche Konflikte entstehen dadurch, daß Gruppierungen "Normen oder Bestimmungen verletzen, die von der Kirchenleitung - von den klerikalen Amtsträgern - erlassen worden sind" (DUNDE 1984, 260). Konfliktgegenstand sind von daher zum einen die Inhalte der Normen und Bestimmungen selbst, zum anderen das kirchliche Verfahren zur 'Produktion' und Kontrolle dieser. Diese analytische Trennung jedoch läßt sich - wie wir noch sehen werden - in Konfliktsituationen, in denen die Amtsvertreter insbesondere mit Ausgrenzungen reagieren, nur schwer beibehalten. Denn solche kirchlichen Konflikte sind gerade dadurch gekennzeichnet, daß sie mit der Thematisierung der Selektivität amtskirchlich vorgegebener Normen auf die historische Relativität von Verfahren und Struktur kirchlicher Entscheidungsfindung verweisen. Dazu zählen mit Sicherheit Konflikte um Inhalt und Gestaltung des Kirchenrechts. "Im Recht zeigt sich vielleicht noch klarer als anderswo die Geschichtlichkeit des Sakraments Kirche, in dem das Göttliche niemals adäquat ausgedrückt wird ..." (ACERBI 1982, 240). Desweiteren gehören hierzu aber vor allem Konflikte um jene Bereiche kirchlicher Organisation und Normierung, die von Seiten des Kirchenrechts keine eindeutigen Vorgaben erfahren bzw. die dem Ausgestaltungsauftrag der einzelnen Ortsbischöfe etc. unterliegen, selbstverständlich in Kontinuität mit den Intentionen des allgemeingültigen Kirchenrechts, insbesondere jedoch unter Berücksichtigung kultureller und nationaler Gegebenheiten in den jeweiligen Ländern, Konflikte also, die den normativen Bezugsrahmen - über das Kirchenrecht hinaus - für die konkrete Gestaltung der 'Orts'-Kirchen, sowie die entsprechende Ekklesiologie[1], also die praktizierte 'kirchliche Konzeptions- und Legitimationswissenschaft von sich selbst' und deren Umsetzung in Institution und Organisation betreffen.

Die Konflikte, um die es hier im weiteren gehen soll, symbolisieren somit weitgehend paradigmatische Kontroversen auf der Ebene ekklesiologischer Praxis bzw. praktizierter Ekklesiologie; sie betreffen das Ringen um die maßgebliche gesellschaftliche Repräsentanz von Kirche, der katholischen Kirche in einem bestimmten Gesellschaftssystem, nämlich in dem der Bundesrepublik Deutschland im besonderen; sie betreffen vor allem jene Personengruppen des katholisch-kirchlichen Kernbereichs, die in kirchlichem Auftrag kirchliche Systemfunktionen in der Gesellschaft wahrnehmen bzw. kirchlich anerkannte Organisationen vertreten, aber auch jene, deren Mitglieder zwar katholisch sind, denen eine amtskirchliche Anerkennung bzw. die ihres Organisationszieles bisher versagt geblieben ist[2] oder versagt wurde.

---

[1]Zum Verhältnis von Kirchenrecht und Ekklesiologie: "In der Relation zwischen beiden Bereichen tritt also die Ekklesiologie im wesentlichen bestimmend auf, das Kirchenrecht dagegen als Korrektiv. An dieser Relation ist festzuhalten, sowohl gegenüber einer Überbewertung des Rechts in der Kirche, was zu einer Überwucherung, wenn nicht sogar Ersetzung der Ekklesiologie durch Kirchenrecht geführt hat, als auch gegenüber einer Unterbrechung dieser Beziehung und dem damit verbundenen Verlust an sozialer Relevanz" (POTZ 1978, 264).
Von einer Überwucherung der Ekklesiologie durch Kirchenrecht kann derzeit insofern gesprochen werden, als eine Vielzahl von Ansätzen ekklesiologischer Erneuerungen des II. Vatikanums durch das neue Kirchenrecht aus dem Jahre 1983 ignoriert bzw. blockiert wird, und die heutige ekklesiologische Praxis eher einer restaurativen Kirchenpolitik entspricht. Vgl. hierzu WALF 1984a/1984b; ALBERIGO/CONGAR/POTTMEYER 1982, 240; vgl. auch Kapitel 2.1.

[2]Damit interessieren hier nicht jene Gruppen, die - nicht amtskirchlich anerkannt - auch keine Ambitionen hegen, gesellschaftlich als Teil der römisch-katholischen Kirche in Erscheinung zu treten.

Es handelt sich hier damit um Konflikte von katholischen Personengruppen oder einzelnen Personen mit der Kirchenführung, die 'im Dienste der Kirche stehen' oder um Anerkennung ihrer Aktivitäten als solche kämpfen, für die ein 'überzeugender Verpflichtungscharakter' des Kirchenrechts besteht. "Denn wenn auch das kirchliche Gesetzbuch für alle Kirchenangehörige gilt und sie alle verpflichtet, besteht ein überzeugender Verpflichtungscharakter doch nur für diejenigen, die im Dienst der Kirche stehen und denen gegenüber also die kirchliche Leitung echte Exekutivgewalt besitzt. Das waren damals ... und sind heute noch im wesentlichen eben die Kleriker sowie die Angehörigen der religiösen Gemeinschaften und jene Laien, die haupt- oder nebenamtlich im Dienst der Kirche arbeiten" (WALF 1984a, 56).

Konfliktthemen bzw. inhaltliche Konfliktpositionen interessieren im Rahmen dieser Arbeit nur insoweit, als sie zur Herleitung von Ausgrenzungsmotiven umgedeutet werden, um die der Amtskirche gegenüberstehenden Konfliktpositionen selbst oder deren Vertreter innerkirchlich zu marginalisieren oder ganz aus dem engeren Kirchenbereich zu verbannen. So wird angestrebt, jene Indikatoren zu erschließen, die die kirchliche Amtsführung dazu verleiten, die Ebene der diskursiven Auseinandersetzung zugunsten formaler, organisatorischer Konfliktlösungsstrategien zu verlassen bzw. Ausgrenzungsmechanismen wie Disziplinarverfahren, Entzug oder Androhung des Entzuges offizieller, amtskirchlicher Anerkennung oder finanzieller Unterstützung, Versetzungs- oder Entlassungsdrohungen etc. in Bewegung zu setzen. Vor allem jedoch geht es um die soziologische Rekonstruktion der Inszenierung von ausgrenzungsrelevanten Motiven, der Herstellung von Anlässen zur Reduzierung kirchlicher Teilhabechancen und kirchlicher Gestaltungsfreiheit, zu denen streitbare theologische Positionen, katholisch-moralische Vergehen, unerwünschte Kritiken etc. über verschiedene Akte kirchlich-institutioneller, administrativer Umdefinition hochstilisiert werden, daß eine diskursive, pastorale, integrative Konfliktlösung in den Hintergrund tritt zugunsten der Sanktionierung durch Beschneidung innerkirchlicher Handlungsspielräume. Dabei wird davon ausgegangen, daß die Eskalation amtskirchlicher Problematisierung abweichenden Verhaltens bis hin zur Konstruktion ausgrenzungsrelevanter Tatbestände weniger in dem entsprechenden Verhalten selbst begründet ist als vielmehr in dessen Bedeutung für die Stabilität der kirchlichen Institution. Denn keineswegs jedes im moraltheologischen oder kirchenrechtlichen Sinne abweichende Verhalten bemüht das Sanktionierungsbedürfnis der kirchlichen Hierarchie: Diebstahl, Wirtschaftskriminalität, Steuerhinterziehung, Mord mit Ausnahme von Abtreibung und Papstmord scheinen für die etablierte kirchliche Politik nur insofern interessant, als es sich dabei um einen Angriff auf 'kirchliches Eigentum' handelt; Abtreibung, Wiederverheiratung Geschiedener und Homosexualität sind dagegen Dauerbrenner amtskirchlicher Sanktionsinitiativen. Aber selbst hier kann nicht einmal von einer einheitlichen Sanktionspraxis der Kirchenführung in unserem Lande gesprochen werden.

Die 'Konfliktträchtigkeit' einzelner Formen abweichenden Verhaltens scheint demnach weitgehend von deren institutioneller Bedeutung abhängig zu sein. Die Selektivität des amtskirchlich-ekklesiologischen Paradigmas sowie die Perzeption der für die entsprechende kirchliche Praxis typischen Strukturprobleme[3] determinieren weitgehend den Problematisierungs- bzw. Tabuisierungsbedarf hinsichtlich des kirchlich relevanten Verhaltens. Ausgrenzungen sind demnach nicht nur Widerspiegelungen selektiver, ekklesiologischer Interessen, sondern auch Instrumente zur Stabilisierung deren historischer Realisierungen in Form kirchlicher Institution; sie sind Gradmesser auch der Machtverteilung und gesellschaftlichen Durchsetzungsfähigkeit unterschiedlicher ekklesiologischer Paradigmen.[4]

---

[3]Vgl. das gesamte Kapitel 2

[4]Zur Übertragung des Paradigmakonzepts auf kirchliche Theologie siehe KÜNG/TRACY 1984/1986. Die Zulässigkeit einer solchen Übertragung soll hier insoweit als akzeptiert gelten, als angenommen wird, daß *jedes* theologische Paradigma konfliktträchtig ist. Um es an einem aktuellen Beispiel zu verdeutlichen: "Daß man in Rom den offenkundigen Paradigmenkonflikt immer wieder machtpolitisch-disziplinarisch unter Mißachtung der Menschen- und Christenrechte regeln kann, macht der jüngste Konflikt um die lateinamerikanische Befreiungstheologie deutlich. Er liegt auf der Linie ungezählter Einschüchterungsversuche und Disziplinarmaßnahmen vor und hinter den Kulissen, die gerade solche Theologen treffen, die für die katholische Kirche und Theologie den mühseligen Übergang von der Moderne zur Post-Moderne vorbereiten wollen" (KÜNG/TRACY 1986, 7).

2 Strukturprobleme der katholischen Kirche

Wesentlich für die Strukturprobleme des gegenwärtigen, in der Form des Katholizismus verkirchlichten Christentums ist die *Mediatisierung seiner charismatischen Grundfigur* Jesu Christi. Die Prozesse der Institutionalisierung des Christentums, mehr noch die organisatorisch-strukturellen Mechanismen zur Erhaltung und Bewahrung einmal etablierter christlich-religiöser Institutionen, transformieren die ontologischen Qualitäten des 'eigentlich Gemeinten' in ein Funktionselement der Legitimationsideologie der gesellschaftlich-religiösen Institution. Die Kirche bietet dann " 'ihren Christus' als Heil der Welt an, als ihren eigenen Besitz, über den sie verfügt. Ehe Christus aber zum religiösen Konsumgut herabgewürdigt wurde, indem man ihn durch dogmatische Beiwörter für die Entwürdigung entschädigte, waren ideologische Frontbegradigungen nötig. Es mußte den Gläubigen klar sein, daß es einen anderen Jesus außer dem institutionell 'vereinnahmten' nie gegeben habe. Zusätzlich mußte den Gläubigen gepredigt werden, Jesus von Nazareth sei nicht wegen seiner Aggression gegen religiös-politische Machtsysteme gestorben, sondern um ein neues noch totalitäreres Machtsystem zu begründen" (BECKER 1967, 117).

Ziel dieser 'ideologischen Frontbegradigungen' war und ist auch heute noch die Liquidierung der Pluralität religiöser Bewußtseine, die Kreation eines einheitlichen Glaubens. Unverfänglich bliebe diese Intention, bediente sie sich nicht der Mittel gesellschaftlicher und politischer Macht, um aus der Suche nach einem einheitlichen, konsensfähigen Glauben eine 'Einheit im Glauben', eine Gleichschaltung der Gläubigen erreichen zu wollen. Doch genau dies geschieht mit der Monopolisierung religiös-definitorischer Kompetenzen in den Rollen der Repräsentanten eines tendenziell monolithischen Kirchenapparates. Dessen "Repräsentanten verfügen 'nach innen' über Rechtsetzungsgewalt und 'nach außen' über Verhandlungs- und Entscheidungsfähigkeit, d.h. über das Recht, die Belange der Kirche gegenüber ihrer Umwelt zu vertreten. Die Tätigkeit dieser kirchlichen Amts- und Würdenträger stellt zugleich die einzig legitime Weise der 'Personifizierung' des Sozialsystems 'Kirche' durch die Individualisierung seiner Systemreferenz: Das subjektive Handeln des Amtsträgers wird zur Darstellung der Glaubensgemeinschaft vor ihr selbst und ihrer Umwelt. Solches 'Amtshandeln' stellt eine spezifische Verlaufsform sozialen Handelns dar, wobei seine unmittelbare Einzelheit mit der Einheit des sozialen Ganzen ineinsgesetzt wird" (HÖHN 1985, 225).

Die Kritik am Verhalten einzelner Amtsinhaber wird damit zum Affront gegen die Einheit des 'sozialen Ganzen'. Das Handeln der Amtsträger ist damit von einer grundsätzlich anderen Qualität als das des 'normalen Gläubigen'; es ist gekennzeichnet von einem für letztere unerreichbaren Grad an religiöser Authentizität und legitimatorischer Immunität, die in der faktisch gehandhabten 'Unfehlbarkeit' der Entscheidungen der Hierarchie - in der Praxis weit über den im Unfehlbargeitsdogma festgeschriebenen Rahmen hinaus - gipfeln. Den Gläubigen bleibt schließlich nur noch die Rolle des passiven Rezipienten von der Hierarchie produzierter Glaubensinhalte und Heilsgüter. "Solange die katholische Kirche die hierarchische Struktur so eindeutig betont, muß sie notwendigerweise an einem Infantilismus ihrer Gläubigen Interesse haben" (BECKER 1967, 10).

Der/die für diese hierarchische Organisationsstruktur typische Autoritarismus, Zentralisierung und Bürokratisierung impliziert "Heteronomie des niederen Klerus und Ausschluß des Laienflusses, Unterdrückung bzw. Verkirchlichung des Charismas, ein Übergewicht der Kommunikation von oben nach unten über die in der umgekehrten Richtung, die Niveaugebundenheit und die Auslese in der Kommunikation von unten nach oben und dadurch die Unwissenheit in der hierarchischen Spitze über das, was an der Basis vorgeht" (SCHREUDER 1966, 122). In einer Situation fortschreitender Auflösung der religiös-politischen Einheitswelt jedoch, der Bürokratisierung und Rationalisierung bzw. der Koordinationsnotwendigkeit von System- oder Organisationsleistungen, von der weder kirchliche Theologie noch kirchliche Caritas verschont geblieben sind, verfängt "die Legitimation hierarchischer Kommunikations- und Interaktionsstrukturen ... inmitten eines von demokratischen Wertvorstellungen geprägten Umfelds nicht mehr. Kurz: Sakralisierte und hierarchisch geprägte Plausibilitätsstrukturen sind nicht länger plausibel" (KREINER 1986, 398)! Dies stellt die Repräsentanten etablierter, hierarchisch strukturierter Kirchenorganisation vor z.T. für sie unlösbare Probleme: Nicht nur die Plausibilität ihrer Herrschaftsposition ist in Mitleidenschaft gezogen worden, sondern auch die bisher weitgehend unhinterfragte Akzeptanz der dieser Hierarchie entsprechenden theologischen Lehrinhalte, meist aus der Erfahrung heraus, daß sie für die Bewältigung des heutigen Alltagslebens weder hinreichende Bezugspunkte liefern noch hilfreiche und/oder glaubwürdige Handlungsperspektiven eröffnen. Seit "Religion nicht mehr befohlen werden kann, sondern auf den Markt gehen muß" (BERGER 1973, 138), sehen sich die amtskirchlichen Repräsentanten einer religiösen Marktsituation gegenüber, die nicht zuletzt durch die "Dynamik des Verbraucherwillens" (BERGER 1973, 139) bestimmt ist. Hier 'rächt' sich nun besonders deutlich die "Unwissenheit in der hierarchischen Spitze über das, was an der Basis vorgeht" (SCHREUDER 1966, 122):

1. Die notwendige Sensibilität für die tatsächliche 'religiöse Bedarfslage' ist der Hierarchie infolge ihrer seit Jahrhunderten institutionalisierten Distanz zum 'religiösen Verbraucher' abhanden gekommen.

2. Die von der Hierarchie derzeit betriebene 'religiöse Bedarfsdeckung' zielt neben der rituellen Begleitung in Grenzsituationen menschlichen Lebens lediglich - unter Rücksichtnahme auf die Bestandswahrung der in der bürgerlichen Gesellschaft errungenen kirchlich-institutionellen Privilegien - auf Ent-Sorgung der Randprobleme bürgerlicher Gesellschaft. Der geweihte Vertreter kirchlicher Hierarchie wird so "zum g u t e n Gewissen zuerst der feudalen, dann der bürgerlichen Gesellschaft, wo er doch ihr s c h l e c h t e s Gewissen sein sollte" (GOLLWITZER 1975, 17).

Die Distanz der Arbeiterschaft zur katholischen Kirche sowie der lautlose Auszug vieler anderer gesellschaftlicher Gruppen aus der Kirche geben Zeugnis davon. Der inzwischen nicht mehr unter Partizipationszwang stehende katholische Verbraucher - mit Ausnahme des kirchlichen Personals - kann heute, zumindest aufgrund der Möglichkeit der sanktionslosen Distanzierung, wenn auch immer noch nicht durch konkrete Einflußnahme, eben über Wert und Plausibilität des katholisch-kirchlichen Angebots entscheiden.

Die im folgenden aufgeführten Strukturprobleme der katholischen Kirche in der Bundesrepublik werfen Licht auf das kirchlich-institutionelle Spannungsverhältnis zwischen Integration und Selektion und das sich dahinter verbergende Konfliktpotential, vor dessen Hintergrund kirchlich abweichendes Verhalten erst seinen gesellschaftlichen Referenzrahmen findet. Denn erst die Problematisierung der unhinterfragten Plausibilitäten kirchlicher Organisationsstruktur entblößt den strukturellen Kontext, vor dem die amtskirchlichen Definitionen abweichenden Verhaltens ihre Plausibilität gewinnen: Die Pathologisierung des auch innerkirchlicher Devianz innewohnenden Konflikts bzw. kritischen Potentials durch die Ausgrenzung des Abweichlers spiegelt die strukturellen Pathologien kirchlicher Institutionen wider. So muß zwangsläufig in einer ihre eigene Identiät nicht problematisierungsfähigen Institution hinsichtlich deren struktureller Fixierungen bzw. Pathologien ein 'gesunder Mensch' zu einem Rebellen werden.[1]

[1]Vgl. DREITZEL 1972, 15f.

2.1 Zu einigen Aspekten der Historisierung katholischer Kirche

Hier ist nicht der Ort, die gesamte Kirchengeschichte bzw. die Probleme der Institutionalisierung des Christentums an der Geschichte der katholischen Kirche nachzuvollziehen. Vielmehr sollen nun am Beispiel einiger historischer Ereignisse der Kirchengeschichte wesentliche Gesetzmäßigkeiten aufgezeigt werden, die für die Ausformung des katholisch-kirchlichen Systems, wie es sich derzeit auch in der Bundesrepublik Deutschland präsentiert, bedeutsam sind.

Ausgangspunkt hierfür kann, wie in Kapitel 2.4 ausführlicher dargelegt werden wird, nicht das historische Selbstverständnis der katholischen Kirche sein. Denn "Christentumsgeschichte wurde als Kirchengeschichte und katholischerseits nur als Geschichte der eigenen Kirche verstanden. Was hier als 'Kirche' galt, war zudem durch das gegenwärtige Kirchenverständnis geprägt, dessen Wurzeln aus der Vergangenheit historisch rekonstruiert wurden. Kirchengeschichte wurde - vor allem für die katholische Kirche - zur Legitimation der eigenen Identität in der Gegenwart" (KAUFMANN 1979, 35).

Die Installierung des Katholizismus in der Geschichte als gesellschaftsstrukturell relevantes Bewegungselement vollzog sich richtungsweisend mit der Konstantinischen Wende. Mit dem Toleranzedikt von Mailand im Jahre 313 bahnte sich die weit über die intendierte Gleichstellung der Christen mit den Mitgliedern anderer Religionsgemeinschaften hinausreichende Privilegierung einerseits und die politische Funktionalisierung des Christentums andererseits an.

Mag die persönliche Religiösität Konstantins ihren Teil zur Favorisierung des Christentums beigetragen haben, seinen übergeordneten politischen Ambitionen der Universalherrschaft über das gesamte römische Reich kam das integrative Potential der Lehre des Christentums sehr entgegen, das er durch systematische Eingriffe in den Prozeß seiner dogmatischen Ausdeutung (z.B. im Arianischen Streit) zu festigen verstand. Die Strukturschwächen der traditionellen römischen Heidenreligionen mit ihrem Kaiserkult wurden kompensiert: Die Grundlagen für eine einheitliche Reichsreligion wurden gelegt, die selbst die verwaltungsmäßig noch notwendigen Grenzziehungen zwischen ost- und weströmischem Reich überspannte.

Die Prozesse der inhaltlichen Vereinheitlichung christlicher Lehre und kirchlicher Organisation einerseits und die der Installierung ihrer staatlichen Integrationsfunktionen durch Übernahme kultureller und justizieller Ordnungsleistungen (gesetzliche Verordnung der Sonntagsfeier, Einführung christlicher Schulen, Steuerbefreiung kirchlicher Amtsträger, Gerichtsbarkeit der Bischöfe und die Unantastbarkeit deren Entscheidungen) andererseits vollzogen sich in gegenseitiger Wechselwirkung. "Das Christentum wurde eins mit dem Interesse des Reiches, und als Diener des christlichen Kults sind dann vor allem die Kleriker zentral für das Reichsinteresse" (SCHILLEBEECKX 1985, 173). Den strukturellen Anpassungsleistungen an politische Systemerfordernisse des römischen Reiches entsprechen innerkirchliche Prozesse organisatorischer Ausdifferenzierung zur Erhaltung religiöser Identität, die sowohl für die Konsolidierung des kirchlichen, wie aber auch des damaligen politischen Systems von besonderer Wichtigkeit waren. So wird deutlich, "daß bei dem Fortgang der Institutionalisierung der Kirche diese immer sichtlicher die Reichsstrukturen in ihrer Umgebung übernimmt, wenn auch jeweils auf besondere Weise. Gibt es Verschiebungen in der zivilen Verwaltung, dann sehen wir etwas Ähnliches in der Kirche. In großen Zügen entwickelt sich die Struktur des kirchlichen Amtes so: Auf der Linie der neutestamentlichen 'Brüderschaft' gibt es anfangs überall noch eine ziemlich 'demokratische', kollegiale Leitung durch Presbyter; sodann, eingebettet in dieses Kollegium, eine monarchische Leitung, wonach die Mitleitung der Presbyter allmählich an Bedeutung verliert. In manchen Gegenden entsteht eine Rangordnung nach Bischöfen, Metropoliten und Patriarchen. Nach Analogie der Landtage im Reich entstehen denn auch Synoden aller Bischöfe in einem bestimmten Gebiet und schließlich ökumenische Konzilien aller Bischöfe im Reich. Noch später wird einer der Patriarchen - am Ende des 4. Jahrhunderts gab es fünf große Patriarchate: Jerusalem, Alexandria, Antiochia, Konstantinopel, Rom - die oberste Leitung aller Bischöfe und Patriarchen in der ganzen Kirche erhalten: der Bischof von Rom, Patriarch des Westens, später Papst genannt, in dem das, was im Neuen Testament die Petrusfunktion ist, in historischer Gestalt zum Ausdruck kommt" (SCHILLEBEECKX 1985, 160f.).

Diese organisatorische Ausdifferenzierung als "eine hierarchische Zuspitzung nach oben hin" (SCHILLEBEECKX 1985, 161) blieb nicht ohne Folgen für die Ordnung innerkirchlicher Macht- und Entscheidungsbefugnisse. Mit der 'Kastration' des durch die Taufe erworbenen Geistcharismas aller Gläubigen und der Absorption des legitimatorischen Potentials christlichen Charismas für den Rechtfertigungs- und Plausibilitätsbedarf der neu entstandenen Ämterstrukturen waren endgültig die Voraussetzungen geschaffen für die politische Instrumentalisierbarkeit des Christentums. Durch die Monopolisierung des Charismas durch die geweihten Vertreter kirchlichen Amtes wurden diese zu den einzig legitimen Repräsentanten des Christentums. "Diese allmähliche Zentralstellung des Amtes, bei Unterbewertung der Geisttaufe, wird im Laufe der Geschichte verschiedene Nebeneffekte zeigen. Daraus entstand das Schema a) lehren (das tut die kirchliche Hierarchie), – b) erklären, was die Kirche lehrt (das tun die Theologen), – c) hören auf die (von den Theologen erklärte) Lehre der Kirche (das tun die Gläubigen, 'Laien' genannt). Dieses Paradigma erklärt die Gläubigen in Wirklichkeit zu 'Subjektlosen'" (SCHILLEBEECKX 1985, 148).

Die formale Anlehnung kirchlicher Organisationsformen an die der staatlichen Administration führte unweigerlich zu einer Interessenkoalition hinsichtlich der als systemnotwendig erachteten gemeinsamen Bestandsvoraussetzungen. Die staatliche Zustimmung zu dem durch das kirchliche Amt repräsentierten Religionssystem, das seinerseits der Einflußnahme des Kaisers unterlag[1], garantierte damit grundsätzlich die kirchliche Akzeptanz auch des politischen Status quo. Diese ideologische Verflechtung kommt in der Aussage von Kaiser Konstantin zum Ausdruck, daß die Stabilität des Reiches weniger auf der Verwaltung und der Arbeit als auf der Religionsausübung beruhe.[2] So verwundert es nicht, daß es dann von der ursprünglich intendierten Religionsfreiheit zum Diktat eines 'einheitlichen' Religionssystems kommen mußte: Die katholische Kirche, in ihrer damals durch den römischen Bischof Damasus vertretenen dogmatischen Form, wurde aufgrund eines Erlasses von Theodosius im Jahre 380 zur Staatskirche. Dem folgte im Jahre 392 das Verbot heidnischer Religionen.

---

[1]Dieser war oberste gesetzgebende Gewalt, in kirchlichen Verfahren oberster Richter, setzte Bischöfe ein etc. (vgl. GÖLLER 1983, 743).

[2]Vgl. GÖLLER 1983, 743

Kennzeichen dieser eigentlich bis heute existierenden staatskirchlichen Verfaßtheit des Christentums zumindest für den Bereich unserer Nation[3] ist die wechselseitige Funktionalisierung staatlicher bzw. religiöser Systemleistungen für die Bedürfnisse des jeweils anderen Systems. Mit der Installierung der katholischen Kirche in das staatliche System durch Theodosius wurde die Grundlage für ein tendenziell gleichgerichtetes, politisches Interessespektrum von Kirche und Staat gelegt: Die Identifizierung innerer wie äußerer Systemfeinde vollzog sich seither grundsätzlich in 'konzertierter Aktion'. Die Kaschierung von Systemschwächen, die sich vorwiegend in Problemen gesellschaftlicher Schichtung, Klassenkonflikten etc. darstellten, gestaltete sich zunehmend zu einer gemeinsamen Aufgabe. Kirche repräsentierte sich nicht mehr in der Gemeinsamkeit, der Gemeinschaft mit den Ausgeschlossenen und Ausgegrenzten, sondern maßgeblich in jenen Instanzen, die es sich zur Aufgabe machten, Probleme der Marginalisierung in christlicher Nächstenliebe zu verwalten und systemadäquat handhabbar zu machen.[4] So kann LEONARDO BOFF mit Recht heute davon sprechen, daß seit Theodosius "die Kirche zweifelsohne eine Kirche f ü r die Armen (war); aber eine Kirche d e r Armen zu sein, hat sie niemals mehr geschafft" (1985, 29; Hervorhebungen durch BOFF).

Demgegenüber zeigt die Entwicklung der innerkirchlichen Organisation im Vergleich zu der politischer Systeme seit dem Zeitalter der Aufklärung anachronistische Züge. "Die Geschichte der Kirche scheint spätestens mit dem I. Vatikanum in eine ausweglose Sackgasse geraten zu sein. Eine solche Herausstellung der nackten Autorität des Papstes in einem Zeitalter, das sich immer mehr als 'Freiheitsgeschichte' der Menschheit versteht, und zwar einer Autorität, die durch keine freigebende Begleitung geprägt, umhüllt, abgestützt wird, erscheint unerträglich. Nimmt man die Methoden hinzu, in denen diese Autorität sich praktisch darzustellen pflegt (im Grunde unverändert vom Mittelalter zur Neuzeit), nimmt man die Ereignisse um den Modernismus, den Sieg des Thomismus, die Verfolgung der angebli-

---

[3]Vgl. hierzu MAHRENHOLZ 1969; FABER/BAMBERG/RUPP 1970; ONNA 1969 und auch Kapitel 2.5.

[4]Darin dürfte auch die Reformation nichts Grundlegendes geändert haben, d.h. daß diese Schlußfolgerung wohl ebenso auf die evangelischen Kirchen zutrifft.

chen Nouvelle Theologie hinzu, noch über das I. Vatikanum hinaus, vielleicht gar im Zuge seines Sieges, so erscheint der durchlaufene Weg wie ein unaufhaltsames Crescendo, von dem man nur schwer sagen kann, zu welchem Zeitpunkt es dem Ohr vollends unerträglich wird, und der zum Zuhören Gezwungene schreit: Jetzt aber Schluß!" (VON BALTHASAR 1974, 54).

Inwieweit es sich bei dieser Entwicklung der Machtausstattung abstrakt-theologischer Lehrsätze durch Prozesse der Dogmatisierung, durch die Institution der Unfehlbarkeit des Papstes, die Etablierung eines einheitlichen Kirchenrechts etc. um kompensatorische Strategien handelte, drohende Verluste an kirchlicher Identität aufgrund vielfältiger Anpassungsleistungen an Bedürfnisse unterschiedlichster politischer Systeme, sprich letztlich religiöse Profilverluste ausgleichen zu wollen, kann hier nicht entschieden werden. Umso eher ist hier ein bis zum heutigen Tage bestehendes Adaptionsproblem der normativen Erfordernisse der 'Freiheitsgeschichte', die zur Demokratie und Menschenrechtspolitik führte, durch Theologie und Institution der katholischen Kirche zu konstatieren, das selbst nach dem II. Vatikanischen Konzil noch unzureichend bewältigt zu sein scheint. Ansätze dazu in der communio-Ekklesiologie finden immer noch keine institutionellen Entsprechungen. "In den Konstitutionen des Vatikanum II finden sich neben Ansätzen zu einer communio-Ekklesiologie, welche die kirchliche Gemeinschaft als solche und ein Miteinander bei der Autoritätsausübung betont, zentrale Elemente der Ekklesiologien des Ersten Vatikanums mit ihren Aussagen über den Primat, über Amt und Autorität. Es ist dem letzten Konzil nicht gelungen, beide Sichten zu vermitteln und die vorhandenen Institutionen amtlicher Leitung überzeugend mit neuen Institutionen zu verbinden, in denen sich die Kirche als communio realisiert. Man wollte dogmatische Festlegungen vermeiden und scheute sich, die Communio-Idee rechtlich zu konkretisieren. So stehen die herkömmlichen lehramtlich legitimierten und rechtlich konkretisierten Festlegungen unvermittelt neben 'pastoral' gemeinten Aussagen und Zielvorstellungen ohne institutionelle Konsequenzen" (BÖCKENFÖRDE 1983, 2540).

2.2 Katholische Aporien bei der Synchronisation von Glaube und Kirche

Nach Andeutung einiger markanter Leitlinien der Geschichte der katholischen Verfaßtheit des Christentums soll im folgenden detaillierter auf den Konfliktstoff heutiger, gegenseitiger Anpassungsversuche zwischen katholischem Glauben und katholischer Kirche eingegangen werden.

Die Synchronisierung religiöser Reflexion, von Glaube und Theologie, mit der organisatorischen Gestaltung des sozialen Mediums ihrer Vermittlung in Form einer religiösen Organisation wie der katholischen Kirche ist eine nie endgültig abzuschließende Aufgabe. Fortentwicklungen auf theologischer Ebene bedürfen der Überprüfung ihrer Vereinbarkeit mit wesentlichen traditionellen Lehrinhalten ebenso wie mit der vorhandenen Kirchenstruktur; die Bedrohung der Legitimationsideologien des gerade vorherrschenden Organisationsbildes der Kirche durch konkurrierende ekklesiologische Theorien ist in diesem Zusammenhang von besonderer Bedeutung. Umgekehrt ergibt sich auch aufgrund von organisatorischen Veränderungen (z.B. die Etablierung des kirchlichen Dienstleistungsapparates) a posteriori ein theologischer Legitimationsbedarf, ohne den sich eine wirkliche Integration dieser neu geschaffenen Einrichtungen in die Kirchenstruktur kaum vollziehen läßt. "Jede organisatorische Veränderung muß entweder im Bereich des theologisch und insbesondere kirchenrechtlich nicht eindeutig Definierten ansetzen, oder es müssen quasi-theologische Legitimationen aufgebaut werden, um bestimmte zweckmäßige Veränderungen durchzusetzen" (KAUFMANN 1974, 34).

Relativ problemlos läßt sich eine Gleichschaltung von organisatorischer und theologischer Repräsentation der Kirche dort erreichen, wo ein einheitliches Kontrollsystem die jeweiligen Ausdifferenzierungen in diesen Bereichen überwacht. Dies ist vor allem dort gegeben, wo das Machtzentrum der Kirche, die Vertreter der Amtskirche, Definitions- und Entscheidungsmonopole innehaben, so z.B. die Entscheidungsbefugnis nach Can. 266 und Can. 300 CIC (1983), über die Berechtigung der Zuschreibung des Begriffes 'katholisch' hinsichtlich der Benennung kirchlicher Gruppierungen und Vereine, der Auswahl der theologischen Lehrer an Schulen und Hochschulen, der Kontrolle der 'Orthodoxie' katholischer Lehrinhalte etc.

Schwieriger wird es jedoch, wo sich Religiösität randseitig des im engeren Sinne kontrollierbaren kirchlichen Apparates vollzieht, wo eher der Angebots- anstelle des Zwangscharakters kirchlicher Lehre dominiert. Das betrifft heute in erster Linie die sich minimierenden Zugriffsmöglichkeiten der Amtskirche auf den individuellen Glauben der konfessionellen Massenbasis. Diese Situation ist einerseits gekennzeichnet von einer sich ausweitenden Divergenz zwischen der in starker Abhängigkeit von Organisationsbedürfnissen geprägten kirchenamtlichen Theologie und den von gesamtgesellschaftlichen Problemlagen beeinflußten individuellen Glaubenshaltungen, andererseits durch den Verlust unmittelbarer, amtskirchlicher Sanktionsgewalt zur Erzwingung von Rechtgläubigkeit.

Daß dies weniger ein Problem der Religiösität der Menschen, der konfessionellen Massenbasis als vielmehr das Problem der amtlichen Kirche und ihrer institutionellen Engführungen ist, wird daran deutlich, daß im Verlaufe der Kirchengeschichte "das Christliche zunehmend nur noch mit dem explizit Religiösen und das Religiöse mit den etablierten Kirchen und religiösen Gemeinschaften identifiziert wird, diese selbst jedoch zunehmend den Charakter religiöser Organisationen annehmen, deren Eigendynamik mit den Möglichkeiten individuellen Glaubens nur noch sporadisch zur Deckung zu bringen ist" (KAUFMANN 1979, 102f.).[1] Die durch die Kirche jahrhundertelang

---

[1]Vgl. hierzu auch die Diskrepanz zwischen Einstellungen der Gläubigen und lehramtlichen Entscheidungen, u.a. HOFFMANN 1973, 175: "Zur Untersuchungszeit übt das kirchliche Lehramt in den behandelten Fragen keinen Einfluß auf die Versuchspersonen aus, da diese den in der Gesellschaft dominanten Verstehensansätzen und den damit in unmittelbarer Beziehung stehenden Verhaltensnormen konform sind, selbst wenn diese konträr zu denen des Lehramtes der Kirche stehen. Man lehnt sogar darüber hinaus jede Einflußnahme durch das Lehramt in Form von Dogmen, Geboten und Vorschriften ab und glaubt sich dazu autorisiert, weil man der Meinung ist, daß in der derzeitigen Kultursituation die Menschen auf Grund besserer Informationsmöglichkeiten und größerer Informiertheit als zu früheren Zeiten ein höheres moralisches Bewußtsein entwickelt hätten, dem mehr Selbständigkeit bei der Entscheidung entspreche, als das Lehramt der Kirche dem einzelnen zuzubilligen bereit ist".

monopolisierte Repräsentation religiöser Glaubens- und Moralnormen ist in eine Krise geraten. Auch die Schlußfolgerungen KAUFMANNS auf der Basis der Ergebnisse der Synodenumfragen und der im Auftrag des Zweiten Deutschen Fernsehens durchgeführten Repräsentativbefragung kommen zu einem ähnlichen Resultat: "1. Die öffentlichen Funktionen der Kirche werden stärker bejaht als ihr Einfluß auf die eigene Lebensführung. 2. Der Einfluß der Kirche als einer gesellschaftlich-moralischen Instanz (also die gesamtgesellschaftlich akzeptierte Funktion) wird stärker bejaht als ihre eigentliche religiöse Funktion (also die kirchlich definierte Funktion). 3. Diese Tendenzen gelten nicht nur für die kirchlichen 'Randgruppen', sondern ebenso für die kirchlichen 'Kerngruppen'" (1973, 111).

Diese und andere Ergebnisse von Umfragen[2] legen nahe, von einer moralischen Privatisierung, einer bewußten oder unbewußten Distanzierung von den sittlichen und theologischen Vorgaben der Repräsentanten der Institutionen des gesellschaftlich etablierten Christentums in Form der Amtskirche sprechen zu dürfen, ohne daß sich damit gleichzeitig das Christentum auf einem gesamtgesellschaftlichen Rückzug wähnen müßte. Vielmehr wird in diesen Aussagen den leitenden, institutionellen Vertretern des Christentums derjenige gesellschaftliche Platz und diejenige kirchliche Bedeutung zugeschrieben, der bzw. die diesen aus der Sicht der Mehrzahl der Gläubigen derzeit zukommt: Das heißt, daß wesentliche amtskirchliche Glaubens- und Sittenforderungen heute nicht mehr das Legitimationsbedürfnis grundlegender Entscheidungen des persönlichen Lebens beeinflussen. Amtskirchliche Glaubens- und Sittenforderungen scheinen vielmehr Antworten auf Fragen zu entsprechen, die in der adäquaten Form heute nicht mehr gestellt werden bzw. Fragen aufzuwerfen, die die tatsächlichen Probleme vieler Gläubigen heute nicht mehr berühren. "Der Einzelne macht nur noch partiell die Erfahrung, daß die großkirchliche Glaubensgemeinschaft die gesellschaftliche Gestalt auch seines persönlichen Glaubens ist. ...Der einstmals feste Aggregatzustand der Kirche ist in Auflösung begriffen. Manifest wird diese Tendenz nicht nur in der hohen Zahl der Kirchenaustritte oder in der Zunahme in-

---

[2]Vgl. ZULEHNER 1987; vgl. auch RENATE KÖCHER: Religiös in einer säkularisierten Welt, in: ELISABETH NOELLE-NEUMANN/RENATE KÖCHER: Die verletzte Nation, Stuttgart 1987, S. 164-281

nerkirchlicher Konflikte, sondern auch in dem Protest gegen eine zentralistisch verwaltete Betreuungskirche, gegen die Kasualierung und restriktive Sanktionierung sittlichen Verhaltens (besonders im Bereich der Sexualethik), bei deren Ausweitung sich der Einzelne nicht mehr als Subjekt, sondern nur als Objekt einer Gnadens- und Glaubensverwaltung 'von oben' vorkommt" (HÖHN 1985, 164).

Doch nicht erst die kirchlicherseits propagierten Moralforderungen, sondern schon die zu deren Vermittlung notwendigen Begrifflichkeiten amtskirchlicher Theologie zeugen von einem innerkirchlichen Kommunikationsproblem. Die Verselbständigung des amtskirchlich-theologischen Begriffsapparates und seiner Rationalität hat einen Standard erreicht, der für weite Teile der 'religiösen Massenbasis' weder intellektuell rezipierbar noch emotional nachvollziehbar ist. "Auf die Kirchen Westeuropas kommt unausweichlich eine Jugend zu, in deren Ohren das Reden unserer Bibelexegeten heute schon durchaus nicht mehr zu unterscheiden ist von der Sprache irgendeiner Sekte - ein Vokabular, das nur noch die Konventikelangehörigen selbst mit bestimmten Erinnerungen und Gefühlen ihrer eigenen, zumeist sehr autoritär strengen Sozialisationsgeschichte zu assoziieren vermögen, während für 'die draußen' die Frage sich kaum noch stellt, welch einen Sinn über die Befriedigung dieser 'Gemeindemitglieder' hinaus ein derartiges Reden von 'Gott' eigentlich macht" (DREWERMANN 1988, 25).

2.3 Selektivität durch Hierarchie als katholisch-kirchliches Organisationsprinzip

Eines der wesentlichen Probleme des Entwicklungsprozesses von der charismatischen Grundfigur bis hin zur kirchlichen Organisation ist das der systematischen Abstufung der Legitimität[1], die sich auf die charismatische Grundfigur berufenden kirchlichen Institutionen offiziell repräsentieren zu dürfen. Welche Aspekte der charismatischen Grundfigur gesellschaftlich vergegenständlicht werden, unterliegt den Gesetzmäßigkeiten der Selektivität religiöser Institutionalisierung, der "nichtzufällige(n) (d.h. systematische(n)) Restriktion eines Möglichkeitsraumes" (OFFE 1975, 78), sprich eines bestimmten religiösen Objektivierungspotentials. In bezug auf die katholische Kirche mag der Begriff des *Christentums* die Anforderungen an eine dieser übergeordneten Kategorie erfüllen bzw. *den* Möglichkeitsraum andeuten, den die katholische Kirche eben nur selektiv aktualisiert: Christentums als all das, "was im Namen Christi und seiner Tradition im Laufe der Geschichte entstanden ist, getan wurde und diesem Namen zugerechnet wurde" (KAUFMANN 1979, 126). Demnach ist "das Christentum keine gegebene historische Größe, sondern ein komplexes, wandelbares Phänomen, das von den einzelnen Kirchen in ihrer Tradition nur selektiv aufbewahrt wird" (KAUFMANN 1979, 126).

Die Instrumentalisierung christlicher Gehalte durch Dogmatisierung und Bürokratisierung[2] ist von der *Hierarchisierung* bestimmter christlicher Glaubens- und Ordnungsnormen sowie der Trägerpositionen christlichen Charismas begleitet. Die Entwicklung vom 'reinen Charisma' zum Amtscharisma, die zur Herausbildung einer hierarchischen Ämterstruktur im Sinne einer die höchste Gewalt innehabenden Priesterschaft auf der einen und einer durch diese beherrschte Laienschaft auf der anderen Seite geführt hat, ist in dieser Form *weder zwangsläufig, noch* in der charismatischen Grundfigur selbst *eindeutig angelegt*; sie ist vielmehr gekennzeichnet von der Intention der Integration des sich etablierenden religiösen Systems in einen

---

[1]Vgl. Kapitel 1.4

[2]Vgl. Kapitel 1.2

gesellschaftlichen Gesamtzusammenhang[3], von der *Funktionalisierbarkeit der Amtskirche* für adäquate, d.h. in bürokratischer Weise strukturierte gesellschaftliche Systeme. Die Selektivität der hierarchischen Ämterstruktur präformiert interessegeleitete, ideologische Tendenzen des kirchlichen Gesamtapparates. "Auch organisatorische Festlegungen, besonders die Annahme einer hierarchischen Organisationsform, strukturieren vor, was auf ihrer Grundlage als Programm- und Personalpolitik noch möglich ist, weil dann auch die Programme und das Personal in eine hierarchische Form gebracht werden müssen: Es muß in einem solchen System dann auch wichtige und weniger wichtige Programmgesichtspunkte und wichtige und weniger wichtige Leute geben und zwar in 'transitiver' Ordnung" (LUHMANN 1972, 280).

Diese inhaltlich- und formalstrukturelle Selektivität eines solchen hierarchischen Kirchensystems garantiert einerseits seine Anpassungsfähigkeit. "Im übrigen erleichtert die Konzentration der Macht in der Kirche in nur wenigen Händen (der Hierarchie) die Beziehungen zu den anderen Mächten dieser Welt. ... Der zentralistischen römischen Politik liegt sehr an dieser Art von Kirche, die auf der priesterlichen und lehramtlichen Macht wie auf der sakralen Autorität der Hierarchie beruht" (BOFF 1985, 20). Andererseits stößt das hierarchische Gestaltungsprinzip sehr schnell an seine Grenzen: Es "setzt eindimensionale Über- und Unterordnungsverhältnisse voraus - ein Organisationsprinzip, das sich für die Lösung von Problemen höherer Komplexität, wie sie für moderne Organisationen erstmals charakteristisch werden, praktisch nicht mehr bewährt" (KAUFMANN 1974, 32). Die Konfliktträchtigkeit des hierarchischen Organisationsprinzips wird demnach dort besonders augenfällig, wo das in vielfältiger Weise mit einem weitgehend nach demokratischen Organisationsmustern ausgerichteten Umfeld in Berührung kommende kirchliche Personal die von der Hierarchie oktroyierten Organisationsziele in ihrer Arbeit nur unzureichend zu operationalisieren oder selbst zu repräsentieren vermag, weil die Organisations- und Moralnormen der Hierarchie den Bedürfnissen kirchlichen Klientels zumindest teilweise strukturell unangemessen sind: Hier ergeben sich nicht nur Reibungsflächen unterschiedlicher Organisationsprinzipien, sondern vor allem auch Koordinations- bzw. Integrationsprobleme bezüglich der für diese typischen Organisationsziele bzw. programmatischen Inhalte. Mangelnder

---

[3]Vgl. Kapitel 2.1 und insbesondere SCHILLEBEECKX 1985

Konsens auf dieser inhaltlich-programmatischen Ebene führt in einem hierarchisch strukturierten System zu segregierenden Strategien auf den Ebenen der Organisation und des Personals[4], d.h. die Unfähigkeit oder mangelnde Bereitschaft der Hierarchie, theologisch-programmatischen, ekklesiologischen Konsens herzustellen[5], führt zu Kompensationshandlungen an anderer Stelle: Inhaltliche Abweichungen werden personalisiert und auf organisatorischem Wege ausgegrenzt. Die latente Selektivität des kirchlich-hierarchischen Organisationsprinzips wird an dieser Stelle gesellschaftlich manifest: Die soziale Kompetenz zu derartigen Kompensationshandlungen beruht auf der *Macht*, entsprechende Ausgrenzungen aufgrund immunisierter Legitimität durchführen zu können. Die Immunisierung der Legitimation der Hierarchie zur Initiierung von Ausgrenzungsprozeduren dient der Verschleierung ihrer realen gesellschaftlichen und innerkirchlichen Macht.[6]

Hier offenbart sich das Dilemma kirchlicher Hierarchie als ein grundlegendes Strukturproblem der heutigen katholischen Kirche: Die "Kombination von bürokratischer Herrschaft und hierokratischer oder patriarchalischer Legitimation dieser Herrschaft (ist) mit dominierenden kulturellen Orientierungen der Gegenwart inkompatibel" (KAUFMANN 1979, 139). Der absolute geistliche Gehorsamsanspruch muß zwangsläufig in einer Gesellschaft mit weitgehend verwirklichten individuellen Freiheitsrechten versagen[7], sodaß sich unvermeidbar die Frage stellt, "ob sich Religion in den Gehäusen der überkommenen Organisation überhaupt einrichten kann oder ob sich die enga-

---

[4]Vgl. LUHMANN 1972, 283; Geradezu beispielhaft hierfür sind die Versuche der Hierarchie, unter Verwendung des Machtmittels Lohnabhängigkeit (vgl. Kapitel 6.4) durch Androhung innerkirchlicher Ausgrenzung Normkonformität zu erzwingen. "Unzumutbar sind die 'christlichen Moralansprüche' an das Privatleben der Beschäftigten, die insbesondere die röm.-katholische Kirche mit unerbittlicher Härte durchsetzt und die zu Doppelmoral und Heuchelei geradezu herausfordern" (INITIATIVE KIRCHE VON UNTEN 1984, 26f.).

[5]Vgl. Kapitel 2.2

[6]Vgl. Kapitel 2.4 und 2.5

[7]Deutlich wird dieses Problem u.a. an dem Mangel an innerkirchlicher Meinungs- und Religionsfreiheit oder Mitbestimmungsmöglichkeit (vgl. Kapitel 2.6, 4.4, 5.1, 5.1.1, 5.1.2, 5.2).

gierten Anhänger des Christentums nicht endgültig von den Kirchen lossagen müssen" (KEHRER 1982, 10). Die wahrscheinlich von der katholischen Kirchenführung gar nicht intendierte, jedoch in ihrer Praxis vorzufindende Eigendynamik[8] ihrer hierarchisch legitimierten, bürokratischen Ämterstruktur[9], die in der Tendenz "zur Zentralisierung, zur Vereinheitlichung, zum Opportunismus und zur Vernachlässigung der spezifischen Bedürfnisse ihrer Klientel" (KAUFMANN 1979, 137) zum Ausdruck kommt, ist als Resultat des technizistischen Überhangs religiöser Institutionalisierung zu verstehen, bei der es mehr um die Kontrolle von Organisationsnormen als um die Tradierung und faktische Realisation essentieller christlicher Werthaltungen geht. Denn "je stärker es zum Einsatz organisatorischer Mittel kommt, und je deutlicher der Organisationscharakter des kirchlich-katholischen Christentums ins Bewußtsein tritt, desto geringer dürften dessen Fähigkeiten werden, christliche Sinngehalte in die Zukunft zu tradieren" (GABRIEL/ KAUFMANN 1980, 224).

Im folgenden soll nun kurz auf zwei mehr und mehr in der katholisch-kirchlichen Öffenlichkeit problematisierte Eckpfeiler des katholischen hierarchischen Systems rekurriert werden, an denen die Selektivität der heutigen Version katholischer Kirche besonders augenfällig wird: An der Segregation der Laien und der Frauen aus dem Kernbereich katholischer Amtskirche.

---

[8]Diese Eigendynamik beschreibt KAUFMANN sehr anschaulich mit dem "bioenergetischen Begriff der *Entropie*...: Zu viele Energien werden für innerkirchliche Aktivitäten gebunden, und es bleibt zu wenig 'freie' Energie, um sich mit jener gesellschaftlichen Umwelt auseinanderzusetzen, von der die Lebensfähigkeit der Kirchen und des Christentums auf längere Sicht abhängt" (1979, 134).

[9]"Es besteht heute eine Hierarchie im bürokratischen Sinne, die zugleich als 'hierarchisch' im theologischen Sinn legitimiert wird. Eine konkrete Folge derartiger 'Sakralisierungen' des Kirchenregiments ist, daß sich die kirchliche Verwaltung aufgrund ihrer hierarchischen Begründung weitgehend öffentlicher Kontrolle und der Möglichkeit der Appellation gegen ihre Entscheidung entziehen kann, auch wenn inzwischen im neuen Kirchenrecht Ansätze einer Verwaltungsgerichtsbarkeit vorgesehen sind" (HÖHN 1985, 227f.).

2.3.1 Katholische Klerikerherrschaft

"Das kirchliche Amt als autoritäre Herrschaft sowie alles andere, was sich auf Kosten der Lehre Christi im Rahmen der verschiedenen Theologien und später entstandenen kirchlichen Traditionen durchsetzen konnte, stellen Produkte der Tatsache dar, daß bei zunehmender Kollektivierung und Institutionalisierung des Christentums die Kirchen als legitime Verwalter der Sache Christi der Versuchung nicht widerstehen konnten, ihre gewonnene Macht auf Kosten der Freiheit der Christen zu festigen" (SAVRAMIS 1984, 293). Der durch Bürokratisierung und Dogmatisierung bestimmte Prozeß der *Veralltäglichung des Charismas*[1] findet bei der katholischen Kirche einen zumindest vorläufigen Abschluß in der Herausbildung des Amtscharismas. Die Funktion des Amtscharismas liegt in erster Linie in der administrativen Bewältigung des Problems der Regulierung der Teilhabechancen an der geschaftlichen Repräsentation des Charismas und unterliegt den Effizienzgesichtspunkten einer jeden bürokratischen Organisation. Wesentliche Merkmale gerade des katholisch-kirchlichen Amtscharismas sind die "Monopolisierung des Ritus durch den Klerus. Einsetzung des Klerus von oben nach unten in einer vollkommenen pyramidalen Ordnung. Kontrolle der religiösen und theologischen Ideen durch die Hierarchie: All dies bedeutet, daß das Angebot einer Religion völlig durch Organisation bestimmt wird. Die Angewiesenheit auf die Umwelt wird zunehmend verringert, wozu der Aufbau eines eigenen Vermögens noch beiträgt. So ist auf lange Sicht die Aufrechterhaltung des organisierten Angebots auch ohne Nachfrage möglich. Das religiöse System kann als organisiertes sich so weitgehend von Gesellschaft abkoppeln, daß die Frage nach der gesellschaftlichen Funktion der Religion nicht mehr gestellt zu werden braucht. Die einzige kritische Stelle ist, ob die gesellschaftliche Umwelt bereit ist, ein solches System zu alimentieren, auch wenn sie die Angebote des Systems nicht mehr nachfragt, denn auch das größte Vermögen ist einmal aufgebraucht" (KEHRER 1982, 113).

Die katholisch-institutionelle Selbstdefinition des Amtes als hierarchisches Amt führt auf diesem Wege zur Monopolisierung der gesellschaftlichen Repräsentation 'der Kirche' bzw. 'des Christentums' durch das Amt. Die

---

[1]Vgl. Kapitel 1.2

oftmals in diesem Zusammenhang zu vernehmende Beschwörungsformel 'Kirche sind wir doch alle!' täuscht über die reale Machtkonstellation bei der maßgeblichen Definition dessen, *was* im Konfliktfall katholische Kirche ist und *wer* sich katholisch nennen darf, hinweg: Das Entscheidungsmonopol darüber ist eindeutig der amtskirchlichen Hierarchie übertragen. Zu einem solchen Ergebnis kommt auch KROH, wenn er feststellt: "Kirche als Kirche meint hier immer 'als Institution', 'die Hierarchie', 'ihre Amtsträger und Institution'. ...Im Sinne der katholischen Soziallehre muß als Ergebnis der Frage nach dem Subjekt kirchlichen Handelns festgehalten werden:

(1) In der Regel handelt die Kirche als Kirche dort, wo ihre Amtsträger handeln.
(2) Nicht-Amtsträger (im kirchlichen Sprachgebrauch: Laien) handeln dann im Namen der Kirche, wenn sie eine ihnen von der kirchlichen Amtsautorität erteilte Weisung oder Sendung ausführen.
(3) Wo Christen ohne ausdrücklichen kirchlichen Auftrag handeln, tun sie dies auf eigene Verantwortung und in eigenem Namen, selbst wenn solches Handeln 'vom christlichen Glauben, vom christlichen Ethos, ja selbst von päpstlichen Staats- oder Sozialenzykliken inspiriert ist'. Ihr Tun bzw. Unterlassen hat zwar positive oder negative Auswirkungen auf das Ansehen der Kirche, muß aber von ihr als solcher nicht verantwortet werden" (1982, 169f.).

So ist mit Recht zu schließen, daß "das Moment kirchlicher Gemeinschaft, aufgrund dessen die Christen, ob Kleriker oder Laien 'wir' sagen, ...keine institutionelle Entsprechung (findet)" (LEGRAND 1982, 168). Das auch darin begründete Legitimationskonstrukt der unterschiedlichen Verteilung kirchlicher Machtmittel, symbolhaft dargestellt in dem mit der Papstrolle verbundenen Herrschaftsanspruch, sei hier mit den Worten amtskirchlicher Repräsentanten wiedergegeben:

> "Wer also sagt, der römische Bischof habe nur das Amt einer Aufsicht und die Leitung und nicht die volle und oberste Gewalt der Rechtsbefugnis über die ganze Kirche - und zwar nicht nur in Sachen des Glaubens und der Sitten, sondern auch in dem, was zur Ordnung und Regierung der über den ganzen Erdkreis verbreiteten Kirche gehört -; oder wer sagt, er habe nur einen größeren Anteil, nicht aber die ganze Fülle dieser

höchsten Gewalt, oder diese seine Gewalt sei nicht ordentlich und unmittelbar, ebenso über die gesamten und die einzelnen Kirchen wie die gesamten und einzelnen Hirten und Gläubigen, der sei ausgeschlossen"[2].

"Damit war eine lehramtliche unfehlbare Legitimation für die Stellung des Papstes nach Art eines absoluten Monarchen geschaffen. ... Durch die Dogmatisierung der Unfehlbarkeit des päpstlichen Lehramts wurde aus der geistlichen Lehrgewalt, in Glaubensstreitigkeiten zu entscheiden, die rechtliche Gewalt des Papstes, ohne Bindung an ein Konzil unabänderliche Glaubensgesetze zu erlassen" (BÖCKENFÖRDE 1983, 2538f.). Hiermit entlarvt die Amtskirche selbst ihren gesellschaftlichen Charakter, ihre Bestimmtheit durch Prozesse interner Machtbildung und sozialer Kontrolle.[3] "Die Herrschaftsansprüche, die Betonung des Amtes und der Aufbau der Amtshierarchie führen zur Differenzierung und Dogmatisierung der Lehre sowie zu einer weitgehenden Konkretisierung der Moral, indem durch eine Reihe von Ge- und Verboten die Verhaltensweisen der Kirchenangehörigen in allen Lebensbereichen reguliert werden, wobei das Recht stark in die Ethik eindringt" (SCHREUDER 1966, 119).

Die Entwicklung von der charismatischen Grundfigur über die Entpersönlichung des Charismas bis hin zur bürokratischen Konfiguration des Amtscharismas ist begleitet mit der Ausdifferenzierung unterschiedlichster sozialer Rollen innerhalb der Kirche. Die Rolle "ist der Ort, an dem die Institution gelebt wird. Wie die einzelnen Menschen ihre Rolle spielen, sich mit ihr identifizieren, so funktioniert die Institution. Jede Weigerung, die zugedachte Rolle zu übernehmen (bzw. in der Kirche Laie oder Kleriker zu spielen), ist ein Angriff auf die Institution. Wer die Rollenverpflichtung eines Laien auf die Kleriker überträgt oder umgekehrt, der stellt die bestehende Klassennormierung der Kirche in Frage, bedroht die Institution" (HASENHÜTTL 1974, 9).

Die Dichotomisierung in eine Klerikerrolle- bzw. eine Laienrolle ist eines der wesentlichen Resultate des Institutionalisierungsprozesses katholi-

---

[2]NEUNER-ROOS: Der Glaube der Kirche, 8. Auflage (1971), Nr. 448, nach: BÖCKENFÖRDE 1983, Anmerkung 35, 2538

[3]Vgl. das gesamte Kapitel 6

scher Kirche. Durch die Autorisierung in der sich selbst zugeschriebenen Klerikerrolle[4] üben die geweihten Vertreter der Amtskirche aufgrund ihrer "Position in der Institution über andere Gruppenmitglieder Herrschaft aus, die nicht rein aus einer sachlichen Notwendigkeit hervorgeht. ... Die Rollenautorität begründet Herrschaftsverhältnisse, und diese kommen nicht ohne Sanktionen aus. Sie ist die Form der sozialen Kontrolle in der Institution. Solche Kontrolle kann von der einfachen Verwarnung bis zur Vernichtung des Subjekts reichen. Je nach Zielrichtung der institutionalisierten Gemeinschaft wird sich diese Kontrolle darstellen" (HASENHÜTTL 1974, 9).

Parallel zur Hierarchisierung der Mitgliedschaftsrollen innerhalb der katholischen Kirche vollzieht sich eine klare Trennung der entsprechenden Zuständigkeitsbereiche. Dabei scheint sich der Kompetenzbereich des Klerus durch eine besondere soziale Indifferenz auszeichnen zu wollen, welche verhindern soll, daß ein Legitimationsbedarf klerikalen Handelns entsteht, der über die Legitimation innerkirchlicher klerikaler Rollenautorität hinausgeht. Die Beschränkung des Klerus auf das 'religiös Wesentliche', auf

---

[4]Welche absurden Blüten diese Rollendifferenzierung mit sich bringen kann, veranschaulichen Reflexionen eines unbenannt bleiben wollenden Kaplans: Aus der Vielzahl der Regeln für die Klerikerrolle "sei schließlich eine noch kurz genannt, deren Beachtung sich besonders als Buße für die irrtümliche Übertretung der anderen Regeln eignet. Sie verlangt von mir, daß ich mich an der rollensichernden Tätigkeit des Klerus beteilige. Dazu gehört vor allem eine Identifizierung mit seinen Aggressionen. Ich bin immer gut beraten, wenn ich mich an internem oder öffentlichem Geschimpfe beteilige. Ich sollte daher gelegentlich über die Produkte der Unterhaltungsindustrie oder des Nachrichtenwesens, über die Sozialisten oder die Studenten, über das moderne Sexualverhalten oder über querulierende und aufsässige Laien eindeutig abfällige Bemerkungen machen. Ab und zu empfiehlt es sich, irgendwelche Ansichten der Psychologen oder Soziologen, neue Seelsorgeformen oder die moderne Pädagogik als 'unhaltbaren Quatsch' zu bezeichnen" (Kaplan ***: An der Grenze des Erträglichen. Repressive Strukturen im katholischen Klerus, in: Lehren und Glauben, Beilage der Arbeitsgemeinschaft für religiöse Bildung (kath.), Nr. 5, Juni/Juli 1968, 17).

das 'religiös Unvergängliche' durch die schon oben genannte 'Monopolisierung des Ritus' unterstützt jene Unangreifbarkeit, die in der klerikalen Selbstdefinition[5] intendiert ist. Zudem garantiert sie die Dominanz eines auf ein enges Verkündigungsverständnis fixiertes theologisches Begriffssystem, das, dogmatisch immunisiert und aufgrund seines hohen Abstraktionsgrades beinahe jeder gesellschaftlichen Konstellation anpaßbar[6], zur Legitimierung von Ausgrenzungsprozessen jederzeit aktivierbar ist: Es beinhaltet normative Axiome, in deren Begrifflichkeiten sich soziale Verhaltensweisen 'übersetzen' lassen müssen, Axiome, deren selektive Ausdeutung aufgrund der immunisierten Position ihrer Verfechter und Interpreten kaum zu entlarven oder anzufeinden ist.

FUCHS beschreibt die Folgen dieses klerikal-kirchlichen Selbstverständisses im Jahrbuch des Caritasverbandes wie folgt: "Jede klerikalistische Monopolisierung eines auf die verbale und liturgische Dimension verengten Verkündigungsbegriffs zeigt sich im Kontrast zur Evangelisation nicht nur als defizient, sondern zugleich als zu ihr kontraproduktiv, weil die Charismen aller als bereichernde Basis der Evangelisierung ausgeschaltet bleiben. Dieser 'Verkündigungsideologie' wird auch dann immer Vorschub geleistet, wenn die Dienste der Priester und Laien in der Kategorie von Heils- und Weltdienst regionalisiert werden, weil dadurch die Aufgaben der Laien als Säkularisat der eigentlichen kirchlichen Heilssendung definiert werden, was ja gerade vom Begriff der Evangelisation und seiner impliziten Christologie und Ekklesiologie her theologisch und praktisch falsch ist" (1985, 24). In ähnlicher Weise verdeutlicht LEONARDO BOFF die selektierenden Auswirkungen der in der Rollendifferenzierung angelegten asymmetrischen kirchlichen Kommunikationsstrukturen, insbesondere auch deren Implikationen für die amtskirchliche Theologie und Ekklesiologie: "In der Kirche verfügen die Mitglieder, welche die Mittel zur religiösen Symbolproduktion innehaben, auch über die Macht. Sie schaffen und kontrollieren den offiziellen Diskurs. Soziologisch gesehen herrschen also in der Kirche unbestreitbar Trennung und Ungleichheit: Die eine Gruppe produziert das Symbolmaterial, während die andere es konsumiert. Die Geweihten können produzieren, zelebrieren und entscheiden, während die Nichtgeweihten dem Ge-

---

[5]Vgl. Kapitel 2.4

[6]Vgl. Kapitel 1.2

schehen nur beiwohnen und zustimmen dürfen. Das ganze Potential auf seiten der Ausgeschlossenen, zu produzieren und an Entscheidungen mitzuwirken, geht verloren. Die Gruppe, in deren Händen die Mittel zur Symbolproduktion liegen, schafft nun auch die ihr entsprechende Theologie: Um ihre Macht zu rechtfertigen, zu festigen und unters Volk zu bringen, gibt sie deren geschichtlich gewordene Form als von Gott gesetzt aus. Da die zentralisierte, monarchische und ausschließende Funktionsweise der Macht wie auch das lehrhafte Verständnis von Offenbarung und Heil als (in dieser konkreten Gestalt) von Gott gewollt dargestellt werden, sind sie unantastbar und versagen sich jeder Reform" (1985, 84f.).[7]

Wesentliche Elemente kirchlicher Macht sind demnach in der Sakralisierung kirchlicher Organisations- und Rollenstruktur und der diese absichernden Selbstinterpretation zu finden.[8] Sie äußert sich nicht zuletzt in jenem klerikalen Verhaltensstil, den einer der intimsten Kenner der Innenseite der katholischen Kirche und der von dieser selbst als einer der größten Theologen dieses Jahrhunderts gerühmte KARL RAHNER wie folgt beschrieb: "Die institutionalisierte Mentalität der Bischöfe ist, wenn man einmal so sagen darf, feudalistisch, unhöflich und paternalistisch, nicht der einzelne Bischof als konkrete Person, dem solche Praxis garnicht auffällt, wodurch freilich die Sache nicht besser wird, sondern schlimmer wird" (1977, 101).

---

[7]Ohne an dieser Stelle auf die sicherlich bestehende theologische Problematik der Bezeichnung der Sakramente als "symbolisches Material" näher eingehen zu wollen, sei BOFF hier zugute zu halten, daß es ihm an dieser Stelle primär um die Andeutung der Gefahr der Instrumentalisierung der Sakramente zu Symbolen amtskirchlichen Verwaltungsmonopols hinsichtlich der Heilsgüter geht, also um einen realen gesellschaftlichen, soziologischen Kontext. Mit der Kritik der KONGREGATON FÜR DIE GLAUBENSLEHRE am theologischen Gehalt der Feststellung BOFFS ist noch nichts über die Geltung von BOFFS Aussage über den gesellschaftlich kirchlichen Verwendungskontext von Sakramenten und über die Problematik deren monopolisierter Administration ausgesagt (vgl. hierzu die KONGRETATION FÜR DIE GLAUBENSLEHRE 1985, 8f.). Vielmehr geht die römische Kritik auf letzteres erst gar nicht ein.

[8]Vgl. Kapitel 2.4

2.3.2 Katholisches Patriarchat

Eines der wesentlichen Strukturprobleme - wenn nicht sogar ihr derzeit wesentlichstes überhaupt - ist die *faktische* Stellung der Frau in Theologie und Organisation der katholischen Kirche. Mag auch die religiöse Sozialisation der katholisch-konfessionellen Massenbasis heute inzwischen überwiegend in den Händen von Frauen liegen - aufgrund ihrer traditionellen Rolle als Hausfrau und Mutter betreiben sie meist die religiöse Primärsozialisation der Kinder; Frauen überwiegen beim betreuenden Personal in den konfessionellen Kindergärten; Religionslehrerinnen haben die Priester im Religionsunterricht an den Schulen, im Beicht-, Kommunion- und Firmunterricht weitgehend abgelöst -, die Entscheidungen über die gesellschaftlich relevanten, kirchlichen Organisationsstrukturen und über die dieser entsprechenden Theologie jedoch obliegt nach wie vor männlicher Befugnis. So ist Frauen der Zugang zu wissenschaftlich-theologischen Lehr- und Forschungspositionen 'höherer Weihen' nahezu gänzlich verschlossen.[1] Es gibt keine weiblichen Bischöfe oder Kardinäle, nicht einmal einen geweihten weiblichen Priester.[2] Selbst Meßdienerinnen sind offiziell immer noch nicht zugelassen. Die herrschende Theologie und Liturgie folgt traditionell-patriarchalischen Denk- und Sprachmustern.

Dadurch, daß Frauen nur der 'Laienstand' vorbehalten bleibt, verdoppelt sich die faktische Benachteiligung der Frau in der katholischen Kirche: Zur Diskriminierung aufgrund des Geschlechts kommt die aufgrund ihrer Laienrolle gegenüber der nur Männern vorbehaltenen Klerikerrolle hinzu. "Während sich indessen die bürgerliche Gesellschaft in vielen Ländern auf die Beseitigung geschlechtsbedingter Diskriminierung hin bewegt, weigert sich unsere Kirche hartnäckig, der offensichtlichen Diskriminierung aufgrund des Geschlechts in ihren Strukturen, im geistlichen Amt und in den kirchlichen Entscheidungsprozessen entgegenzutreten. Dieser Widerstand

---

[1]Vgl. MÜLLER 1987; ähnlich auch LAU: "Für die Frauen in pastoralen Berufen ergibt sich die paradoxe Situation, daß ihre Chancen, im kirchlichen Dienst ... hauptamtlich angestellt zu werden, mit der höheren Qualifikation abnehmen" (1987, 494).

[2]Vgl. RAMING 1973

stellt die Glaubwürdigkeit der Kirche extrem infrage, wenn sie von Gerechtigkeit spricht. Hierdurch ist ein Gefühl tiefgreifender Entfremdung unter vielen Mitgliedern der kirchlichen Gemeinschaft entstanden, vor allem bei solchen, die die Berufung der Kirche, für Gerechtigkeit in der Welt zu arbeiten, ernstgenommen haben" (PRIESTS FOR EQUALITY 1987, 9).

Diese Diskrepanz zwischen kirchlicher Praxis und dem bürgerlichen Verständnis individueller Menschenrechte findet sich ansatzweise auch zwischen der faktischen Benachteiligung der Frau und einigen, von Seiten der Amtskirche geäußerten Gleichberechtigungsforderungen, die z.B. wie folgt lauten: "Jede Form einer Diskriminierung in den gesellschaftlichen und kulturellen Grundrechten der Person, sei es wegen des Geschlechts oder der Rasse, der Hautfarbe, der gesellschaftlichen Stellung, der Sprache oder der Religion, muß überwunden und beseitigt werden, da sie dem Plan Gottes widerspricht. ... Es ist eine beklagenswerte Tatsache, daß jene Grundrechte der Person noch immer nicht überall unverletzlich gelten; wenn man etwa der Frau das Recht der freien Wahl des Gatten und des Lebensstandes oder die gleiche Stufe der Bildungsmöglichkeit und Kultur, wie sie dem Mann zuerkannt wird, verweigert"[3].

Dieses scheinbar eindeutige Eintreten für die Realisation von Menschenrechten, insbesondere die eigentlich nur verbale Propagierung der Gleichberechtigung der Frau, kann nicht darüber hinwegtäuschen, daß die grundsätzliche Haltung der amtskirchlichen Vertreter zu den Menschenrechten faktisch ambivalent ist.[4] Menschenrechte in der Kirche haben nur dort ihre Berechtigung, wo das patriarchalisch-hierarchische Kirchensystem *nicht* tangiert wird, das sich in all seinen Facetten am symbolträchtigsten im Priesteramt widerspiegelt. So wird diese Ambivalenz in bezug auf die Verwirklichung einzelner Menschenrechte gerade bei der Legitimierung des Ausschlusses der Frauen vom Priesteramt besonders deutlich:

> "Diese Praxis der Kirche erhält also einen normativen Charakter: In der Tatsache, daß sie nur Männern die Priesterweihe erteilt, bewahrt

---

[3]Die Kirche in der Welt von heute, Nr. 29, so zitiert in: PRIESTS FOR EQUALITY 1987, 7

[4]Vgl. Kapitel 4.4

sich eine Tradition, die durch die Jahrhunderte konstant geblieben und im Orient wie im Okzident allgemein anerkannt ist, stets darauf bedacht, Mißbräuche sogleich zu beseitigen. Diese Norm, die sich auf das Beispiel Christi stützt, wird befolgt, weil sie als übereinstimmend mit dem Plan Gottes für seine Kirche angesehen wird" (KONGREGATION FÜR DIE GLAUBENSLEHRE 15.10.1976, 13).

"Man darf jedoch nicht vergessen, daß das Priesteramt nicht zu den Rechten der menschlichen Person gehört, sondern sich aus der Ökonomie des Geheimnisses Christi und der Kirche herleitet" (KONGREGATION FÜR DIE GLAUBENSLEHRE 15.10.1976, 20).

Nicht deutlich wird, was mit der "Ökonomie des Geheimnisses Christi und der Kirche" (s.o.) gemeint sein mag.[5] Es bleibt die Tatsache der Ausgrenzung von Frauen vom katholischen Priesteramt, die Diskrepanz dieses Zustandes zu den heutigen Einforderungen elementarer Menschenrechte sowie die Legitimationskonstruktion der 'Wesensvoraussetzungen' für die Bekleidung priesterlichen Amtes: 1. Die 'Erwählung durch Christus', wie sie die KONGREGATION FÜR DIE GLAUBENSLEHRE versteht: "Denn Christus erwählte die, 'die er wollte' (Mk 3, 13)" (15.10.1976, 20). "Jesus Christus hat keine Frau unter die Zahl der Zwölf berufen" (15.10.1976, 7). 2. "Die Bestätigung durch *die Kirche*" (15.10.1976, 20; Hervorhebung durch R.S.). Wer 'die Kirche' offiziell repräsentieren darf, sollte im vorigen Kapitel deutlich genug zur Sprache gekommen sein. Und daß demnach 'die Kirche' nur von Männerpriestern repräsentiert wird, darüber dürfte hiernach auch kein Zweifel mehr bestehen: "Es ist wahr, daß der Priester die Kirche repräsentiert, die der Leib Christi ist. Er tut das jedoch gerade deshalb, weil er zuvor Christus selbst repräsentiert, der das Haupt und der Hirt der Kirche ist" (15.10.1976, 17).

---

[5]Es bedarf wohl schon der außergewöhnlichen Erkenntnisfähigkeit der Mitglieder der Kongregation für die Glaubenslehre, eine Ordnung, eine *Gesetzmäßigkeit* (Ökonomie) *von* ' Geheimnissen', die "in sich unergründlich" (KONGREGATION FÜR DIE GLAUBENSLEHRE 15.10.1976, 16) sind, also von *Unbekanntem*, was in sich schon die Gefahr des logischen Widerspruchs birgt, als Legitimationsgrund für die Verweigerung des Rechtes von Frauen, Priester zu werden, plausibel propagieren zu können.

Wie sonst könnte so leichtfertig über den Wunsch doch immerhin einiger Frauen hinweggegangen werden, die "eine tiefe Berufung zum kirchlichen Amt" (PRIESTS FOR EQUALITY 1985, 3) fühlen, wenn amtskirchlicherseits festgestellt wird: "Niemals ist die katholische Kirche der Auffassung gewesen, daß die Frauen gültig die Priester- oder Bischofsweihe empfangen könnten" (KONGREGATION FÜR DIE GLAUBENSLEHRE 15.10.1976, 5), oder: "Seither ist diese Frage bis in unsere Zeit sozusagen nicht mehr erörtert worden, da die geltende Praxis von einer bereitwilligen und allgemeinen Zustimmung getragen wurde" (15.10.1976, 6). Auf welche empirische Grundlage sich diese "Zustimmung" (s.o.) stützt, bleibt leider unerfindlich.

Diese Problematik verweist auf die grundsätzliche Ausgegrenztheit der Frauen aus all jenen offiziell repräsentativen Funktionen katholischer Kirche.[6] Die von Männern repräsentierte kirchliche Hierarchie steht auch heute noch zu jenem Verbot, "daß Frauen in der Versammlung nicht 'sprechen' dürfen (vgl. 1 Kor 14, 34-35; 1 Tim 2, 12)". Die KONGREGATION FÜR DIE GLAUBENSLEHRE führt weiter aus: "Das Verbot bezieht sich ausschließlich auf die offizielle Funktion, in der christlichen Versammlung zu lehren" (15.10.1976, 11). Damit ist die Fähigkeit der Frauen zur authentischen Darstellung des Christentums generell infrage gestellt. Authentizität ist das Monopol katholischer Männerpriester, das letztlich lediglich auf der männlichen Monopolisierung der gesellschaftlichen Institution des kirchlichen Amtes basiert, ganz im Gegensatz zu der "Stelle aus dem Galaterbrief (3, 28), nach der in Christus zwischen Mann und Frau kein Unterschied mehr besteht" (KONGREGATION FÜR DIE GLAUBENSLEHRE 15.10.1976, 19). Im Verständnis männlicher katholischer Kirchenhierarchie wird diese Unter-

---

[6]Dies geht sogar soweit, daß diesbezügliche Gleichstellungsbestrebungen anderer Konfessionen zu Hindernissen für die Ökumene hochstilisiert werden: "Rudolf Hammerschmidt, Sprecher der Deutschen Bischofskonferenz, erklärte gegenüber dem evangelischen Pressedienst *Idea*, weibliche Bischöfe in der evangelischen Kirche wären ein 'zusätzliches Hindernis' für die Ökumene. Die Wahl einer Frau zum Bischof bedeute zwar keinen 'generellen Rückschlag' in den Beziehungen zwischen evangelischer und katholischer Kirche, 'aber doch einen weiteren Punkt, der trennen würde'" (PUBLIK-FORUM, Nr. 8, 29. April 1988, 20).

schiedslosigkeit zwischen Mann und Frau dem Legitimationsbedürfnis patriarchalischer Ämterstruktur untergeordnet: "Doch bezieht sich dieser Text keinesfalls auf die Ämter der Kirche" (15.10.1976, 19). Dieser Zweckrelativierung ist eine notwendige Voraussetzung ideologischer Immunisierung selektiv institutionalisierter religiöser Gehalte, ein typisches Element der im folgenden beschriebenen kirchlichen Selbstinterpretation.

2.4 Restriktionen katholisch-kirchlicher Selbstinterpretation und die Sakralisierung kirchlicher Organisationsstrukturen

Im folgenden wird auf den Zusammenhang zwischen der Legitimation der historisch gewachsenen Kirchenorganisation und der amtskirchlichen Selbstinterpretation bzw. deren perzeptive Restriktionen eingegangen werden. Der damit berührte 'kirchliche Überbau' ist nicht lediglich als Reflex bestehender kirchlicher Organisationsstrukturen zu verstehen, sondern muß einerseits offen für systemnotwendige innovative Elemente sein, andererseits Indikatoren für das Erkennen und schließlich für die Delegitimierung alternativer Organisationsbestrebungen bereithalten. Amtskirchliche Selbstinterpretation vollzieht sich demnach im Prozeß wechselseitiger Anpassung von kirchlicher Identitätsproduktion und strukturellen Systemerfordernissen, d.h. von Theologie (Ekklesiologie) und gesellschaftlicher Repräsentation, in der Spannung zwischen Soll- und Ist-Zustand kirchlicher Institution.

Restriktionen amtskirchlicher Selbstinterpretationen sind folglich dort zu vermuten, wo aufgrund klerikalen Partikularinteresses anderweitigen kirchlichen Identitätsbestimmungen die strukturelle Repräsentation im kirchlichen System verwehrt wird oder wo z.B. Leistungsbereiche des kirchlichen Systems nur unzureichend in das maßgebende Bild kirchlicher Identität integriert sind. Ersteres betrifft u.a. die klerikale Abwehr kirchlicher Menschen- und Christenrechtseinforderungen[1], zweiteres das Problem der kirchlichen Identität von Caritas und Diakonie.[2] Amtskirchliche Selbstinterpretation dient von daher der Konsolidierung des kirchlichen Status quo nach innen und, z.B. mit der Intention der Wahrung des historischen Staats-Kirchen-Verhältnisses in der Bundesrepublik Deutschland[3], in besonderem Maße auch nach außen; sie liefert das ideologische Interpretament für die Motive zur Ausgrenzung alternativer kirchlicher Identitätsbestimmungen sowie deren institutioneller Entsprechungen. In ihr spiegelt sich die Dominanz der Wahrnehmungsperspektiven des kirchlichen Machtzen-

[1]Vgl. CHRISTENRECHTE IN DER KIRCHE 1982; GREINACHER/JENS 1980

[2]Vgl. Kapitel 2.5 sowie SEIBERT 1983; DAIBER 1980

[3]Vgl. Kapitel 5

trums mit all ihren statusbedingten Verzerrungen und Engführungen, mit den sich daraus ergebenden Möglichkeiten der Instrumentalisierung kirchlicher Repräsentationsmedien, sprich Theologie, kirchlicher Jurisdiktionsprimat etc. zum Zwecke nicht nur der Gestaltung der Kirchenorganisation, sondern auch der Festigung der eigenen amtskirchlich-hierarchischen Machtposition. Die Instrumentalisierbarkeit von Theologie und religiöser Symbolproduktion durch die Hierarchie aber verweist auf den gesellschaftlichen Verwendungskontext von Religion im allgemeinen wie auf die Funktionalisierbarkeit einer etablierten Konfession wie der katholischen Kirche im besonderen. "Die verschiedenen Schichten des Selbstverständnisses und die Differenzierung der Mitgliedschaftsrechte - nicht nur hinsichtlich der rechtlichen Stellung, sondern auch hinsichtlich des Anteils am 'Gnadenschatz der Kirche' - zeigen, wie schwer sich die Kirche und ihre Theologen getan haben, um sich ihren Doppelcharakter als Heilswirklichkeit und gesellschaftliche Realität zu definieren. Das Wesentliche scheint mir dabei zu sein, daß weder eine klare Trennung von Heilswirklichkeit und sozialer Realität noch eine überzeugende Verbindung zwischen beiden gefunden werden konnte, sondern daß in der Regel theologische Argumente zur Legitimation sozialer Differenzierungs- und Ausschließungsvorgänge herangezogen wurden" (KAUFMANN 1973, 30f.).

Jeder kirchliche Differenzierungs- und Ausschließungsvorgang ist zumindest in seiner Konsequenz keine ausschließlich religiöse Angelegenheit im engeren Sinne. Ausschließungsvorgänge reduzieren Teilhabechancen, spiegeln Machtkonstellationen und Interessendivergenzen wider. Kirchen als historische Ausformungen religiöser Institutionalisierung liefern hervorragende Beispiele solcher Differenzierungsprozesse, die unweigerlich die Eigenschaft gesellschaftlicher Konfliktträchtigkeit mit sich führen. LEONARDO BOFF spricht von der historischen Institution Kirche, wenn er im folgenden schreibt: "Die Institution zeichnet sich aus durch Lebensdauer, Stabilität und von ihr selbst festgelegten Spielregeln. Aufgrund dieser Merkmale läuft sie Gefahr, den Rhythmus der Geschichte zu verpassen, sich selbst zu genügen, ihren funktionalen Charakter zu vergessen und Passivität, Monotonie, Mechanisierung und Entfremdung zu erzeugen. Nach und nach versteht sie sich ideologisch als Epiphanie der Verheißungen, die sich angeblich in ihr erfüllen, überlagert die Gemeinschaft, obwohl sie ihr eigentlich zu dienen hätte, ersetzt die Wahrheit durch systeminterne Sicherheit und schafft Schismen, indem sie Bewegungen, die sich nicht mit den Maschen ihres Netzes einfangen lassen, abstößt. Jede Institution hat die Tendenz, sich zu ontokratisieren, das heißt zu einem Machtsystem zu werden, das Kreativität und Kritik unterdrückt. Institution hat stets mit Macht zu tun" (1985, 94f.).

Ein ein solch kirchlich-institutionelles Gebilde deckendes Selbstverständnis ist theologisch auf die Ineinssetzung von amtskirchlicher Lehre mit der göttlichen Offenbarung zurückzuführen.[4] Der zwangsläufige, permanente Häresieverdacht gegen *jegliche* theologische Ausdeutung göttlicher Offenbarung wird von der Theologie des kirchlichen Lehramtes umgelenkt und auf all jene projeziert, die von der von ihr selbst formulierten Theologie abweichen. Dieser Dogmatisierung *eines* theologischen Lehrgebäudes entspricht auf institutioneller Ebene die Ontologisierung, die Sakralisierung einer bestimmten kirchlichen Organisationsstruktur.

Die Funktion von Dogmatisierung bzw. Sakralisierung liegt in der Verschleierung der aus Legitimationsgründen problematischen, jedoch unaufhebbaren Distanz zwischen der Wahrheitsfähigkeit göttlicher Offenbarung und der amtskirchlicher Theologie, wie auch zwischen der Idee einer das 'despositum fidei' verwirklichenden, vollkommenen kirchlichen Gemeinschaft und dem 'real existierenden', gesellschaftlichen kirchlichen System. "In der Behauptung dieses intrikaten 'Ineinander(s) des irdischen und himmlischen Gemeinwesens', das 'nur im Glauben begriffen werden (kann)' (Gaudium et spes, in: Rahner, Vorgrimler 1968, 487), wird die Organisationsstruktur hinter eine für Reflexion und Veränderung unübersteigbare Grenze zurückgenommen. Für die in der katholischen Kirche durchgehaltene, dem traditionellen Legitimationstypus entsprechende Form der Rechtfertigung des institutionell-organisatorischen Gebäudes bietet die Konzeption der Doppelgestalt der Kirche als zugleich irdisches und überirdisches Wesen überdies eine sichere Waffe gegen Einsprüche und Zweifel. Offenkundige Fehlleistungen können somit auf das Konto des 'Menschlichen' verbucht werden und es braucht der transzendentale Begründungszusammenhang nicht tangiert zu werden" (STORCH 1984, 85f.). Amtskirchliche Selbstinterpretation unterliegt demnach der ständigen

---

[4]Vgl. BOFF 1985, 82f.

Gefahr, "das, was ist, als den 'bestmöglichen' Ausdruck dessen, was sein soll, zu überbewerten. Sie wird so zum Hindernis für den lebensnotwendigen Prozeß der beständigen Klärung der fortgesetzten menschlichen religiösen Erfahrung" (O'DEA 1974, 62).

Das amtskirchliche Lehramt immunisiert somit die eigenen Interpretationen der Offenbarung, formal das sich selbst zugeschriebene Definitionsmonopol und damit all jene Differenzierungs- und Ausschließungsregeln, die diese Hierarchie stützen. Damit kann sie "die Rechtfertigung und Konstitution von Werten und Normen nicht umstellen auf einen auch die eigenen Institutionsnormen einbegreifenden Wert- und Willensbildungsprozeß, der auf allgemeinen und nicht-diskriminierenden Teilhabechancen basiert und der auf inhaltliche Vorgaben wie auf 'letzte Gründe' verzichten kann und muß. Das würde nämlich bedeuten, daß die katholische Religion sich selbst zur Disposition stellen, daß sie ihre Dogmatik und ihre Organisationsform als historische Kontingenzen thematisieren und einem uneingeschränkten Diskurs überantworten müßte, was sich von ihrem traditionalistischen Verständnis des Offenbarungs- und Wahrheitsbegriffs aus, die das ganze religiös-kirchliche Symbolsystem tragen und strukturieren, verbietet. Dieser Schritt könnte nur um den Preis eines Abbruchs ihrer geschichtlichen Kontinuität und des Verlustes ihrer Identität geleistet werden" (STORCH 1984, 84).

Der auch von Seiten der kirchlichen Leitungsgremien immer wieder propagierte Innovationsbedarf im Sinne eines 'semper reformanda' des kirchlichen Systems steht im kirchlichen Alltag einer selbst oktroyierten Wahrnehmungs- und Realisationsblockade konkret notwendiger und hilfreicher Erneuerungen - wie im folgenden noch gezeigt wird - gegenüber. Ein Kenner der Intimitäten des kirchlichen Systems unseres Landes schließt sogar:
"Es gibt m.E. gegenwärtig in der Bundesrepublik kaum eine andere gesellschaftliche Institution, deren Selbstverständnis in solchem Maße zur gegenwärtigen Wirklichkeit inkongruent geworden ist, wie dasjenige der katholischen Kirche" (KAUFMANN 1979, 12).

Veranschaulichen läßt sich dies an Beispielen kirchlicher Selbstreflexion selbst eines so 'fortschrittlichen' Theologen wie KARL RAHNER: "In unserer Zeit des Totalitarismus darf die Kirche weder nach innen noch nach außen den Eindruck erwecken, eine klerikale, religiös getarnte Form eines totalitären Systems zu sein. Sie ist es objektiv nicht, weil die Würde des Menschen, seine Gottunmittelbarkeit und Freiheit zu den von ihr verkündeten, ihr konstitutiv eingestifteten Grundlagen ihres eigenen Seins gehören und weil sie die Verheißung Gottes hat, die - das ist entscheidend für ihren Unterschied zu jeder anderen, in der Gefahr des Totalitarismus stehenden Gesellschaft - ihr allein gegeben ist: daß sie nämlich immerdar durch Gottes Gnade vor einem wesentlichen Abfall von diesem ihrem Wesen bewahrt bleiben wird, zu dem auch die Respektierung der echten innerweltlichen Freiheitsrechte des Menschen gehört. Da die Kirche aber immer auch eine Kirche aus sündigen Menschen ist, auch in den Trägern ihrer Autorität, kann sie in ihren einzelnen Handlungen auch gegen ihre eigenen Prinzipien verstoßen und die Freiheit des einzelnen nach innen und außen verletzen. Das ist im Lauf der Geschichte oft genug geschehen. Das kann sich heute noch ereignen. ...Selbst bei solchen Verstößen ist sie kein totalitäres System" (zit. nach BECKER 1967, 87).

Entscheidend ist hierbei nicht die Frage, ob die Quantität kirchlicher Ungerechtigkeiten die Bezeichnung 'totalitäres System' angemessen erscheinen lassen, sondern vielmehr das Problem, daß die *Tatsächlichkeit* kirchlichen Machtmißbrauchs hinter dem Schleier kirchlichen Soll-Seins, des 'Wesens' der Kirche, zu vernebeln getrachtet wird: "Selbst wenn es so aussieht, in ihrem inneren Wesen ist die Kirche nie autoritär. Nur wer das Wesen nicht sieht, kann an den Tatsachen irre werden, dann liegt aber nicht mehr die Schuld bei der Kirche" (BECKER 1967, 87).

Die Immunisierung wesentlicher kirchlicher Strukturzusammenhänge vor einem (möglicherweise integrationsfördernden) Diskurs entledigt die Kirchenleitung weitgehend eines permanenten Legitimierungsbedarfs. "Ihre Führungsqualitäten werden weniger unter funktionalen Gesichtspunkten als unter demjenigen des Amtscharismas betrachtet, und es gelingt leichter, innerorganisatorische Konflikte zwar nicht zu lösen, aber sie zu verdrängen" (KAUFMANN 1979, 71). Umgekehrt wird eine Verdrängung bzw. Dethematisierung innerkirchlicher Konflikte seitens der Kirchenleitung nur dann erfolgreich gelingen, wenn die Kirchenleitung soziale Machtmittel a) zur Tabuisierung der Konfliktinhalte und/oder b) zur Immunisierung ihrer dominanten Rolle zu aktivieren vermögen. Mit der Sakralisierung der traditionellen Organisations- und Rollenstruktur und der Implementationskraft des sich daran orientierenden Kirchenrechts als kodifiziertem Ausdruck amtskirchlicher Selbstinterpretation sind der Kirchenleitung entsprechende Mittel an die Hand gegeben, die sprachliche und organisatorische Ebene der Konfliktaustragung zu bestimmen.[5] Ob jedoch die Intention zur Konfliktverdrängung besonders ausgeprägt ist, hängt davon ab, inwieweit Ausgrenzungsmotive die Integrationsmotive, inwieweit die kirchenrechtlichen die pastoralen Konfliktlösungsstrategien überlagern.

Hier schließlich spiegelt sich die Problematik der Institutionalisierung des Christentums, das Dilemma der Gratwanderung zwischen Integration und Selektion besonders deutlich: In der kirchlichen Konfliktbewältigung mediatisiert sich die jeweils historische Ausprägung, der Aktualisierungsrahmen christlich-gesellschaftlicher Formgestalt. "Die in den Kirchen besonders große Konfliktscheu hat wohl ihren Grund einmal in der Angst, vor der Versöhnungsaufgabe zu versagen, zum anderen in dem ... Harmoniebedürfnis derer, die Konflikte stets vor die Aufgabe stellen, ihre ungleiche Machtverteilung legitimieren zu müssen" (SCHWERDT 1983, 4).

---

[5]Vgl. Kapitel 4.1, insbesondere 4.1.1

2.5 Funktionale Reduktion katholisch-kirchlicher Caritas

> "Eine kirchliche Gemeinschaft in der Nachfolge Jesu hat es hinzunehmen, wenn sie von den 'Klugen und Mächtigen' (1Kor. 1, 19-31) verachtet wird. Aber sie kann es sich - um dieser Nachfolge willen - nicht leisten, von den 'Armen und Kleinen' verachtet zu werden, von denen, die 'keinen Menschen haben' (vgl. Joh. 5, 7). Sie nämlich sind die Privilegierten bei Jesus, sie müssen auch die Privilegierten in seiner Kirche sein" (GEMEINSAME SYNODE 1975, 19).

Das Spannungsverhältnis von amtskirchlichem Selbstverständnis und ekklesialer Praxis konzentriert sich in besonderer Weise in jener Problematik, die durch Diskrepanzen zwischen ekklesiologischer Theorie von der kirchlichen *Funktion* und der faktischen Strukturierung des kirchlichen (Dienst-) *Leistungs*bereich gegeben ist.[1] Das betrifft die unzureichende Integration des kirchlichen Leistungsbereiches in den gesamtkirchlichen Funktionszusammenhang, insbesondere die Problematik der theologischen Identität staatlich integrierter, kirchlicher Systemleistungen.[2] Beispielhaft hierfür ist die - im Gegensatz z.B. zur Befreiungstheologie - geringe Operationalisierbarkeit gerade deutscher Amtstheologie zur Konzeptionierung *konkreter*, spezifisch katholisch-kirchlicher Handlungsziele des kirchlichen Leistungssystems. "Im Rahmen innerkirchlicher Entscheidungsprozesse nehmen aus dem Zusammenhang systematisch-theologischer Theoriebildung stammende Argumente oft nur noch eine auffallend eingeschränkte Funktion wahr. Sie werden zi-

---

[1]Vgl. Kapitel 1.1

[2]Denn "die theologische Reflexion hat größere Affinität zur Kirche als zur Diakonie, sie kann die Identität des Religionssystems eher in der Einheit ihrer gesellschaftlichen Funktionen finden als in der Vielzahl von Leistungsbeziehungen zu diversen Teilsystemen der Gesellschaft, und dies, obwohl eine Aktivitäts- und Resonanzverlagerung aus dem Bereich der geistlichen Kommunikation in den der sozialen Aktivitäten zu beobachten ist und vielleicht noch zunimmt" (LUHMANN 1977, 268).

tiert zur Beschreibung von Absichten, deren begrüßenswerter Charakter dadurch jenseits jeder Diskussion gestellt wird. Für die Bestimmung und Auswahl geeigneter Realisationsverfahren, also zur Projektierung und Beurteilung kirchlicher Handlungen in concerto und en detail, reichen sie jedoch nicht aus. Und zwar eben deshalb nicht, weil sie keine Angaben über die Bedingungen der Erreichbarkeit jener Ziele enthalten. Als nichtoperationalisierte Zielvorstellungen bieten sie sich dann zur Legitimierung und Durchsetzung ganz verschiedener und häufig heterogener Praxisprojekte an" (HERMS 1977, 295).

Caritas/Diakonie als "Grundvollzug der Kirche" (CARITASVERBAND 1983, 17) "ist offensichtlich nicht voll in das Religionssystem, dessen soziale Funktion sie in funktionaler Bestimmung sein soll, integriert (nur partiell in kirchliche Funktionsstrukturen, nur partiell in ihre Sinnstrukturen, z.B. in Theologie); ... Wo Diakonie in Kontinuität zu ihren Ursprüngen handelt, gerät sie häufig in Widerspruch zum Konstitutionsprinzip des gesellschaftlichen Organisationssystems (freilich ohne es bislang nachhaltig dem Druck der Veränderung auszusetzen) und wiederum zur Kirche, und zwar insofern, als diese z.T. Konstitutionsprinzipien gesellschaftlicher Organisationssysteme widerspiegelt (z.B. in ihrem partiellen Interesse an funktionaler Reduktion der Diakonie)" (SEIBERT 1983, 250).

Die funktionale Reduktion der Caritas ergibt sich aus den durch die Integration in das gesellschaftspolitische System resultierenden 'Fremdnormierungen' der Caritas/Diakonie[3]: "Für Diakonie ist bezeichnend, daß sozial-

---

[3]Auch die kirchlichen Verbände im caritativen Bereich "lassen sich demzufolge begreifen als intermediäre Institutionen und Mechanismen zur Selektion und Umformung von zunächst konfliktträchtigen Interessen. ... Die von den Wohlfahrtsverbänden vertretenen 'Betroffenen'-Interessen sind selbst nicht unmittelbar organisiert zusammengeschlossen, sondern werden stellvertretend repräsentiert. Das aber bedeutet verbändesoziologisch einerseits eine mindere Stoßkraft solcher Zusammenschlüsse, da ihnen die Fähigkeit fehlt, die 'Betroffenen', deren Interessenvertretung sie zu betreiben vorgeben, unmittelbar ins Feld zu führen, um Druck und Einfluß auf die Entscheidungen des politischen Systems auszuüben" (BAUER 1978, 27 bzw. 29).

strukturelle Probleme in personalisierter Form, also an Personen wahrgenommen werden (und das heißt natürlich in gewisser Weise auch: nicht als sozialstrukturelle Probleme wahrgenommen werden). Diese Wahrnehmungsweise ermöglicht es dem Religionssystem, Zuständigkeiten für 'Restprobleme' oder Personbelastungen und Schicksale in Anspruch zu nehmen, die in anderen Funktionszusammenhängen erzeugt, aber nicht behandelt werden. Sie schirmt das Religionssystem außerdem gegen allzu starke Interferenzen mit anderen Funktionssystemen - zum Beispiel gegen die Versuchung einer diakonischen Umverteilung des Eigentums, einer diakonischen Außenpolitik, Konjunkturpolitik, Forschung usw. ab" (LUHMANN 1977, 58).

Diese 'Fremdnormierung' bzw. gesellschaftspolitische Funktionalisierung kirchlicher Caritas wird nicht zuletzt über die Kontrolle der finanziellen Ressourcen der Wohlfahrtsverbände wie der Caritas oder der Diakonie erreicht. "Machbar ist bei ihnen auch nur, was finanzierbar ist. Finanzierbar ist das, was einen Anspruch auf kostendeckende Pflegesätze ergibt, und was hohe Zuschüsse aus öffentlichen Mitteln verspricht. Und das sind genau die Aufgaben, die allgemein anerkannt und politisch zugelassen sind"[4].

Der Caritasverband partizipiert am und profitiert vom Prozeß der Ausdifferenzierung des gesamten sozialpolitischen und -therapeutischen Systems, d.h. durch Professionalisierung einerseits und Zielgruppenspezifizierung[5] andererseits reiht sich die katholische Caritas in das Konzert staatlicher

---

[4]BÄUERLE: Soziale Intervention unter Systemzwang, in: Arbeiterwohlfahrt - Bundesverband (Hrsg.): Sozialarbeit und Sozialpädagogik, Programm und Praxis 1973, 7ff., so zitiert in: SEIBERT 1983, 169.

[5]"Innerhalb der sozialen Dienste zeigt sich deutlich eine Tendenz zur Spezialisierung. Spezialisierung auf bestimmte Gruppen... oder auch auf Behandlungsmethoden... .Das Ansehen einer Einrichtung und der in ihr Tätigen wird daran gemessen, wie spezialisiert ihre Programme und Methoden sind. Der hohe Status aller Beratungsinstitutionen mit therapeutischem Angebot ist ein Beispiel dafür. Eine Folge davon ist die zunehmende Auswahl der Klienten. Institutionen suchen sich die Klienten, die zu ihr passen, aus und schieben die anderen weiter, nicht selten ohne zu fragen, ob ihnen überhaupt irgendwo und von irgend jemandem Hilfe gegeben wird" (BOCK 1979, 393).

'Entsorgung' sozialer Probleme teils in Konkurrenz, teils in Kooperation mit anderen Wohlfahrtsunternehmen ein; sie partizipiert an der Fragmentierung von Problemzusammenhängen und -lösungsstrategien des herrschenden sozialpolitischen Systems, an dem durch die Mittelschicht geprägten Krisenbewußtsein[6] des politischen Gesamtsystems.

Deutlich wird die strukturelle Ausrichtung des Caritasverbandes insbesondere am Konfliktfall: Denn gerade an jenem Punkt, an dem die Interessen von Randgruppen, die von Mitarbeitern kirchlicher Caritas betreut werden, Wege zur Selbstorganisation finden und sich auf politischer Ebene Beachtung verschaffen, offenbart sich das Selbstverständnis kirchlicher Caritas vor Ort.[7] Hier zeigt sich, ob Verbandsinteressen und die Interessen des betroffenen Klientels in den wesentlichen Zügen konsenzfähig sind

---

[6]Vgl. hierzu SPIEGEL 1974, 37

[7]"In der Kernfrage politisch engagierter Sozialarbeit, der Selbstorganisation der Betroffenen, bestehen zwischen den als Arbeitgebern in Betracht kommenden konfessionellen oder nichtkonfessionellen Organisationen keine relevanten Unterschiede. Es geht ihnen allen gleichermaßen darum, die Betroffenen als Fürsorgeobjekte verwaltungstechnisch in den Griff zu bekommen und im Griff zu behalten" (BILGER 1974, 83f.). Zu diesem Ergebnis gelangte eine ehemalige Caritasmitarbeiterin nach Auseinandersetzungen über die Selbstorganisation ihres spanischen Klientels mit ihrem Arbeitgeber. Und weiter: "Die vielfältigen sozialen Probleme der Gastarbeiter sollen in ihren individuellen Folgen gelindert und erträglich gemacht werden. Die eigentlichen gesellschaftlich-politischen Ursachen dieser Nöte sollen jedoch unangetastet bleiben" (84). Ähnlich argumentiert die betroffene 'Spanierkolonie' selbst: "'Heute noch ist die Betreuung der ausländischen Arbeiter in Deutschland als karitative Hilfe konzipiert... .Die deutschen Kirchen mit ihren Wohlfahrtsverbänden, selber Töchter einer kapitalistischen Gesellschaft und verantwortlich vor dieser ihrer Gesellschaft für uns Ausländer, verteilen Gehälter und investieren in uns einen Teil des Kapitals, das ihnen von uns zufließt. Wenn wir uns mit ihnen an einen Tisch setzen, um eine Bestandsaufnahme zu machen, bekommen wir nicht selten zu hören: Worüber beklagt ihr euch, ihr Ausländer? Ihr werdet doch besser betreut als unsere eigenen Leute'" (85).

oder nicht[8] oder aber ob "die Arbeit der Kirchen hier derzeit nicht über eine Verwaltung der Opfer hinauskommt" (SPIEGEL 1974, 25).

Auf der anderen Seite erkennt der katholische Caritasverband die relative Inadäquanz seines primär auf problemindividualisierender Hilfe ausgerichteten Leistungssystems: "Die Aufgabendefinition des Caritasverbandes verlangt stärker den sozialpolitischen Einsatz zur Korrektur unzureichender sozialer Strukturen. Trotz bleibender Bedeutung unmittelbarer Hilfen ist daher besonderes Augenmerk jenen institutionellen und rechtlichen Maßnahmen zuzuwenden, welche die Entstehung bestimmter Notstände überhaupt verhindern können" (CARITASVERBAND 1983, 30).

Doch trotz dieser Erkenntnis dürfte es einem solch großen Wohlfahrtsunternehmen wie dem Caritasverband mit seinen über 300.000 Mitarbeitern[9] nicht leicht fallen, seinen spezialisierten Einrichtungen, die sich von dem "unmittelbaren Lebensraum" sowie aus "der räumlichen Nähe" und aus "der 'totalen Lebenssituation'" (BOCK 1979, 393) ihrer Klienten entfernt haben, eine strukturell andere Zielrichtung angedeihen zu lassen[10]: Der

---

[8]"Der CV hat von Anfang an jeden Ansatz zu einer Selbstorganisation der Spanier als einen Interessenkonflikt zwischen dem Verband und den Betroffenen verstanden und diesen Konflikt im Sinne eines Machtkampfes behandelt" (BILGER 1974, 86). Dieser 'Machtkampf' des Caritasverbandes bestand aus " - Verweigerung jedes Mitspracherechts der Spanier in finanziellen Fragen, die das Centro betrafen; - Schließung des Centro unter Berufung auf 'Hausrecht' ohne Konsultation der Spanier; - finanzielle Repressionen wie Verweigerung von Mitteln für die Einrichtung eines Büros für mich in einer Pfarrei oder dauernde Schwierigkeiten bei der Begleichung meiner Sachausgaben" (87).

[9]Vgl. BÜHLER 1985, 66

[10]"Der Sieg der freien Wohlfahrtsverbände muß jedoch rückblickend als eine Art Pyrrhussieg angesehen werden. Durch ihn ist die freie Wohlfahrtspflege in den Bannkreis staatlicher Sozialpolitik gezogen worden. Die Konkurrenz um die Erfüllung öffentlicher Aufgaben (und um Subventionen) erschwert zweifellos eine institutionelle Reform der freien Wohlfahrtspflege, sei es im Hinblick auf neue Aufgaben, sei es im Hinblick auf die Veränderung der internen Struktur" (KAUFMANN 1973, 92).

soziale Besitzstand, den sich der Caritasverband durch seine Integration in die bürokratische[11] Sozialpolitik erkauft hat, aus der die gesamte Kirche mehr und mehr ihre gesellschaftliche Legitimation schöpft[12] sowie die Chancen der Nutzung des Zuganges insbesondere zu gesellschaftlichen 'Problemgruppen', die ansonsten der Kirche fernstehen, zu Zwecken der (Wieder-) Herstellung oder Stärkung konfessioneller Bindungen, stehen auf dem Spiel.

Damit steht insbesondere die bürokratisch organisierte Arbeit des Caritasverbandes vor einem doppelten Dilemma: Sie unterliegt der Funktionalisierung durch Staat *und* Kirche. Das bedeutet, "daß die eigentlich erwünschte Funktion der Diakonie kompensatorischer Art ist" (SEIBERT 1983, 222): Durch theologische Überhöhung, Idealisierung kirchlicher Handlungsintentionen und durch die von der politischen Administration betriebene Fragmentierung sozialer Probleme[13] sieht sich kirchliche Caritas einer Präjudizierung ihrer Handlungsvoraussetzungen gegenüber, die von der Ausblendung des gesellschaftlich-strukturellen Kontextes der Entstehung wie Bewältigung der anstehenden Probleme gekennzeichnet ist. BAUER belegt dies an einem Beispiel:

> "Die Untersuchung einer konfessionellen Einrichtung der Heimerziehung zeigt, daß die Satzung ihres Trägervereins die gesamte Arbeit der dort Beschäftigten auf einen scheinbar jenseits aller gesellschaftlichen und historischen Konflikte angesiedelten 'Geist christlicher Liebestätigkeit' gründet. Was sich nach außen hin als das Recht auf konfessionelle Selbstbehauptung in einem 'pluralistischen Staatswe-

---

[11]"Sozialpolitik hat es mit der 'Justifizierung sozialer Notstände' (H. Achinger) zu tun, sie gewährt ihre Leistungen weitgehend unter Absehen von persönlichen Umständen auf Grund vorliegender, gesetzlich definierter Tatbestände. Sie ist deshalb notwendigerweise 'bürokratisch', d.h. an feststehende Regeln der Leistungsgewährung gebunden" (KAUFMANN 1973, 97). Vgl. auch PFEIFER: "Dieses Denken ist gekennzeichnet von der Vorstellung klarer isolierbarer Einzelfälle und entsprechend deutlich definierbarer Organisation der Behandlung" (1973, 48).

[12]Vgl. LUHMANN 1977, 264

[13]Vgl. z.B. HERRIGER/SCHWARZENTHAL 1984

sen' darstellt und was seine gesetzliche Absicherung durch die Verankerung des Subsidiaritätsprinzips erfahren hat, herrscht sich nach innen als Ideologiezwang auf, der zugleich seine vereins- und arbeitsrechtliche Stützung erfährt. Vereinsrechtlich ist sichergestellt, daß die Mitarbeiter von der Mitentscheidung ausgeschlossen bleiben. Während die Satzungsbestimmungen im Grundsätzlichen theologisch und bekenntnishaft sind, garantieren sie faktisch gegenüber Veränderungstendenzen aus der Mitarbeiterschaft eine Stabilität und Kontinuität im Interesse des gesellschaftlichen status quo" (1978, 62).

Die ekklesiale Position des Caritasverbandes ist vor allem dadurch bestimmt, daß "durch die Satzung die Integration des Caritasverbandes in die hierarchische Struktur der Kirche eindeutig geregelt ist. Die privatrechtliche und nicht kirchenrechtliche Verfaßtheit des Verbandes scheine aus der Absicht der katholischen Kirche begründet zu sein, ihre Handlungsmöglichkeiten im 'säkularisierten Raum' auszuweiten" (BAUER 1978, 81). In diesem Sinne erscheint die Arbeit des Caritasverbandes als "Säkularisat der eigentlichen kirchlichen Heilssendung" (FUCHS 1985, 24), die der klerikalen Hierarchie vorbehalten bleibt. Die Instrumentalisierung katholisch-kirchlicher Caritas - nicht nur die der diakonischen Arbeit des Caritasverbandes, sondern auch die der Gemeinden - hängt eng zusammen mit der Regionalisierung von Heil- und Weltdienst in den Kompetenzbereich des Klerus auf der einen und den der Laien auf der anderen Seite; sie spiegelt die Machtkonstellationen wider, die sich aus der Bindung klerikal definierter ekklesialer Primärfunktionen an das Amtscharisma konstituieren. Die Strukturblindheit amtskirchlicher Selbstinterpretation[14] wiederholt sich in deren Perzeption gesellschaftlicher Notlagen: Diese selbst wie auch ihre Behebung werden 'theologisiert' und ihrer wesentlichen gesellschaftlichen Dimension beraubt:

> "Von Gott allein werden Heil und Heilung erwartet. Gott, nicht der Mensch, hat die Macht, die Notsituationen zu wenden" (Verlautbarungen des apostolischen Stuhls, 57, 1984, 6).

---

[14]Vgl. Kapitel 2.4

Dies läßt plausibel erscheinen, daß der amtskirchliche Verständnisrahmen von Theologie und Verkündigung den Bereich der Caritas weitgehend überlagert. Die Vermittlung des Christentums erfolgt in einer in solcher Weise strukturierten Kirche primär über die "verbale und liturgische Dimension" (FUCHS 1985, 24) durch den Klerus: Es gilt der Primat theologischer Theorie vor dem christlicher Praxis. Besonders sichtbar wird dies in den katholischen Ortsgemeinden. "Daß der direkte Umgang mit den Leidenden, Stigmatisierten und Behinderten in den Begegnungsräumen der etablierten Gemeinden sehr unterentwickelt ist, darauf haben bereits nicht wenige Autoren deutlich genug hingewiesen. Die gegenwärtige Gestalt kirchlicher Gemeinde als Zentrum religiöser Weltanschauungsproduktion und liturgischer Feiern bewirkt, 'daß die Gemeinden gerade diejenigen Menschen abschrecken, für die sie eigentlich 'Empfangsraum' sein müßten, wie z.B. für sozial desintegrierte Schichten, Verarmte, Fremde, Verhaltensgestörte, sexuell Abnorme, seelisch Kranke, entlassene Strafgefangene'" (FUCHS 1985, 26f.). Die fehlende Integration von Caritas in die gesamtkirchliche Struktur entspricht der fehlenden Integration der Caritas Bedürfenden, der gesellschaftlich Ausgegrenzten in das kirchliche Gemeindeleben. So bietet die christliche Gemeinde "kein anderes Bild als die bürgerliche Gesellschaft überhaupt. ... Einerseits hat sich die christliche Gemeinde bislang weithin ihre Problempersonen ausschließende Art bewahrt. Andererseits besteht auch eine große Hilflosigkeit, diese Aufgabe sachgerecht zu bewältigen" (BISCHOFF 1979, 223). So existiert ein gravierender Unterschied "zwischen den Kirchen der Dritten Welt, die sich auf die Seite der Armen geschlagen haben, und den 'Religiösen-Vereins'-Kirchen (vor allem) der Ersten Welt, die noch immer daran zu erkennen sind, daß sie die Herausforderung der Not der Gegenwart von der Spezialabteilung 'Caritas' erledigen lassen möchten" (STEINKAMP 1986, 20). Die Funktion der Caritas wird somit auf eine kompensatorische eingeengt: Sie bietet einerseits ein praktisches Pendant zu der auf Orthodoxie fixierten Kirchlichkeit, ist aber nur insofern in die Kirche integriert, als daß sie dieser ein 'gutes Gewissen' zu verschaffen in der Lage ist. Eine Caritas ohne 'durchschlagende' Implikationen mit Wirkung auf die kirchliche Gesamtstruktur und Theologie partizipiert nicht nur an der Selektivität kirchlicher Institutionalisierung, sie reproduziert diese mittels ihres 'funktionalen Reduktionismus' auf der Ebene der

Gesellschaftspolitik: Ihre fehlende theologische Programmatik[15] wird unweigerlich durch normative Prämissen, 'Sachzwänge' des politischen Status quo substituiert; ihre gesellschaftliche Funktion beschränkt sich auf eine möglichst humane Administration der Problemfälle sozialer Marginalisierung; ihr Anspruch, 'den ganzen Menschen' im Blick zu haben, verkümmert zur Ideologie.

"Wo freilich die Diakonie die Aufgaben einer kirchlichen Gemeinschaft (mit-)bestimmt, da vollzieht sich eine Veränderung in der eigenen Kommunikationsstruktur, die Alternativen zu den traditionellen Pfarreien entstehen lassen; nicht die Pfarrer bestimmen hier die Inhalte und Aktionen 'von oben nach unten', sondern die sozialen Notsituationen, die von allen wahrgenommen und gemeinsam im sozialen Dienst angegangen werden" (FUCHS 1985, 30). Dies würde notwendigerweise eine Infragestellung der bestehenden Hierarchie kirchlich-religiöser Vermittlungsebenen bedeuten: Das bisherige verbalfixierte amtskirchliche Verkündigungsmonopol (Liturgie und Ritus) sähe sich einer gleichrangigen Evangelisation[16] durch das Charisma 'gelebter, praktizierter Gläubigkeit' aller Christen gegenüber. Dies hätte weitreichende Folgen für die gesamtkirchliche Organisation.

Doch bisher bildet die mangelnde Integration der Diakonie eher noch Konfliktstoff. Insbesondere dort, wo sich Diakonie eben *nicht* einer funktionalen Selbstreduktion aufgrund der Bindungen an die normativen Prämissen des politischen Status quo und/oder an ein Seelsorgekonzept, das lediglich die Befolgung amtskirchlich definierter Moralnormen intendiert, unterwirft, entstehen zwischen Staat und Kirche Reibungspunkte. Ob z.B. nicht-

---

[15]Als nicht zufällig dürfte das Nicht-Zustandekommen eines entsprechenden Dokumentes bei der Gemeinsamen Synode der Bistümer zu bewerten sein: Diese habe versucht, "die Konzilsimpulse in manchen Bereichen zu konkretisieren. Dabei kam es leider nicht zu einem eigenen Dokument über die kirchliche Grundfunktion Diakonie. ... Im Ganzen jedoch wird der hohe Stellenwert der Diakonie für das kirchliche Leben noch weitgehend verkannt. Oft spielen caritative Aufgaben in der pastoralen Planung und dem Leben der Gemeinde eine untergeordnete Rolle", so der CARITASVERBAND selbst in seinem Positionspapier (1983, 9).

[16]Vgl. FUCHS 1985

direktive Beratung "im kirchlichen Kontext etabliert werden kann, obwohl sie ein (zumindest partiell) heterogenes Wissens- und Normensystem (in bezug zur geltenden Theologie und Ethik) transportiert, stellt sich erst post factum heraus - wenn es zum theologischen bzw. innerkirchlich-konzeptionellen Konflikt kommt. Die Assimilation 'neuer' Praxisformen vollzieht sich offenbar zunächst unbemerkt von der Theologie" (METTE/STEINKAMP 1983, 156). Daraus resultiert die Gradwanderung des diakonischen Personals zwischen *Not-wendigen* beratenden Maßnahmen einerseits und normfixierten Verhaltenserwartungen des amtskirchlichen Apparates andererseits. "Nur selten ist bislang die prekäre Situation dieser kirchlichen Mitarbeiter gewürdigt und in ihren Konsequenzen bedacht worden, daß sie 'nach außen' - also in der Beratung - eine für die Probleme der Betroffenen aufgeschlossene, sie nicht bevormundende, sondern auf ihre Freiheit bedachte Kirche repräsentieren sollen, 'nach innen' jedoch nicht selten ihrerseits auf ein nicht lern-bereites, ja nicht einmal konfliktfähiges institutionelles Gebahren stoßen" (METTE 1986, 12).

2.6 Professionell katholisch - zur Ideologie der 'kirchlichen Dienstgemeinschaft'

Während im voraufgegangenen Kapitel Strukturprobleme der Integration des kirchlichen Leistungsbereiches in das kirchliche Gesamtsystem behandelt worden sind, soll hier nun das Problem der Integration der Laien als kirchliche Mitarbeiter im Vordergrund stehen, das selbstverständlich nicht unabhängig von der Bewertung und Assimilation der Tätigkeiten dieser im kirchlichen Gesamtsystem zu sehen ist. Laienmitarbeiter sind vorzugsweise im tertiären Sektor, also in kirchlichen Dienstleistungsbetrieben tätig. Diese "erbringen prima vista Dienstleistungen wie andere Dienstleistungsbetriebe auch, und zwar vornehmlich im Bereich der Krankenpflege, Sozialfürsorge, Beratung, Schule, Erwachsenenbildung und Verwaltung. Betriebswirtschaftlich gesehen unterliegen sie denselben ökonomischen Gesetzmäßigkeiten und Sachzwängen wie andere Betriebe. Sie arbeiten nicht in einem ökonomischen Jenseits von Gut und Böse, d.h. jenseits der Kosten-, Gewinn- und Verlustrechnung. Deshalb müssen sie auch mit denselben organisatorischen, fiskalischen und personellen Problemen fertig werden wie jeder andere Betrieb. Aus der Sicht der Mitarbeiter sind sie zunächst Arbeitsstätten, an denen diese für sich und ihre Familien den Lebensunterhalt verdienen. Daraus resultieren zwangsläufig Interessenunterschiede zwischen den kirchlichen Dienstgebern und ihren Mitarbeitern, die dann gegebenenfalls zu entsprechenden Konflikten führen" (HERR 1985, 65). So ist der Funktionszusammenhang kirchlicher Dienstleistungsbetriebe, wie oben schon ausgeführt, weitgehend durch Handlungsziele und Problematisierungsvorgaben anderer gesellschaftlicher Teilsysteme geprägt. Dies trifft selbstverständlich auch für die berufliche wie nicht-berufliche Lebenswelt der in kirchlichen Dienstleistungsbetriebenen tätigen Mitarbeiter zu: Deren berufliche Qualifizierung - abgesehen von der der im engeren Sinne in der Pastoral tätigen - erfolgt in überwiegend nichttheologischen Disziplinen bzw. an nicht kircheneigenen Ausbildungsstätten. Zudem ist wohl davon auszugehen, daß ein Großteil der kirchlichen Mitarbeiter in einer doch recht losen Verbindung zu ihrer Kirche und deren Lehre steht oder zumindest auf keine so ausgeprägte kirchliche Sozialisation zurückblicken kann, wie es für die Priester und Ordensleute, die früher das Gros der heute Laien übertragenen Aufgaben wahrnahmen, üblich war bzw. heute noch ist. "In dem

Ausmaß, als sich kirchliche Berufsträger Menschen mit heutiger Lebenserfahrung zuwenden bzw. selbst von diesem Lebensstil erfaßt werden, entstehen Konflikte mit dem vorfindbaren Auftrag der Kirche" (ZULEHNER 1978, 88f.).

Daraus resultiert für die Kirchenadministration ein Koordinationsproblem: Will die Kirche im Tertiärsektor nicht lediglich als Erfüllungsgehilfe staatlicher Sozialpolitik und Sozialplanung erscheinen, sondern sieht sie in den entsprechenden Dienstleistungen Objektivationen ureigenster religiöser Ziele[1], so bedarf dies einer adäquaten Personalorganisation bzw. programmatischen Festlegung des Personals auf bestimmte kirchlich festgelegte Handlungskonzepte und Verhaltensimperative. Der Versuch institutioneller Bewältigung dieses Problem ist im Bereich kirchlicher Arbeitsverhältnisse mit der 'kirchlichen Dienstgemeinschaft'[2] gegeben. "Der Begriff will die Eigenart des kirchlichen Dienstes in eine juristische Definition bringen und justitiabel machen. Das ist nicht nur ein berechtigtes Anliegen, sondern auch eine dringliche Notwendigkeit, um den kirchlichen Mitarbeitern die notwendige Rechtssicherheit bezüglich der an sie gestellten Anforderungen und hinsichtlich ihrer Dienstobliegenheiten zu geben. Das Dilemma besteht nun darin, daß die biblisch-religiöse Wirklichkeit eine Größe ist, die gerade darin ihre Besonderheit hat, daß sie primär nicht in juristische Paragraphen zu fassen ist. Auf dieser Ebene liegen dann auch häufig auftretende Konflikte, die ihre Ursache darin haben, daß von kirchlichen Mitarbeitern ein bestimmtes religiöses oder sittliches Verhalten erwartet wird, das sich aber einer juristischen Beschreibung oder gar Reglementierung im letzten entzieht" (HERR 1985, 64).

---

[1]Vgl. Kapitel 2.5

[2]Den Versuch einer Definition dieses Begriffs unternimmt HERR: "Die kirchliche Dienstgemeinschaft ist der institutionalisierte und arbeitsrechtlich geregelte Zusammenschluß von Dienstgebern und Mitarbeitern in kirchlichen Einrichtungen, deren Besonderheit sich aus der Tatsache ergibt, daß der kirchliche Dienst von der gemeinsamen Verantwortung aller für die Sendung der Kirche getragen wird und sich als Lebens- und Wesensäußerung der Kirche nach den grundlegenden Wahrheiten und Normen des Glaubens ausrichtet" (1985, 68).

In ähnlicher Weise äußert sich auch der Jesuit HENGSBACH: "Aus der religiösen Dimension kann nicht auf eine konkrete Organisations- und Herrschaftsform des kirchlichen Dienstes geschlossen, aus der spirituellen Dimension können nicht bestimmte Arbeitsvertragsrichtlinien oder Mitarbeitervertretungsordnungen eindeutig konstruiert werden" (1984, 3).

Die Problematik der Selektivität religiöser Institutionalisierung durch Bürokratisierung, hier speziell durch Verrechtlichung religiöser Gehalte, wird durch HERR in aller Vorsicht angedeutet. Sie erschließt sich jedoch erst vollständig in der Rekonstruktion der amtskirchlichen Ideologie, jenes Gedankengutes, in dem das Konstrukt des 'kirchlichen Dienstes' seinen intendierten Sinn macht, ohne daß der reale Verwendungskontext, das implizite amtskirchliche Machthandeln, bei HERR die diesem angemessene Berücksichtigung erfahren hätte.

In den bischöflichen Grundsätzen für den 'kirchlichen Dienst' heißt es:

"1. Grundlage und Ausgangspunkt für die Gestaltung des kirchlichen Dienstes ist die Sendung der Kirche. Daraus ergibt sich als Eigenart des kirchlichen Dienstes seine religiöse Dimension. Diese muß für die arbeitsrechtlichen Beziehungen zwischen den kirchlichen Anstellungsträgern und den Mitarbeitern bestimmend sein; es genügt nicht, daß sie bloß mitbedacht wird" (DIE DEUTSCHEN BISCHÖFE 35, 1983, 3).

Das bischöfliche Konzept des 'kirchlichen Dienstes' versucht, diesen für die gesellschaftliche Objektivation hierarchischer Kirchenstruktur, für die dem bischöflichen Definitionsvorbehalt unterstehende 'Sendung der Kirche' zu instrumentalisieren: Die 'arbeitsrechtlichen Beziehungen' werden damit zu Widerspiegelungen und Handlungsinstrumenten der bischöflichen Ekklesiologie.

"2. Es sind nicht allein Arbeitskraft, Funktion und Leistung gefragt, sondern wesentlich die Person selbst, die im Dienst der Kirche steht und auch Kirche nach außen verkörpert" (DIE DEUTSCHEN BISCHÖFE 35, 3f.).

Hier läßt sich der Gedanke der Instrumentalisierung kirchlichen Personals zu Zwecken der gesellschaftlichen Repräsentation bischöflicher Ekklesiologie fortschreiben. Die "Person selbst", quasi die gesamte Persönlichkeit des kirchlichen Mitarbeiters soll durch die bischöflichen Forderungen an den "kirchlichen Dienst" in die Pflicht genommen werden, da davon die "Glaubwürdigkeit der Kirche" (DIE DEUTSCHEN BISCHÖFE 35, 4) abhinge. Die Legitimität der von den Bischöfen formulierten Anforderungen als im Sinne einer christlichen Kirche glaubwürdige, gültige und auch zuverlässige Ordnungsmittel wird hier stillschweigend vorausgesetzt. Nur folgerichtig sind bei der Personalrekrutierung weitreichende Auswahlkriterien anzuwenden.

> "Um ihre Sendung erfüllen zu können, muß die Kirche bei der Einstellung von Mitarbeitern darauf achten, daß sie die Eigenart des kirchlichen Dienstes bejahen und die Bereitschaft mitbringen, in der persönlichen Lebensführung den Forderungen des Evangeliums zu entsprechen" (DIE DEUTSCHEN BISCHÖFE 35, 4).

Da die authentische und verbindliche Auslegung der Generalformel 'Forderungen des Evangeliums' einzig und allein den Bischöfen obliegt, ist diesen hiermit ein Machtmittel an die Hand gegeben, das zur Regulierung kirchlicher Organisationsprobleme aktivierbar ist. 'Forderungen des Evangeliums' als solche dürften auf einen breiten Konsens bei kirchlichen Mitarbeitern stoßen. Konflikte sind hingegen dort zu erwarten, wo diese 'Forderungen' in einer Weise ausgelegt und durchgesetzt werden, daß es zu Ausgrenzungen, zur Reduzierung innerkirchlicher Teilhabechancen für den betroffenen kirchlichen Mitarbeiter kommt: Damit werden nicht selten die bischöflich festgelegten Normen selbst, desweiteren auch Teile oder gar die gesamte bischöfliche Theologie und Kirchenordnung zum Problem, was z.B. im Falle einer Kündigung zu einer vollständigen Abwendung vom bischöflich dominierten Kirchentum bis hin zum Kirchenaustritt führen kann.[3]

---

[3]Die empirischen Recherchen zu dieser Arbeit (vgl. Kapitel 3) bestätigen die Existenz einer Vielzahl solcher 'Gegenreaktionen'. Die völlige Unkenntnis über die Möglichkeiten amtskirchlichen Machtgebrauchs, die Enttäuschung im Falle einer Kündigung ging - so die Ergebnisse von Gesprächen mit Betroffenen - gerade in Fällen sehr ausgeprägter religiöser Beheimatung in der Kirche dem endgültigen Bruch mit ihr voraus.

Die Entscheidung für Sanktionen gegen kirchliche Mitarbeiter ergibt sich nicht deduktiv zwingend aus einer Verletzung biblisch-religiöser Werte; sie resultiert immer aus einer zwangsläufig selektiven Übertragung der theologischen Werteintention in gesellschaftlich operationable Normdurchsetzungsverfahren; sie ist unausweichlich in dem schon von HERR angedeuteten Dilemma der - partiellen - Unmöglichkeit der Judizierung religiös-biblischer Wirklichkeit, oder in der hier anstehenden Begrifflichkeit formuliert, im Dilemma der Selektivität religiöser Institutionalisierung durch Bürokratisierung und Dogmatisierung verfangen. Jede amtskirchlich betriebene Kündigung ist somit ein primär gesellschaftlicher Tatbestand, zuvorderst charakterisiert durch ein Machtverhältnis, eine Entscheidung über innerkirchliche und damit auch gesellschaftliche Ressourcen: über Lohn bzw. Gehalt, Status, Altersversorgung, persönliche religiöse Entfaltung und Einflußnahme auf die Ausgestaltung einer Ortsgemeinde, einer sozialen Einrichtung und vieles andere mehr.

Jede amtskirchliche Dethematisierung der sozialen Folgen solchen Handelns, wie z.B. Arbeitslosigkeit, Zerstörung der finanziellen Lebensgrundlage des gekündigten Mitarbeiters und seiner Familie etc., jede Legitimation solcher Ausgrenzung im Sinne eines deduktiven Automatismus allein auf der Ebene theologischer Wertekonstruktion ist ideologieverdächtig: Sie blendet die Konfrontation selbstvertretener Werte mit den Folgen eigenen Handelns aus; sie gerät zum Monolog amtskirchlich perzipierter Organisationsbedürfnisse eines ekklesiologisch tendenziös ausgerichteten, bürokratischen Kirchensystems.

Die Institution der 'kirchlichen Dienstgemeinschaft' ist nicht nur Produkt und Regulationsmittel eines katholischen Kirchensystems, sondern Verdichtung, Reflex seines hierarchisch strukturierten Wesensgehaltes. Amtskirchlicher Selbstorganisation ist aufgrund der in der Bundesrepublik Deutschland verfassungsrechtlich gewährleisteten Freiheiten, kirchliche Arbeitsverhältnisse weitestgehend den ekklesiologisch-normativen Prämissen der amtskirchlichen Hierarchie anzupassen, ein großer Entfaltungsspielraum gegeben in relativer Unabhängigkeit von den Organisationsprinzipien einer demokratisch verfaßten Gesellschaftsformation.[4] So kann sich die "Dienstgemeinschaft als maßgebendes Strukturelement...bei der Gestaltung des kirchlichen Arbeitsrechts" (DIE DEUTSCHEN BISCHÖFE 35, 1983, 4) relativ ungehindert realisieren. Das gilt sowohl für die individual- als auch für die kollektivrechtlichen Aspekte kirchlicher Arbeitsverhältnisse.[5]

In der selben Weise, wie der einzelne kirchliche Mitarbeiter für Objektivationsbemühungen des bischöflichen Herrschaftsapparates hinsichtlich der 'Wesens- und Lebensäußerungen' der Kirche durch das Konzept der 'kirchlichen Dienstgemeinschaft' instrumentalisierbar gemacht wird, finden innerkirchliche Vereinigungen zur Wahrnehmung der Interessen kirchlicher Arbeitnehmer sehr schnell ihre Grenzen an dem bischöflichen Definitions- und Entscheidungsvorbehalt über die konkrete Ausgestaltung des Arbeitsverhältnisses:

> "Bei der Betätigung für eine Vereinigung müssen die kirchlichen Mitarbeiter neben den allgemeinen arbeitsrechtlichen Begrenzungen auch die ihnen als Mitarbeitern des kirchlichen Dienstes obliegenden Grundverpflichtungen achten. Die Betätigung in einer Vereinigung darf nicht darauf gerichtet sein, die aufgrund des kirchlichen Selbstverständnisses und des verfassungsmäßigen Selbstbestimmungsrechtes erlassenen Mitwirkungsregelungen des kirchlichen Dienstes zu bekämpfen oder außer Kraft zu setzen. Deshalb ist Werbung für Tarifvertrag und Streikrecht ausgeschlossen" (DIE DEUTSCHEN BISCHÖFE 35, 1983, 6).

Die Ablehnung des auf paritätischer Regulierung von Arbeitgeber- und Arbeitnehmerinteressen basierenden Tarifvertragssystems für kirchliche Arbeitsverhältnisse durch die Bischöfe[6] ist angesichts der sich selbst zu-

---

[4]Vgl. das gesamte Kapitel 5

[5]Vgl. Kapitel 5.1.1 und 5.1.2

[6]"Dafür sind Modelle, die im außerkirchlichen Bereich in Geltung sind, nicht geeignet. Dies gilt auch für das Tarifvertragssystem, das auf der funktionalen Trennung von Arbeit und Kapital beruht und vom sozialen Interessengegensatz zwischen Arbeitgebern und Arbeitnehmern bestimmt wird" (DIE DEUTSCHEN BISCHÖFE 35, 1983, 4f.).

geschriebenen ekklesialen Herrschaftsposition nur folgerichtig. Mit selbiger Konsequenz sind die Mitbestimmungsmöglichkeiten bischöflich akzeptierter, kirchlicher Koalitionen höchst eingeschränkt. "Ungeachtet der Teilhabe aller Mitarbeiter an der religiösen Grundlage und Zielbindung (E 6) bleiben die Mitwirkungs- und Mitbestimmungsmöglichkeiten der kirchlichen Mitarbeitervertretungen auch nach den inzwischen vorgelegten Novellierungsvorschlägen erheblich hinter denen der gewerblichen Wirtschaft und des öffentlichen Dienstes zurück" (HENGSBACH 1984, 8).[7]

Obwohl nach den Bischöfen "Werbung für Tarifvertrag und Streikrecht ausgeschlossen" (DIE DEUTSCHEN BISCHÖFE 35, 1983, 6) ist, werden die bestehenden Regelungen innerkirchlich ernsthaft diskutiert und nicht selten Ambitionen zur Angleichung des kirchlichen Arbeitsrechts an das des Staates bzw. des Tarifvertragssystems laut. So schreibt der 'Nestor' der katholischen Soziallehre, OSWALD VON NELL-BREUNING SJ: "Vermöchte die Kirche sich zu entschließen, die Tätigkeit in ihren Dienststellen, Anstalten und Einrichtungen ganz schlicht auf das bürgerlich-weltliche Arbeitsrecht zu gründen mit allem, was sich nach individuellem und kollektivem Arbeitsrecht daraus ergibt, dann würde sie meiner Überzeugung nach nicht nur den Erwartungen derer, die bei ihr Arbeitsgelegenheit suchen, besser entsprechen, sondern auch mehr echte, innerlich bejahte 'Dienstgemeinschaft', mehr einmütiges Zusammenwirken aller am gemeinsamen Werk Beteiligten er-

---

[7]Weiter führt HENGSBACH aus: "Dieses Nachhinken bezieht sich auf die Zusammensetzung der Schlichtungs- und Gutachterstelle sowie der arbeitsrechtlichen Kommission, auf die Bindungswirkung der Beschlüsse von Schlichtungsstelle und Kommission, auf die Mitwirkungsrechte der Mitarbeitervertreter bei der Eingruppierung leitender Mitarbeiter, vor allem bei der außerordentlichen Kündigung, auf das aktive und passive Wahlrecht, auf die Freistellung und auf den Kündigungsschutz der Mitarbeitervertreter, auf den Gleichstellungsgrundsatz zwischen katholischen und nichtkatholischen Mitarbeitern sowie auf die Mitwirkung von Verbandsvertretern, Gewerkschaften und Sachverständigen außerhalb der Dienststelle" (8f.). Die entsprechenden kirchlichen Regelungen sind den Bestimmungen der KODA (Kommission für die Ordnung des diözesanen Arbeitsvertragesrechtes) bzw. der MAVO (Mitarbeitervertretungsordnung) zu entnehmen.

zielen" (1980, 34).

Theologisch dürfte die Ablehnung des Tarifvertragssystems oder eines Systems mit ähnlichen, oder sogar weitergehenden Mitwirkungsmöglichkeiten kirchlicher Arbeitnehmer nicht eindeutig zu deduzieren sein: "Im kirchlichen Dienst sind alle Beteiligten, Dienstgeber in gleicher Weise wie Dienstnehmer, der religiösen Grundlage und Zielrichtung verpflichtet" (DIE DEUTSCHEN BISCHÖFE 35, 1983, 4). Dennoch übt die Kirchenleitung "Macht aus, und zwar vor allem auf die in der kirchlichen Organisation Beschäftigten. ... Der Begriff des Dienstes verhindert sehr stark eine klare Einsicht, daß faktisch die Kirchenleitung Macht ausübt, zwar keine unbeschränkte, aber doch in größerem Umfange als die formulierten Ordnungen es erkennen lassen" (SPIEGEL 1969, 18). Der Gebundenheit *aller* an die "religiöse Grundlage und Zielrichtung" steht die "umfassende Verantwortung für das Heil der ihm anvertrauten Gläubigen" des Bischofs (DIE DEUTSCHEN BISCHÖFE 35, 1983, 4) gegenüber, die in der Praxis, wie im folgenden noch gezeigt werden wird, allzu häufig lediglich als Machtbefugnis ausgelegt wird. In einer solchen Weise formuliert, kaschiert der Begriff 'Verantwortung' das strukturell gegebene Machtgefälle zwischen kirchlichen Dienstgebern und Dienstnehmern: In der kirchenpolitischen Praxis, insbesondere bei kirchlichen Arbeitsverhältnissen, wird autoritativ entschieden, was theologisch durchaus strittig ist. So kann HENGSBACH mit Recht folgern: "Soll der Hinweis auf die Dienstgemeinschaft nicht eine ideologische Kampfformel des Dienstgebers bleiben, dann muß diese eine sozial- und arbeitsrechtlich paritätische Struktur erhalten" (1984, 9).

3 Konstruktion und Legitimation katholisch-kirchlicher Ausgrenzungsmotive

Wenn es sich bei den Strukturproblemen der katholischen Kirche um Eckwerte und Kenndaten der institutionellen Gestalt einer Religionsform in ihrer konkreten historischen Erscheinungsphase handelt, so spiegeln Ausgrenzungsmotive dazu in Beziehung stehende, programmatische Devianz-, Problematisierungs- und Problemlösungskonzepte wider. Diese beruhen in relativer Unabhängigkeit von soziostrukturellen Krisenerscheinungen auf den normativen Prämissen und subjektiven Perzeptionen des die institutionelle Kirchengestalt dominierenden Repräsentations-, Administrations- und Kontrollapparates.[1]

Der katholischen Kirche hat ein für deren Selbsterhaltung adäquates Programm zur internen Devianzbewältigung, insbesondere zur Ausgrenzung entwickelt, das ihrer institutionellen Selektivität in Form ideologischer Parteilichkeiten, historisch und strukturell geprägter Wahrnehmungsverzerrungen, politischer Kompromisse etc. Rechnung trägt. Amtskirchliche Ausgrenzungsmotive sind somit Indikatoren für die Grenzen amtskirchlich legitimierter Handlungsspielräume; sie werden dort aktiviert, wo der Rahmen verfaßter Kirchlichkeit überschritten zu werden droht; sie konstituieren Moralnormen zur Regulierung kirchlicher Ressourcenverwendung, d.h. letztlich zur Festlegung der Spannweite religiöser Institutionalisierung, der gesellschaftlichen Objektivierung von Kirche über Zugehörigkeits-, Zuverlässigkeits- und Privilegierungs- bzw. Degradierungskriterien. Sie "tragen

---

[1]Mögliche und reale Divergenzen zwischen diesen einzelnen Teilfunktionen des Kirchenapparates sollen hier nicht weiter analysiert werden. Grundsätzlich wird man davon ausgehen können, daß es sich bei der Wahrnehmung dieser in den Händen kirchlicher Amtsvertreter liegenden Ordnungsaufgaben um ein konzertiertes Unternehmen handelt, das in der selektiven Formgestalt der gesellschaftlich faßbaren katholischen Kirche seine Ausprägung findet. Ansonsten, d.h. bei grundsätzlichem Mißlingen der Koordination dieser Funktionen, ließe sich nicht von einer katholischen Kirche als einer relativ einheitlichen gesellschaftlichen Größe im soziologischen Sinne sprechen.

die Merkmale des Konflikts, aus dem sie entstanden sind, sowie die jeweiligen kulturellen Bedeutungen an sich" (O'DEA 1986, 35).

Selbstverständlich handelt es sich bei der Rekonstruktion amtskirchlicher Ausgrenzungsmotive im folgenden nicht um eine vollständige Analyse aller ihrer möglichen Varianten bzw. aller dahinter sich verbergenden Konfliktthemen, die sich der Kirche heute in der Bundesrepublik Deutschland stellen. Vielmehr werden hier nur solche Konfliktthemen zur Sprache gebracht, die von besonderer Bedeutung für den gegenwärtigen, historisch-institutionellen Status quo der katholischen Kirche von Belang erscheinen, d.h. die von Seiten der Amtsträger für so wichtig gehalten werden, daß von ihrer Seite im Falle einer Abweichung von den normativen Festlegungen der Amtshierarchie mit Sanktionen, mit Ausgrenzung (Kündigung, Disziplinarmaßnahmen, Entzug der Lehrbefugnis etc.) reagiert wird. Entscheidendes Auswahlkriterium kirchlicher Devianzprobleme war nicht die moraltheologische oder kirchenrechtliche Gewichtigkeit der Verletzung amtskirchlicher Normen, sondern die *faktische Sanktionsbewehrung* entsprechender Normen, denn moraltheologische oder kirchenrechtliche Bewertungen von Verhalten besagen noch nichts über deren Implementation innerhalb des kirchlichen Systems. Aus denselben Gründen mußte diese Auswahl zu einer Konzentration auf *Devianz- und Konfliktfälle kirchlicher Mitarbeiter* führen, da derzeit lediglich hier von einem relevanten Sanktionsverhalten seitens der Amtskirchenleitung gesprochen werden kann.[2] Dementsprechend liefern Informationen über das faktische Sanktionsverhalten der Kirchenadministration aufschlußreichere Erkenntnisse über Tendenzen und Zielrichtungen der kirchenorgani-

---

[2]Die geringe Akzeptanz kirchlicher Moralnormen durch bzw. die faktische Relevanzlosigkeit des Kirchenrechts für die konfessionelle Massenbasis ist nicht ohne Einfluß auf Moraltheologie und Kirchenrecht geblieben. So ist die Straffung des kirchlichen Strafgesetzbuches (CIC (1983)) keine zufällige. "Noch bedenklicher muß dies erscheinen, weil in der katholischen Kirche in immer stärkerem Umfang die Exekutive (Verwaltung) straft und diese in der Kirche (anders als im Staat) keiner Aufsicht durch eine Verwaltungsgerichtsbarkeit unterliegt" (WALF 1984a, 40). Den Belangen der Eigendynamik der Kirchenverwaltung ist auch hier zuungunsten einer kirchenstrafrechtlichen Rechtssicherheit Rechnung getragen worden.

satorischen Gesamtstruktur als lediglich deduktive Interpretationen ihres normativen Überbaus, ihres in Form von Moraltheologie und Kirchenrecht objektivierten Selbstverständnisses.

Aus wohl nicht nur zufälligen Gründen gestaltete sich das technische Verfahren zur Gewinnung von statistischem, empirischem (Fall-)Material zu amtskirchlichem Sanktionsverhalten als ein relativ schwieriges, aber letztlich nicht unlösbares Problem. Auf entsprechende Anfragen an verschiedene kirchliche Behörden erhielt der Autor ausweichende oder abschlägige Bescheide.[3] Eine Untermauerung der im folgenden dargelegten Zusammenhänge durch statistisch repräsentative Daten konnte von daher nicht geleistet werden. Die auf anderen Wegen, durch Sichtung der Arbeitsrechtsliteratur, Arbeitsrechtsentscheidungen, von Pressemitteilungen, kirchlicher Literatur, durch Vermittlung von aktuellen Konfliktfällen durch das eigens mit diesen Problemen befaßte "Komitee Christenrechte in der Kirche", das im Anschluß an den Entzug der Lehrbefugnis von Herrn Prof. HANS KÜNG ins Leben gerufen wurde[4] und nicht zuletzt die infolge einer vom Autor selbst aufgegebenen Anzeige in PUBLIK-FORUM vom 16.8.1986 zutage geförderten Konfliktfälle geben zumindest einen Überblick über einzelne *Schwerpunkte* derzeitiger kirchlich-institutioneller Sanktionsmotive, wie sie in den folgenden Kapiteln dargestellt werden. Vor dem Hintergrund einer inhaltsana-

---

[3]Ähnliche Erfahrungen machte LUTHE in seiner Untersuchung zur Laisierungspraxis (1971).

[4]Vgl. die Gründungserklärung vom 19.12.1979 sowie die seither erschienenen Rundbriefe, die über aktuelle Konfliktfälle informieren; vgl. auch die von diesem Komitee herausgegebenen themenspezifischen Informationsbroschüren wie: Die Berufsfindung ehemaliger Priester. Eine Umfrage unter ehemaligen katholischen Priestern im Herbst 1981, Tübingen 1982; Wähle die Menschen. Zu § 218 und der Aktion 'Wähle das Leben' - eine kritische Auseinandersetzung, Tübingen 1984; Plädoyer für die Homosexuellen in der Katholischen Kirche, herausgegeben vom Regionalkomitee Rhein-Main, Frankfurt 1984; Laisierung, herausgegeben vom Arbeitskreis 'Laisierung' des Regionalkomitees Tübingen o.J. sowie insbesondere das Heft: Eine Dokumentation von Einzelfällen, Tübingen o.J.; siehe auch JENSEN 1984 sowie GREINACHER/JENS 1980, insbesondere Kapitel 3: Verstöße gegen die Christenrechte - dargestellt an Einzelfällen.

lytischen Aufbereitung entsprechenden kirchenoffiziellen Dokumentenmaterials dienen einzelne Konfliktfälle der exemplarischen Veranschaulichung amtskirchlicher Sanktionspraxis. Aufgrund fehlender ähnlicher Untersuchungen sind die in Kapitel 3 und Kapitel 4 gewonnenen Erkenntnisse als Produkte eines weitgehend induktiven und explorativen Vorgehens[5] zu würdigen, die sicherlich weitergehender Differenzierung und Verifizierung bedürfen.
So muß hier nicht nur aus Gründen des Datenschutzes, sondern vor allem aufgrund von in zahlreichen Fällen vorgetragener Ängste vor amtskirchlichen Repressalien (Gefährdung der wirtschaftlichen Existenz infolge möglicher Kündigungen etc.) eine Identifizierung bestimmter betroffener kirchlicher Mitarbeiter ausgeschlossen bleiben, was dazu führt, daß auf die Beschreibung einer Vielzahl einzelner, spezifischer Konfliktkonstellationen und amtskirchlicher Ausgrenzungsmotive verzichtet wurde.

---

[5]Die methodische und methodologische Vorgehensweise dieser Arbeit lehnt sich an die der vom Autoren im Jahre 1982 verfaßten Diplomarbeit an und ist dort auf den Seiten 89-105 ausführlich beschrieben.

3.1 Ausgrenzung aufgrund von Abweichungen von amtskirchlichen Normen zur Abtreibung

Ohne ausführlich auf die amtskirchlichen Normdurchsetzungsinitiativen zur Abtreibung an dieser Stelle einzugehen[1], seien hier kurz die sozialwissenschaftlich relevanten Bewertungsmuster skizziert, insofern diese Konflikt- und Sanktionsrelevanz für den innerkirchlichen Bereich beinhalten. Aus diesem Grunde seien vorab einige bischöfliche Kernaussagen zur Bewertung des Schwangerschaftsabbruchs genannt:

> "Der katholische Christ weiß, daß er eine schwere Schuld vor Gott und den Menschen auf sich lädt, wenn er sich am ungeborenen Leben vergreift. In Kraft bleibt auch - wir dürfen dies nicht verschweigen - die Strafe des Ausschlusses aus der sakramentalen Gemeinschaft, die von der Kirche seit langem für die Abtreibung festgesetzt ist, um auf deren sittliche Verwerflichkeit und Sündhaftigkeit besonders hinzuweisen" (DIE DEUTSCHEN BISCHÖFE, 7, 1976).

Der Bewertung von Abtreibung als Sünde[2] entspricht die Aktualisierung dieser Bewertung in soziale Praxis in Form der Zuschreibung eines *kulpativen Stigmas*. Menschen, die Abtreibungen vornehmen, also "ungeborenes Leben" (s.o.) vernichten, werden demnach als "Mörder"[3] bezeichnet. Bis auf die Situation der Gewissensentscheidung zwischen dem bedrohten Leben der Mut-

---

[1]Dies ist an anderer Stelle detailliert geschehen und im Hinblick auf Versuche gesamtgesellschaftlicher Implementation amtskirchlicher Moralnormen diskutiert worden: vgl. LORENZER 1980; SCHWARZENTHAL 1982, insbesondere 142-165; PANZER 1972

[2]"Abtreibung ist Sünde, durch die der Mensch schwere Schuld vor Gott und den Mitmenschen auf sich lädt" (DIE DEUTSCHEN BISCHÖFE 1979, 10).

[3]"Nach den Urlaubsmonaten kommt es nicht selten vor, daß Frauen oder Mädchen, die sich im Urlaub einem fremden Manne hingegeben haben, ein außereheliches oder uneheliches Kind erwarten und um ihres Rufes willen auf Abtreibung sinnen. Ein Arzt, der in einem solchen Falle die Abtreibung vornehmen würde, wäre - auch bei gesetzlicher Dreimonats-Fristenlösung - kein Arzt, sondern ein Mörder" (HÖFFNER 1974, 14).

ter einerseits und dem des ungeborenen Kindes andererseits wird weder dem Arzt noch sonst jemandem eine legitime Möglichkeit des Schwangerschaftsabbruchs zugestanden. Schwangerschaftsabbrüche in katholischen Krankenhäusern versuchen die Bischöfe grundsätzlich zu unterbinden.[4] Die Bejahung der amtskirchlichen Bewertung des Schwangerschaftsabbruchs wird zum Selektionskriterium bei der Auswahl des Personals katholischer Krankenhäuser erhoben. "Bei der Anstellung von Ärzten und medizinischen Fachkräften in katholischen Krankenhäusern muß eine diesen Grundsätzen entsprechende Verpflichtung vertraglich vereinbart werden" (DIE DEUTSCHEN BISCHÖFE 7, 1976, 11).

Grundsätzlich droht jedem Katholiken, der sich in irgendeiner Form an der Durchführung einer Abtreibung beteiligt, zumindest die Exkommunikation. Die Exkommunikation erfolgt als Tatstrafe[5] nach Abtreibung automatisch, d.h. sie wird grundsätzlich nicht, sondern nur in besonders schweren Fäl-

---

[4] "Der von seinem Gewissen und von seinem Berufsethos geleitete Arzt wird keinen Schwangerschaftsabbruch indizieren, vornehmen oder zulassen. ... Katholische Krankenhäuser, die den Dienst der Bruderliebe zur Grundlage ihrer Tätigkeit machen, geben Zeugnis für die Unantastbarkeit des Lebens, die Unverletzlichkeit der Person und den unbedingten Schutz des menschlichen Lebens in jedem Zeitpunkt seiner Existenz. Deshalb können in katholischen Krankenhäusern - entsprechend dem Charakter dieser Häuser und den Erwartungen vieler, die ein solches Krankenhaus aufsuchen - keine Abtreibungen indiziert, vorgenommen oder zugelassen werden. ... Die Bejahung dieses Grundsatzes muß von allen in einem katholischen Krankenhaus tätigen Ärzten, Schwestern und vom Pflegepersonal erwartet werden, auch wenn sie sich nicht zum katholischen Glauben bekennen. Katholische Krankenhäuser müssen diese ihre Einstellung öffentlich bekunden" (DIE DEUTSCHEN BISCHÖFE 7, 1976, 10f.).

[5] Die kirchenrechtliche Grundlage hierfür ist Can. 1318 CIC (1983). Abtreibung ist nach dem Kirchenrecht eine solch schwere Verfehlung, bei der eigens eine Tatstrafe angedroht wird: Can. 1398 CIC (1983): "Wer eine Abtreibung vornommt, zieht sich mit erfolgter Ausführung die Tatstrafe der Exkommunikation zu."

len, öffentlich verkündet.[6] Damit entstehen innerkirchliche Ausgrenzungsprozesse infolge von Abtreibung dann, wenn die Abtreibung als solche in der Gemeinde oder beim kirchlichen Arbeitgeber bekannt wird und der 'Vollzug' der Exkommunikation durch entsprechendes Rollenverhalten in der Gemeinde erwartet wird bzw. der katholische Arbeitgeber die Abtreibung zum Anlaß nimmt, eine Kündigung auszusprechen.

Doch nicht nur die Beteiligung an einer Abtreibung, sondern schon Kritik an der amtskirchlichen Bewertung von Abtreibung bzw. an amtskirchlichen Gesetzgebungsforderungen kann zum Verlust eines kirchlichen Arbeitsplatzes führen, wie ein Beispiel belegt, das inzwischen auch höchstrichterliche Akzeptanz gefunden hat und weitreichende Bedeutung für die innerkirchliche

---

[6]Dem Autor ist derzeit nur ein Fall öffentlicher Exkommunikation infolge von Abtreibung bekannt, nämlich die eines katholischen Klinikleiters im Odenwald. Weihbischof Wolfgang Rolly aus Mainz verkündete die Exkommunikation im kirchlichen Amtsblatt (vgl. FRANKFURTER RUNDSCHAU vom 7. Oktober 1983: "Mainzer Bischof exkommuniziert Klinikchef wegen Abtreibung"). Die öffentlich ausgesprochene Exkommunikation zählt kirchenrechtlich zu den Beugestrafen und wird in Can. 1331 CIC (1983) wie folgt beschrieben: "§1. Dem Exkommunizierten ist untersagt: 1. jeglicher Dienst bei der Feier des eucharistischen Opfers oder bei irgendwelchen anderen gottesdienstlichen Feiern; 2. Sakramente oder Sakramentalien zu spenden und Sakramente zu empfangen; 3. jedwede kirchlichen Ämter, Dienste oder Aufgaben auszuüben oder Akte der Leitungsgewalt zu setzen. §2. Wenn aber die Exkommunikation verhängt oder festgestellt worden ist: 1. muß der Täter ferngehalten oder muß von der liturgischen Handlung abgesehen werden, wenn er der Vorschrift von §1, n.1 zuwiderhandeln will, es sei denn, es steht ein schwerwiegender Grund dagegen; 2. setzt der Täter ungültig Akte der Leitungsgewalt, die gemäß §1, n.3 unerlaubt sind; 3. ist dem Täter der Gebrauch vorher gewährter Privilegien untersagt; 4. kann der Täter gültig keine Würde, kein Amt und keinen anderen Dienst in der Kirche erlangen; 5. erwirbt der Täter die Erträge einer Würde, eines Amtes, jedweden Dienstes, einer Person, die er etwa in der Kirche hat, nicht zu eigen" (CODEX IURIS CANONICI 1983, 585).

Meinungsfreiheit haben wird.[7] Daß auch dies ein Problem innerkirchlicher Toleranz ist, bestätigt RAHNER, wenn er schreibt: "Man kann zum Beispiel moralisch einen Schwangerschaftsabbruch ablehnen und dennoch dialogbereit und tolerant zugeben, daß eine solche Tat kein Gegenstand des bürgerlichen Strafrechts sein müsse" (1986, 38). Doch zu dieser Differenzierungsleistung RAHNERS scheinen die offiziellen Repräsentanten der katholischen Kirche auch heute noch nicht in der Lage zu sein. Nach wie vor wird von ihrer Seite die Verschärfung des gegenwärtigen Abtreibungsparagraphen bzw. eine rigidere Anwendung des §218 StGB verlangt. Die durch extensive Kriminalisierung hervorgerufenen Begleitprobleme auch ethischer Art scheinen für die Überlegungen deutscher Bischöfe keine Rolle zu spielen: "At the same time, public pressure by the church for restrictive abortion laws indirectly helps to support the traffic in criminal abortion. To the extent that these laws simply drive many women (Catholic and non-Catholic) from the hospital abortions they desire to the infinitely more perlious and sordid illegal operations, the outcome (as a practial matter and not just a doctrinal one) can hardly be viewed as 'moral'" (SCHUR 1965, 55).

---

[7]Vgl. BVerfGE 70, 138 II; siehe zu dieser Problematik Kapitel 5.2

3.2 Amtskirchliche Programmatik der Ausgrenzung von Homosexuellen

Die Diskreditierung von Homosexuellen in der katholischen Kirche hat spätestens mit dem "Schreiben der Kongregation für die Glaubenslehre an die Bischöfe der katholischen Kirche über die Seelsorge für homosexuelle Personen" vom 30. Oktober 1986 *programmatische* Züge angenommen: Über die amtskirchliche Negativbewertung und Problematisierung der Homosexualität hinaus, wie sie in vielerlei Dokumenten zuvor schon betrieben worden ist, sind in diesem Schreiben eine Reihe von Handlungsanweisungen zum Umgang mit einzelnen Homosexuellen sowie auch mit Gruppen von Homosexuellen vorzufinden, die von der Intention getragen zu sein scheinen, Homosexuelle zumindest aus dem Kernbereich katholisch-kirchlichen Lebens systematisch auszugrenzen.

In besonderer Weise widmet dieses Schreiben jenen innerkirchlichen Gruppen seine Aufmerksamkeit, die die amtskirchliche Bewertung der Homosexualität infrage stellen und/oder die kirchliche Ausgrenzung von Homosexuellen problematisieren. An dieser Stelle sei es gestattet, einen entsprechenden Textauszug des Schreibens der KONGREGATION FÜR DIE GLAUBENSLEHRE in voller Länge wiedergegeben, um einen Eindruck vom amtskirchlichen Argumentationszusammenhang zu vermitteln:

> "Auch innerhalb der Kirche hat sich eine Tendenz entwickelt, die, von Pressionsgruppen mit unterschiedlichen Namen und verschiedenem Umfang gebildet, den Eindruck zu erwecken sucht, als ob sie sämtliche homosexuelle Personen, die katholisch sind, vertreten würde. Tatsächlich sind jedoch ihre Anhänger zumeist auf jene Personen begrenzt, die entweder die Lehre der Kirche nicht kennen oder sie irgendwie zu untergraben suchen. Man versucht, auch solche homosexuelle Personen unter dem Schild des Katholischen zu sammeln, die keinerlei Absicht haben, ihr homosexuelles Verhalten aufzugeben. Eine der dabei verwendeten Taktiken besteht darin, im Ton des Protestes zu erklären, daß jede Art von Kritik oder Vorbehalt gegenüber homosexuellen Personen, ihrem Verhalten und ihrem Lebensstil lediglich Formen ungerechter Diskriminierung seien. Daher ist in einigen Ländern ein regelrechter Versuch einer Manipulation der Kirche in der Art im Gang, daß man die häufig gutgläubig ge-

gebene Unterstützung ihrer Hirten für die Änderung staatlicher Regelungen und Gesetze zu gewinnen versucht. Die Absicht solcher Aktionen ist es, die Gesetzgebung der Konzeptionen jener Pressionsgruppen anzugleichen, nach deren Auffassung Homosexualität zumindest eine völlig harmlose, wenn nicht sogar eine ganz und gar gute Sache ist. Obgleich die Praxis der Homosexualität Leben und Wohlfahrt einer großen Zahl von Menschen ernsthaft bedroht, lassen die Verteidiger dieser Tendenz von ihrem Tun nicht ab und weigern sich, daß Ausmaß des eingeschlossenen Risikos in Betracht zu ziehen" (1986, 7f.).

Hinsichtlich der amtskirchlichen Zuschreibung von Motiven, von Intentionen, die "solche Gruppen"[1] - ohne daß eine einzige beim Namen genannt worden ist - angeblich hegen sollen, lassen sich folgende Zuschreibungen bzw. Stigmata herauskristallisieren:

1. Die "Pressionsgruppen" gäben vor, "sämtliche homosexuelle Personen, die katholisch sind, vertreten" zu wollen.

Hier wird das Anliegen solcher Gruppen, die gerade den *Machtanspruch* amtskirchlicher Repräsentanten infrage stellen[2] - der auch in diesem Schreiben zutage tritt und darin besteht, die bischöfliche Definition und Bewertung von Homosexualität bei allen Katholiken verbindlich durchzusetzen - umgekehrt in einen Machtanspruch der homosexuellen Gruppen selbst; das Anliegen der Problematisierung und Abschaffung "ungerechter Diskriminierung" wird zu einer "Taktik" umgedeutet, mit der "solche Gruppen" sich lediglich jene Mittel verschafften, "die Gesetzgebung der Konzeption jener Pressionsgruppen anzugleichen, nach deren Auffassung Homosexualität zumindest eine völlig harmlose, wenn nicht sogar eine ganz und gar gute Sache ist".

2. Die Anhänger der "Pressionsgruppen" kennten entweder die Lehre der Kirche nicht oder suchten sie irgendwie zu untergraben.

---

[1]Die folgenden Zitate beziehen sich, soweit nicht anders angegeben, auf das oben genannte "Schreiben der Kongregation für die Glaubenslehre an die Bischöfe der katholischen Kirche über die Seelsorge für homosexuelle Personen" vom 30. Oktober 1986 bzw. den oben zitierten Textauszug.

[2]Vgl. u.a. HAUSCHILD 1987

Auch hier sehen die amtskirchlichen Vertreter ihre hierarchische Position bedroht, ihren Alleinvertretungsanspruch katholischer Lehre infrage gestellt. Es wird der Eindruck erweckt, als daß es den "Pressionsgruppen" vor allem um die Ignorierung oder Untergrabung kirchlicher Lehre und damit um die Ignorierung oder Untergrabung amtskirchlicher Lehrautorität ginge. Den von den betreffenden Gruppen in der Bundesrepublik Deutschland selbst vorgetragenen Anliegen wird lediglich instrumenteller Charakter unterstellt: "Man versucht, auch solche homosexuelle Personen unter dem Schild des Katholischen zu sammeln, die keinerlei Absicht haben, ihr homosexuelles Verhalten aufzugeben. Eine der dabei verwendeten Taktiken besteht darin, im Ton des Protestes zu erklären, daß jede Art von Kritik oder Vorbehalt gegenüber homosexuellen Personen, ihrem Verhalten und ihrem Lebensstil lediglich Formen ungerechter Diskriminierung seinen."

Abgesehen davon, daß homosexuellen Personen hiermit eine geradezu pathologische Kritikempfindlichkeit zugeschrieben wird - dies mag als ein weiteres Indiz für die amtskirchliche Unfähigkeit oder Unwilligkeit stehen, sich mit den sozialen Problemen der Segregation Homosexueller sachlich auseinanderzusetzen - fließen hier schon Ausschließungsregeln mit ein, die später noch weitere Präzisierung erfahren: Nach amtskirchlicher Auffassung dürften sich nur solche homosexuelle Personen unter dem Schild des Katholischen sammeln, die die Absicht haben, ihr homosexuelles Verhalten aufzugeben. Kirchliche Gruppen, die sich gegen die Diskriminierung Homosexueller auflehnen, müssen folglich immer damit rechnen, daß die Kirchenleitung "Kritik oder Vorbehalt gegenüber homosexuellen Personen", solange diese Personen nicht gerade "Objekte übler Nachrede und gewalttätiger Aktionen waren und weiterhin noch sind" (8), zunächst einmal für nicht unberechtigt hält bzw. daß sie entsprechenden homosexuellen Initiativgruppen Unkenntnis oder Untergrabung kirchlicher Lehre unterstellt.

3. Die "Pressionsgruppen" wollten durch Manipulation der Kirche die staatliche Gesetzgebung ihrer Konzeption angleichen.

Weder die existierenden staatlichen Gesetze noch konkrete Änderungswünsche von Seiten homosexueller Initiativgruppen werden in dem amtskirchlichen Schreiben angeführt. Inwieweit konkret existierende staatliche Gesetze dazu führen, "daß homosexuelle Personen Objekte übler Nachrede und gewalttätiger Aktionen waren und weiterhin noch sind", wird ebenfalls nicht problematisiert; letzteres wird allenfalls "bedauert" bzw. "verurteilt". Dahingegen kann nach Auffassung der KONGREGATION FÜR DIE GLAUBENSLEHRE eine "Änderung staatlicher Regelungen und Gesetze" in Richtung der "Konzeption jener Pressionsgruppen", "nach deren Auffassung Homosexualität zumindest eine völlig harmlose, wenn nicht sogar ganz und gar gute Sache ist", nur *gegen* amtskirchliche Vorstellungen, also nur unter Mißbrauch, durch "Manipulation der Kirche" in Gang gesetzt werden, indem "man die häufig gutgläubig gegebene Unterstützung ihrer Hirten für die Änderung staatlicher Regelungen und Gesetze zu gewinnen sucht".

Die Negativbewertung der "Konzeption der Pressionsgruppen" und deren möglicher Umsetzung in die Gesetzgebung resultiert - wie schon bemerkt - nicht aus einer Analyse oder Problematisierung einer entsprechenden Gesetzgebungsinitiative, sondern lediglich aus einer simplen Attribution von nicht belegten, diskriminierenden Folgewirkungen: "Wenn eine solche Behauptung (homosexuelle Veranlagung sei nicht ungeordnet, R.S.) aufgestellt und homosexuelles Tun folglich als gut akzeptiert wird, welche ein Verhalten schützt, für das niemand ein irgendwie geartetes Recht in Anspruch nehmen kann, dann sollten weder die Kirche noch die Gesellschaft als ganze überrascht sein, wenn andere verkehrte Vorstellungen und Praktiken an Boden gewinnen sowie irrationale und gewaltsame Verhaltensweisen zunehmen" (9).

Hier spiegelt sich die Selektivität amtskirchlicher Normierungsversuche wider. Es geht den Repräsentanten dieser Kirche nicht um eine sachgerechte Analyse des Problems, sondern lediglich um die Diskreditierung alternativer Bewertungsmuster von Homosexualität in Form einer einseitigen, tendenziösen Moralisierung des Problemzusammenhangs, um die Reduzierung der Komplexität möglicher Problematisierungsperspektiven, um eine Polarisierung in zwei mit ungleicher Attraktivität ausgestatteter Positionen mit dem Ziel der Liquidierung der konkurrierenden Wirklichkeitsbestimmung.[3] Das dafür notwendige instrumentelle Pendant besteht in der offenen Diffamierung der Position der "Pressionsgruppen" und der moralischen, schließ-

---

[3]Vgl. Kapitel 4.1.2

lich ideologischen Überhöhung der eigenen Position. "Die Kirche kann demgegenüber nicht ohne Sorge sein; deshalb hält sie an ihrer klaren Position diesbezüglich fest, die weder durch den Druck staatlicher Gesetzgebung noch durch den gegenwärtigen Trend geändert werden kann. Sie bemüht sich aufrichtig um die vielen Menschen, die sich von den Bewegungen zugunsten der Homosexualität nicht vertreten fühlen, und zugleich um diejenigen, die versucht sein könnten, an deren trügerische Propaganda zu glauben. Sie ist sich bewußt, daß die Ansicht, homosexuelles Tun sei dem geschlechtlichen Ausdruck ehelicher Liebe gleichwertig oder zumindest in gleicher Weise annehmbar, sich direkt auf die Auffassung auswirkt, welche die Gesellschaft von Natur und Rechten der Familie hat, und diese ernsthaft in Gefahr bringt" (8).

In diesem Zusammenhang ist die vierte Attribution zu verstehen, mit der die 'Gefährlichkeit' der "Pressionsgruppen" beschworen wird:

4. Die "Pressionsgruppen" nähmen die ernsthafte Bedrohung von Leben und Wohlfahrt einer großen Zahl von Menschen in Kauf.

Damit wird den angeblichen Folgewirkungen der Realisierung der Konzeption der "Pressionsgruppen" - "verkehrte Vorstellungen und Praktiken", "irrationale und gewaltsame Verhaltensweisen" - eine von den "Pressionsgruppen" zu verantwortende Finalität unterstellt. Die "Pressionsgruppen" erscheinen in den Ausführungen der Kongregation für die Glaubenslehre zumindest als der fahrlässigen, wenn nicht sogar der bewußten Bedrohung von "Leben und Wohlfahrt einer großen Zahl von Menschen" schuldig. Weitere Attributionen vervollständigen dieses Bild vom praktizierenden Homosexuellen.[4]

---

[4]"Wenn sie sich jedoch auf homosexuelles Tun einlassen, bestärken sie in sich selbst eine ungeordnete sexuelle Neigung, die von Selbstgefälligkeit geprägt ist" (7). "Selbst wenn es ihnen nicht voll bewußt ist, bekunden sie eine materialistische Ideologie, welche die transzendente Natur der menschlichen Existenz leugnet, wie auch die übernatürliche Berufung jedes einzelnen" (7). "Die Gefahr ist jedoch groß, und es gibt viele, die bezüglich der kirchlichen Position Verwirrung zu stiften trachten, um dann die entstandene Verwirrung zu ihren eigenen Zwecken auszunutzen" (7).

Wissenssoziologisch vollzieht sich hier die Absorption abweichender Wirklichkeitsbestimmungen. "Das Endziel dieses Vorgehens ist, sie der eigenen Sinnwelt einzuverleiben und so endgültig zu liquidieren. Deshalb müssen sie in Begriffe 'übersetzt' werden, die von der eigenen Sinnwelt abgeleitet sind. Ihre Nihilierung der bedrohten Sinnwelt wird auf diese Weise listig in eine Bestätigung umgemünzt. Unterstellt wird dabei immer, der Leugner wisse nicht wirklich, was er sagt. Seine Behauptungen bekämen erst Sinn, wenn sie in 'richtige' übersetzt würden, das heißt in solche der von ihm geleugneten Sinnwelt" (BERGER/LUCKMANN 1977, 123f.). Beispielhaft wird dies an folgenden amtskirchlichen Aussagen deutlich: "Wie es bei jeder moralischen Unordnung der Fall ist, so verhindert homosexuelles Tun die eigene Erfüllung und das eigene Glück, weil es der schöpferischen Weisheit Gottes entgegensteht. Wenn die Kirche irrige Meinungen bezüglich der Homosexualität zurückweist, verteidigt sie eher die - realistisch und authentisch verstandene - Freiheit und Würde des Menschen, als daß sie diese einengen würde" (7). Den Legitimationskonstruktionen der amtskirchlichen Auffassung in der Frage der maßgeblichen Bewertung der Homosexualität ist der für die amtskirchliche Hierarchie typische *Dogmatismus* eigen.[5]

Für die kirchlichen Organisations- und Institutionalisierungsprobleme bleibt eine *solche* intellektuelle Auseinandersetzung mit Homosexualität

---

[5]D.h. die eigene, amtskirchliche Meinung wird ins Prinzipielle überhöht: "Das moralische Urteil, das hier gegen homosexuelle Beziehungen gefällt wird, kann keinem Zweifel unterliegen" (6). "Der Standpunkt der katholischen Moral fußt auf der menschlichen Vernunft, die durch den Glauben erleuchtet und von der bewußten Absicht geleitet ist, den Willen Gottes, unseres Vaters, zu erfüllen" (3). "Sie (die Kirche, R.S.) ist sich dessen sicher, daß ihre umfassendere Sicht die komplexe Wirklichkeit der menschlichen Person achtet, die in ihren geistigen wie körperlichen Dimensionen von Gott geschaffen und dank seiner Gnade zum ewigen Leben berufen ist. Nur innerhalb dieses Zusammenhangs läßt sich klar erkennen, in welchem Sinn das Phänomen der Homosexualität, so vielschichtig und folgenreich es für die Gesellschaft und kirchliches Leben auch ist, ein Problem darstellt, das die pastorale Sorge der Kirche im eigentlichen Sinne betrifft" (3).

und Homosexuellen nicht folgenlos. Die wissenssoziologisch relevanten Argumentationsfiguren werden im weiteren Verlauf des Schreibens der Kongregation für die Glaubenslehre in Handlungsstrategien übersetzt. Dabei scheint mit dem Schreiben der Kongregation von 1986 einem programmatischen Präzisierungs- und Konkretisierungsbedarf[6] des schon 1976 angedeuteten pastoralen Orientierungsrahmens[7] nachgekommen worden zu sein, um endlich all jenen permissiv interpretierten pastoralen Auslegungen, "die Aktuierung einer solchen Neigung in homosexuellen Beziehungen sei eine moralisch annehmbare Entscheidung" (1986, 4), endgültig eine Absage zu erteilen. Die pastoralen Handlungsprämissen sehen vor, a) die Sündhaftigkeit homosexuellen Verhaltens zu verdeutlichen[8], b) Homosexuelle dazu zu brin-

---

[6]Vgl. KONGREGATION FÜR DIE GLAUBENSLEHRE 1986, 4

[7]"Sicher muß man sich bei der seelsorglichen Betreuung dieser homosexuellen Menschen mit Verständnis annehmen und sie in der Hoffnung bestärken, ihre persönlichen Schwierigkeiten und ihre soziale Absonderung zu überwinden. Ihre Schuldhaftigkeit wird mit Klugheit beurteilt werden. Es darf aber keine pastorale Methode angewandt werden, die diese Personen moralisch deswegen rechtfertigen würde, weil ihre Handlungen als mit ihrer persönlichen Verfassung übereinstimmend erachtet würden" (KONGREGATION FÜR DIE GLAUBENSLEHRE 1976, 74f.).

[8]"Eine wahrhaft pastorale Haltung wird die Notwendigkeit betonen, daß homosexuelle Personen die nächste Gelegenheit zur Sünde zu meiden haben" (11). Dahinter steht die Festlegung, daß Homosexuelle in den Augen der Amtskirche 'Sünder' seien: "In vollständiger Kontinuität mit dieser biblischen Überlieferungslinie werden schließlich beim Aufzählen derjenigen, welche gegen die gesunde Lehre verstoßen, ausdrücklich jene als Sünder bezeichnet, die homosexuelle Akte begehen (vgl. 1 Tim 1,10)" (6) oder: "Der menschliche Leib behält zwar seine 'bräutliche Bedeutung', die aber nun durch die Sünde verdunkelt ist. So setzt sich die der Sünde zuzuschreibende Entartung fort in der Geschichte von den Männern von Sodom (vgl. Gen 19, 1-11). Das moralische Urteil, das hier gegen homosexuelle Beziehungen gefällt wird, kann keinem Zweifel unterliegen" (5f.).

gen, in Anerkennung dieser 'Wahrheit' homosexuelles Tun zu unterlassen[9] und c) das "geistliche Leben" Homosexueller "durch die Sakramente, insbesondere durch den häufigen und ehrfürchtigen Empfang des Bußsakramentes, durch Gebet, durch das Zeugnis, durch Beratung und individuelle Mitsorge" zu "fördern" (12).[10]

Die amtskirchlichen pastoralen Handlungsprämissen zum Umgang mit Homosexuellen stehen in folgendem argumentativen Kontext: Das Bedürfnis und das Recht Homosexueller auf "echte Sorge" oder "gültige Pastoral" ergibt sich aus der 'wahren' Position der amtskirchlichen Repräsentanten. Abweichungen von der 'wahren' Position der Amtskirche führen folglich zu nicht "echter Seelsorge" und nicht "echter Pastoral". Damit sind alle von einer *anderen,* permissiven Einstellung zur Homosexualität ausgehenden Hilfemaßnahmen durch die Amtskirche diskreditiert. Von der Position der Amtskirche abweichende pastorale Programme führen zur Ignorierung der 'wahren' Bedürfnisse Homosexueller und zur Mißachtung der entsprechenden Befriedigung solcher. 'Wahre' Bedürfnisse, auf deren Befriedigung die Homosexuellen "ein Recht haben", sind in der Meinung der amtskirchlichen Vertreter solche, denen mit einem "echten pastoralen Programm" entsprochen wird: Sakramente, insbesondere Bußsakrament, Gebet, Zeugnis, Beratung und individuelle Mitsorge. "Auf diese Weise kann die ganze christliche Gemeinschaft ihre eigene Berufung erkennen, indem sie nämlich diesen ihren Brüdern und Schwestern beisteht, ohne sie zu enttäuschen oder sie in die Isolation zu treiben" (12).

Die psychisch-sozialen und geistlichen Bedürfnisse von Homosexuellen werden somit durch das Potential der Bedarfsdeckung oben genannter amtskirch-

---

[9]"Solche eifrigen Seelsorger sollen darauf vertrauen, daß sie den göttlichen Willen treu befolgen, wenn sie homosexuelle Personen ermutigen, ein keusches Leben zu führen" (11).

[10]"Es muß jedoch Klarheit darüber bestehen, daß ein Abweichen von der Lehre der Kirche oder ein Schweigen über sie, das auf diesem Weg pastorale Fürsorge anbieten möchte, weder Ausdruck echter Sorge noch gültige Pastoral ist. Nur das Wahre kann letzten Endes auch pastoral sein. Jeder aber, der die Position der Kirche mißachtet, verhindert, daß homosexuelle Männer und Frauen jene Sorge erfahren, derer sie bedürfen und auf die sie ein Recht haben" (11).

licher Pastoralprogramme definiert. Inwieweit gerade die problemindividualisierende Strategie dieser Programme letztlich doch wieder zu Enttäuschungen, zu innerkirchlicher und gesamtgesellschaftlicher Isolation führen kann - man braucht nur Äußerungen Homosexueller hierzu zu vernehmen[11] - darauf wird in dem Schreiben der Kongregation nicht eingegangen. Vielmehr wird das Gegenteil lapidar angenommen. Der Logik des amtskirchlichen Pastoralprogramms dürften sich allenfalls solche Homosexuelle unterwerfen, die sich einer *kulpativen Selbststigmatisierung* zu unterziehen bereit sind, die internalisiert haben, daß die soziale Konflikthaftigkeit ihrer Homosexualität in der Sündhaftigkeit ihres eigenen Tuns begründet ist. Für alle anderen Homosexuellen betreibt die Kongregation nur noch die Ausgrenzung:

> "Kein authentisches pastorales Programm darf Organisationen einschließen, in denen sich homosexuelle Personen zusammenschließen, ohne daß zweifelsfrei daran festgehalten wird, daß homosexuelles Tun unmoralisch ist" (11).

> "Jedwede Unterstützung muß jenen Organisationen entzogen werden, welche die Lehre der Kirche zu untergraben suchen, sei es, daß sie diesbezüglich zweideutig sind oder sie gänzlich mißachten. Eine solche Unterstützung, ja, bereits der Anschein, kann Quelle einer ernsten Mißdeutung werden. Besondere Beachtung sollte der Planung religiöser Feiern und der Benutzung kirchlicher Gebäude, einschließlich der Bereitstellung katholischer Schulen und Kollegien für solche Gruppen geschenkt werden. Für manche mag die Erlaubnis, von kirchlichem Eigentum Gebrauch zu machen, lediglich ein Ausdruck von Gerechtigkeit und Liebe erscheinen; in Wirklichkeit aber steht sie in Widerspruch zu den Zielen, für die diese Einrichtungen gegründet worden sind. Sie kann zur Quelle von Mißdeutungen und Ärgernis werden" (13).

Die innerinstitutionelle Implementation dieses amtskirchlichen Programms wird durch Gleichschaltung des daran mitwirkenden Seelsorgepersonals zu erreichen versucht:

---

[11]Siehe z.B. die Veröffentlichungen der Gruppe HUK (Homosexuelle und Kirche)

"Eine besondere Aufmerksamkeit müssen die Bischöfe sodann auf die Auswahl derjenigen Seelsorger legen, die mit dieser heiklen Aufgabe betraut werden, damit diese aufgrund ihrer Treue zum Lehramt und durch ihren hohen Grad an geistlicher und psychologischer Reife den homosexuellen Personen eine wirkliche Hilfe zum Erreichen ihrer ganzheitlichen Erfüllung bieten können. Solche Seelsorger werden theologische Meinungen zurückweisen, die der Lehre der Kirche widersprechen und die daher nicht als Leitlinien der Pastoral dienen können" (13).

Als ein Beispiel gelungener Implementation des Ausgrenzungsprogramms[12] kann der Fall des Verbots der Durchführung eines Tagesseminars unter dem Motto "Glaubhaft leben: Schwul sein - Christ sein?", das in den Räumen der katholischen Studentengemeinde Bonn in Zusammenarbeit mit der Gruppe 'Homosexuelle und Kirche' stattfinden sollte, dienen.[13] Zur Erläuterung dieses Verbots schreibt der zuständige Generalvikar:

---

[12]Von einem amtskirchlichen Ausgrenzungsprogramm gegen Homosexuelle kann selbstverständlich nicht erst seit Veröffentlichung des Schreibens der Kongregation für die Glaubenslehre vom 1986 gesprochen werden. Hier ist dieses schon vorher praktizierte Programm nur noch einmal explizit formuliert worden.

[13]Aus einem Schreiben des zuständigen Generalvikars an die katholische Studentengemeinde Bonn vom 17.12.1981: "Hiermit untersage ich der KSG Bonn, die obige Veranstaltung im Hause der KSG in der Adenauer Allee oder anderswo durchzuführen. Nach unserer Kenntnis vertritt die Arbeitsgruppe 'Homosexuelle und Kirche', die innerhalb des Bundesgebietes in mehreren kleinen Regionalgruppen organisiert ist, Anschauungen, die nicht mit der katholischen Lehre in Übereinstimmung zu bringen sind. Daher ist es kein Dienst der Kirche am Menschen, gerade mit dieser Gruppe in aller Öffentlichkeit das Gespräch über die hier anstehenden Fragen zu führen. Es kann nur zur weiteren Verwirrung der Menschen in unseren Gemeinden und in der Öffentlichkeit hinsichtlich verschiedener Fragen zur Homosexualität führen. Auch ist den Homosexuellen selber, die in ihrer Gesamtheit keineswegs durch den Arbeitskreis HuK repräsentiert sind, mit der Bonner Veranstaltung nicht gedient".

"Es bleibt - wie es in der 'Erklärung des Glaubenskongregation für Glaubenslehre zu einigen Fragen der Sexualethik' vom 29.12.1975 heißt - Aufgabe der Seelsorge, sich der homosexuellen Menschen mit Verständnis anzunehmen und sie in der Hoffnung zu bestärken, ihre persönlichen Schwierigkeiten und ihre soziale Absonderung zu überwinden (vgl. Nr. 8 der Erklärung). Dem ist aber nicht mit demonstrativen und spektakulären Veranstaltungen gedient, sondern nur in geduldiger, pastoraler Bemühung um den einzelnen Menschen. Dabei ist das pastoral- und moraltheologische Bemühen um die hier anstehenden Fragen auf dem Boden der kirchlichen Lehre zu beachten"[14].

Die diesem Schreiben zugrundeliegende *Individualisierungsperspektive* der Homosexuellenpastoral erscheint hier, im Rahmen der Begründung eines Verbots einer öffentlichen Veranstaltung mit homosexuellen Betroffenen, wie auch oben, bei der Definition eines "echten pastoralen Programms" (KONGREGATION FÜR DIE GLAUBENSLEHRE 1986, 11) von paradigmatischer Bedeutung: Sie ist die Voraussetzung für die erfolgreiche Zuschreibung eines *kulpativen Stigmas*[15], der logischen und empirischen Umsetzung einer problemindividualisierenden Devianzdefinition zur Homosexualität in soziale Praxis. In amtskirchlicher Sicht ist der Defizient der Homosexuelle selbst, und von daher sind "persönliche Schwierigkeiten" und "soziale Absonderung" Homosexueller "nur in geduldiger, pastoraler Bemühung um den *einzelnen Menschen*" (s.o.; Hervorhebung durch R.S.) anzugehen. Selbst die äußerst geringe Akzeptanz und Nachfrage priesterlicher Homosexuellenpastoral von lediglich ca. 5% der Homosexuellen[16] scheint die kirchlichen Repräsentanten nicht dazu zu veranlassen, über einen möglichen Zusammenhang von amtskirchlicher Ausgrenzung über die Mechanismen der Problemindividualisierung und Zuschreibung kulpativer Stigmata einerseits und "persönlichen Schwierigkeiten" und "soziale Absonderung" andererseits zu reflektieren. Ebenso bleibt unerfindlich, worin amtskirchliche Vertreter ihr Anliegen begründet

---

[14]Aus dem Schreiben des zuständigen Generalvikars des Erzbischofs von Köln vom 17.12.1981 an die Kath. Studentengemeinde Bonn und den Studentenpfarrer H.

[15]Vgl. LIPP 1975, 32; siehe auch Fußnote 9

[16]Vgl. MÜLLER 1979, 27

oder berechtigt sehen, die Menschen vor "Verwirrung" (KONGREGATION FÜR DIE GLAUBENSLEHRE 1986, 4), zu der angeblich die Argumentationen permissiver christlicher Homosexuellengruppen führt, bewahren zu müssen.[17] Hier wird einmal mehr von der theologischen Inkompetenz und Unmündigkeit der katholischen Gläubigen ausgegangen bzw. der Glaubensgehorsam gegenüber dem katholischen Lehramt höher als die verantwortliche Glaubensentscheidung der katholischen Kirchenmitglieder gewertet. Die amtskirchliche Strategie scheint dahin zu tendieren, jeder Kontrapositionen - von der deren Vertreter wie hier ein karikiertes, einseitiges Bild entwerfen - grundsätzlich die Artikulation im katholisch-kirchlichen Raum verwehren bzw. diese schlichtweg ausgrenzen zu wollen.[18]

---

[17]Vgl. Kapitel 6.1.2

[18]Beispielhaft wieder der oben genannte Generalvikar in einem Schreiben vom 29.12.1981 an die Katholische Studentengemeinde Bonn: "Eine Vereinigung, die von Grundsätzen, die der katholischen Glaubens- und Sittenlehre widerspricht, ausgeht, kann nicht gemeinsam mit einer katholischen Studentengemeinde und in den Räumen dieser Gemeinde Tagungen durchführen. Die Grundauffassung dieser Arbeitsgemeinschaft 'Homosexuelle und Kirche' steht im Widerspruch zur katholischen Sittenlehre".

3.3 Ausgrenzung aufgrund von Abweichungen vom amtskirchlichen Ehe- und Zölibatsverständnis

Kein anderes Ausgrenzungsmotiv findet derzeit eine solch häufige Anwendung wie das infolge abweichenden Verhaltens von amtskirchlichen Ehe- und Zölibatsnormen. Die Vielzahl von Kündigungen und Suspendierungen innerhalb kirchlicher Arbeitsverhältnisse[1], die bischöflichen Weigerungen der Anerkennung gewählter Vertreter von katholischen Gemeinden, Verbänden und anderen Organisationen aufgrund unverheirateten Zusammenlebens oder Wiederheirat nach Scheidung, selbst aufgrund der Verheiratung mit einem Geschiedenen, zeugen ebenso davon wie Fälle innerkirchlicher Marginalisierung laisierter und auf ihre Laisierung wartender Priester und ihrer Lebensgefährtinnen.[2]

Die "Richtlinien über die persönlichen Anforderungen an Diakone und Laien im pastoralen Dienst im Hinblick auf Ehe und Familie" als Beschluß der Deutschen Bischofskonferenz vom 10. April 1978 definieren die Selektionsregeln insbesondere für die Zulassung zu den beruflichen Tätigkeiten der Pastoralassistenten(innen), Pastoralreferenten(innen), Gemeindeassistenten (innen), Gemeindereferenten(innen) und Gemeinde- bzw. Pfarrhelfer(innen). Diese Richtlinien der Bischöfe sind im folgenden im Originaltext wiedergegeben, weil sie in expliziter Form jene Devianzkonstruktionen, die in einer Vielzahl von Kündigungsfällen - auch über den rein pastoralen Dienst hinaus - aktualisiert werden, widerspiegeln:

> "1. Ein eheähnliches Zusammenleben, d.h. ein Zusammenleben ohne kirchlich gültige Eheschließung ist mit der Übernahme oder Ausübung

---

[1]Vgl. AR-Blattei: Kirchenbedienstete sowie die Rundbriefe von CHRISTENRECHTE IN DER KIRCHE; siehe auch die Zeitschrift *imprimatur*, die desöfteren derartige Fälle schildert.

[2]Vgl. den Fall Kohnen/Mainz, 3CA 1372/85; JENSEN 1984; CHRISTENRECHTE IN DER KIRCHE, Arbeitskreis Laisierung des Tübinger Regionalkomitees zur Verteidigung der Christenrechte in der Kirche (Hrsg.): Laisierung; GREINACHER/JENS 1980, insbesondere 80ff.

eines pastoralen Dienstes nicht vereinbar.

2. Wer eine religionsverschiedene Ehe eingehen will oder in einer solchen lebt, kann nicht zum pastoralen Dienst zugelassen werden oder ihn fortsetzen.

3. Für diejenigen, die einen haupt- oder nebenberuflichen pastoralen Dienst anstreben, bedeutet die Absicht, eine konfessionsverschiedene Ehe einzugehen, oder die Tatsache, daß sie in einer solchen leben, in der Regel ein Hindernis für die Einstellung in den pastoralen Dienst.

4. Wer einen pastoralen Dienst ausübt und beabsichtigt, eine konfessionsverschiedene Ehe einzugehen, bedarf zur Weiterführung des pastoralen Dienstes der Zustimmung des Ordinarius, die dieser unter Abwägung aller pastoralen Momente erteilen kann. Die Zustimmung wird nicht erteilt, wenn die Ehe nicht nach der katholischen Eheschließungsform geschlossen wird.

5. Ein Katholik, in dessen Ehe - sei sie mit einem katholischen Partner geschlossen oder sei sie eine konfessionsverschiedene Ehe - die Kinder nicht in der katholischen Kirche getauft und nicht im katholischen Glauben erzogen werden, kann einen haupt- oder nebenberuflichen pastoralen Dienst nicht ausüben.

6. Ein Katholik, dessen kirchenrechtlich gültige Ehe nach staatlichem Recht geschieden ist, kann in der Regel zum pastoralen Dienst nicht zugelassen werden. Ebenso steht die Scheidung der Ehe der Fortsetzung eines Dienstverhältnisses in der Regel entgegen. In besonders begründeten Ausnahmefällen kann der zuständige Ordinarius die Einstellung in den kirchlichen Dienst bzw. die Fortführung des Dienstverhältnisses zulassen. Ein Katholik, dessen Ehe geschieden ist und der sich ohne kirchlich gültige Eheschließung wiederverheiratet, kann einen pastoralen Dienst nicht ausüben.

7. Die Nichterteilung der Zustimmung seitens des Ordinarius in den vorausgehenden Fällen hat die Kündigung des Arbeitsverhältnisses durch den Dienstgeber zur Folge.

8. Wer in einer konfessions- oder religionsverschiedenen Ehe lebt und wessen Ehe geschieden ist, kann nicht zum Ständigen Diakonat zugelassen werden".[3]

[3]so zitiert nach: LÄPPLE 1980, 97

Ohne hier auf die Problematik der Relevanz dieser Ausschließungsregeln für die ökumenische Entwicklung näher eingehen zu wollen, sei doch vermerkt, daß die konfessionsverschiedene Ehe einen beinahe absoluten Ausschließungsgrund von einer pastoralen Tätigkeit innerhalb der katholischen Kirche liefert. Der jedoch wohl häufigste Anlaß für ausgrenzende Sanktionen in Form von Kündigungen, aber auch in Form der Nichtanerkennung ehrenamtlicher gewählter Vertreter katholischer Zusammenschlüsse dürfte die Ehescheidung, die Wiederverheiratung bzw. das Fehlen der Voraussetzung einer katholisch-kirchlichen Eheschließung oder die fehlende kirchliche Eheschließung sein.[4]

Die meisten der hier aufgeführten Selektionsregeln betreffen auch andere als nur die genannten kirchlichen Berufsgruppen des pastoralen Dienstes. Dies belegt eine Reihe von Kündigungen gegen wiederverheiratete kirchliche Mitarbeiter, die z.B. in einem Arbeitsverhältnis mit dem Caritas-Verband gestanden haben. Desweiteren kommt es zu Kündigungen gegen kirchliche Mit-

---

[4]Eine aus diesem Grunde in Anlehnung an diese Richtlinien ausgesprochene Kündigung liest sich z.B. wie folgt: "Sehr geehrte Frau ..., zu unserem Bedauern müssen wir Ihr Praktikumsverhältnis außerordentlich zum ... kündigen. Begründung: Nachdem Sie am ... standesamtlich die Ehe geschlossen haben und eine kirchliche Trauung zur Zeit nicht möglich ist (da diese mit einem noch nicht laisierten Priester erfolgte, R.S.), verstoßen Sie gegen die Richtlinien der Deutschen Bischofskonferenz, über persönliche Anforderungen an Laien im pastoralen Dienst im Hinblick auf Ehe und Familie" (aus einem Kündigungsschreiben eines bischöflichen Ordinariats; der gesamte Wortlaut dieses Schreibens liegt dem Autor vor, R.S.). Eine nähere Begründung dieser Kündigung geht aus einem Schriftsatz dieses Ordinariats an das betreffende Arbeitsgericht hervor: "Die standesamtliche Eheschließung der Klägerin und ihr Zusammenleben mit einem nichtlaisierten katholischen Priester stellt einen schwerwiegenden Verstoß gegen die katholische Glaubens- und Sittenlehre dar. Diese Verhaltensweise der Klägerin führte zum Fortfall ihrer persönlichen Eignung als Mitarbeiterin in der Seelsorge" (Der gesamte Wortlaut auch dieses Schreibens liegt dem Autor vor, R.S.).

arbeiter, die einen geschiedenen Partner heirateten[5], d.h. in Fällen, bei denen der moraltheologische oder kirchenrechtliche 'Mangel' durch den angeheirateten Partner mit in die Ehe eingeführt worden ist.[6] Doch auch schon der weniger kirchenrechtliche als moralische Verstoß gegen amtskirchliche Sittennormen, wie er durch nichteheliches Zusammenleben gegeben ist, kann zu innerkirchlicher Ausgrenzung führen, wie ein Beispiel bischöflicher Nichtanerkennung kirchlicher Mitarbeiter nach deren (mögli-

---

[5]Vgl. AR-Blattei Kirchenbedienstete, Entscheidungen 1, 7, 10, 16, 20; sowie die Entlassung von Krankenschwestern des St. Katharinen-Hospitals in Frechen zum 15.7.1986; die Entlassung der Kindergärtnerinnen U.W. in Krefeld 1983, S. in Herten-Westerholt, S. in Recklinghausen-Süd, beide Anfang 1985 (siehe: CHRISTENRECHTE IN DER KIRCHE: Rundbrief 11 vom 1. November 1985, 46-52); die Entlassung von G.D. (siehe: DER SPIEGEL Nr. 15/1986 sowie: imprimatur, 19. Jahrgang, Nr. 1 vom 12.2.1986, 23-27); die Entlassung der Kindergärtnerin R.G. in Trier (siehe: imprimatur, 18. Jahrgang, Nr. 1 vom 22.2.1985, 15-18)

[6]Ein Beispiel: "Für die katholische Kirche ist die Ehe als eines der sieben Sakramente absolut unauflöslich (Canon 1056, 1134 CIC). Dies ist von Anfang an eindeutige Lehre der Kirche. Nicht nur die Wiederverheiratung eines Geschiedenen, sondern wie hier, auch die Heirat mit einem staatlich geschiedenen Ehepartner ist ein Verstoß gegen die kirchliche Eheauffassung. Die Schwere des Verstoßes ergibt sich einmal aus der eindeutigen Formulierung des kirchlichen Gesetzes, zum anderen aus der Sanktion, Nichtzulassung zur Kommunion (Canon 915 CIC). ... Die eindeutige Lehre der Kirche fordert auch eine eindeutige Stellungnahme des kirchlichen Arbeitgebers bei einem Verstoß. Somit ist es dem Beklagten nicht möglich, ohne an Glaubwürdigkeit zu verlieren, wenn er einerseits die Unauflöslichkeit der Ehe verkündet, andererseits unwidersprochen Arbeitnehmer beschäftigt, die gegen diese Grundsatz verstoßen. Der kirchliche Arbeitgeber ist gefordert, die Glaubwürdigkeit auch gegenüber den Gläubigen zu vertreten. Die Kirche kann nicht vor den Gläubigen die Befolgung der katholischen Eheauffassung verlangen und in ihrem eigenen Verwaltungsbereich bei einem schweren Verstoß dagegen so tun, als sei nichts geschehen" (aus einem Schriftsatz des Justitiars des Bischöflichen Ordinariats Regensburg vom 2.7.1986 im Rahmen eines Kündigungsschutzverfahrens).

cher) Wahl belegt.[7]

Wie schon erwähnt wurde, ist die Ausgrenzung von Katholiken aufgrund von Abweichungen vom amtskirchlichen Ehe- und Zölibatsverständnis nicht auf bezahlte kirchliche Mitarbeiter beschränkt. *Jeder* katholische wiederverheiratete Geschiedene (ohne durch ein kirchliches Ehegericht anerkannte Nichtigkeitserklärung in bezug auf die erste Ehe) darf nicht am eucharistischen Mahl teilnehmen. "Die Kirche bekräftigt jedoch ihre auf die Heilige Schrift gestützte Praxis, wiederverheiratete Geschiedene nicht zum eucharistischen Mahl zuzulassen. Sie können nicht zugelassen werden; denn ihr Lebensstand und ihre Lebensverhältnisse stehen in objektivem Widerspruch zu jenem Bund der Liebe zwischen Christus und der Kirche, den die Eucharistie sichtbar und gegenwärtig macht. Darüber hinaus gibt es noch einen besonderen Grund pastoraler Natur: Ließe man solche Menschen zur Eucharistie zu, bewirkte dies bei den Gläubigen hinsichtlich der Lehre der Kirche über die Unauflöslichkeit der Ehe Irrtum und Verwirrung" (PAPST JOHANNES PAUL II. 1981, 88).[8]

Hierauf stützt sich die Argumentation FELDHOFFS, wenn er folgert: "Ein geschiedener Katholik, der zivil wiederverheiratet ist, bzw. ein Katholik, der einen geschiedenen Partner zivil geheiratet hat,...ist nicht (in den Pfarrgemeinderat, R.S.) wählbar. Die Pfarrer und die Wahlvorstände sind zur Sorge verpflichtet, daß keine Kandidaten aufgestellt werden, die in einer solch kirchenrechtlich ungültigen Ehe leben. Ihre Wahl wäre ungül-

---

[7]So heißt es in einem Schreiben des Vorsitzenden der Deutschen Bischofskonferenz, Joseph Kardinal Höffner, an den Bundesvorstand der KJG vom 1.10.1976: "Der neu gewählte Bundesleiter der KJG, Herr..., hat das gemeinsame Leben mit seiner festen Freundin aufgenommen, ohne kirchlich verheiratet zu sein. Für Christen beginnt das eheliche Leben aber erst mit der kirchlichen Eheschließung, d.h. mit dem Empfang des Ehesakramentes. Somit widerspricht das Verhalten von Herrn... in einer wesentlichen Frage der kirchlichen Lehre und Ordnung. Dies können die deutschen Bischöfe nicht hinnehmen."

[8]Zur Argumentation der 'Verwirrbarkeit' der Gläubigen siehe Kapitel 6.1.2

tig"[9].

In ähnlicher Weise droht die erzbischöfliche Behörde gegen wiederverheiratete geschiedene Katholiken vorzugehen, die in einen Kirchenvorstand gewählt wurden. "Die erzbischöfliche Behörde wird...sie förmlich aus dem Kirchenvorstand entlassen" (FELDHOFF)[10]. Auch hier sollen die Pfarrer und stellvertretenden Vorsitzenden der Kirchenvorstände schon im Vorfeld die Wahl wiederverheirateter Geschiedener zu verhindern suchen. Die Ausgrenzung der betroffenen Personen nicht nur aus der eucharistischen Gemeinschaft, sondern auch aus dem Kreis der wählbaren Kirchenvorstandsmitglieder, durch die "erzbischöfliche Behörde"[11] begründet letztere mit dem "Grundsatz der Gleichbehandlung... . Dafür ein Beispiel: Es kann vorkommen, daß ein Kirchenvorstand einem Arzt in einem Krankenhaus kündigen muß, weil dieser geschieden ist und entgegen den Loyalitätsobliegenheiten seines Dienstvertrages zivil wiedergeheiratet hat. Dann wäre es aber untragbar, daß ein Mitglied dieses Kirchenvorstandes selbst geschieden und zivil wiederverheiratet ist, ohne daß kirchlicherseits eine Beanstandung erfolgte" (FELDHOFF)[12].

Dieser autoritativen Entscheidung der Kirchenbürokratie, nämlich alle wiederverheirateten Geschiedenen von der eucharistischen Gemeinschaft, aus dem Kreis der ehren- und hauptamtlichen Positionen in der Kirche auszugrenzen, liegt eine Konfliktvermeidungsstrategie zugrunde, die von der Strittigkeit - insbesondere aus pastoralpsychologischen Gesichtspunkten - dieser Festlegungen abzulenken trachtet. In entlarvender Weise findet das Dilemma einer integrativ ausgerichteten Pastoral angesichts der kirchen-

---

[9]So FELDHOFF, der derzeitige ständige Vertreter des Diözesanadministrators im Erzbistum Köln, in einem Schreiben "An die Herren Pfarrer, Rektoratspfarrer, Pfarr-Rektoren und Pfarrverweser" im Erzbistum Köln, vom 5. April 1988.

[10]Siehe Fußnote 9

[11]So FELDHOFF selber. Der bürokratische Charakter amtskirchlicher Institutionen (vgl. Kapitel 1.2) scheint auf das sprachliche Inventar der Vertreter dieser Einrichtungen nicht ohne Einfluß geblieben zu sein.

[12]Siehe Fußnote 9

rechtlich und bürokratisch indizierten Konfliktlösung per Ausgrenzung[13] in dem letzten Satz des Schreibens FELDHOFFS seinen Ausdruck, wenn dieser warnt: "Die seelsorgliche Beratung und Betreuung wiederverheirateter geschiedener Katholiken ist eine bleibende schwierige Aufgabe der Pfarrer, die nicht durch die Auseinandersetzung um Kandidaturen und Mitgliedschaften wiederverheirateter geschiedener Katholiken in öffentlichen Ehrenämtern belastet werden darf"[14], offenbart doch gerade der offen ausgetragene Konflikt um diese Kandidatur für und die Besetzung von kirchlichen Ämtern durch wiederverheiratete Geschiedene die bürokratischen, kirchlich-institutionellen Hindernisse einer am 'ganzen' Menschen orientierten Pastoral. Wie für den Homosexuellen, so hält die Kirchenbürokratie für die wiederverheirateten Geschiedenen lediglich die Rolle des zurückgezogenen Büßers bereit. Genausowenig wie bei den Homosexuellen scheinen die (psychischen) Probleme innerkirchlicher Marginalisierung bei den wiederverheirateten Geschiedenen im Bewußtsein der Repräsentanten der Kirchenbürokratie eine Rolle zu spielen.

Mit der Übernahme eines Wahlamtes oder in ein Beschäftigungsverhältnis bei der katholischen Kirche entsteht eine Repräsentationspflicht bezüglich der von den amtskirchlichen Vertretern für wesentlich gehaltenen Glaubens- und Sittennormen, und dies nicht nur für den engeren Bereich des Arbeitsverhältnisses oder des Tätigkeitsfeldes Ehrenamtlicher selbst, sondern in besonderer Weise für eheliche oder zölibatäre Beziehungen.

---

[13]"Die Pfarrer, die stellvertretenden Vorsitzenden der Kirchenvorstände und die Wahlvorstände sollen schon bei der Aufstellung von Kandidaten für den Pfarrgemeinderat und den Kirchenvorstand Sorge tragen, daß mögliche Konflikte vermieden werden" (FELDHOFF, siehe Fußnote 9).

[14]Siehe Fußnote 9

3.4 Ausgrenzung aufgrund von Abweichungen von kirchlich-institutionellen und politisch-ideologischen Festlegungen der Amtskirche

Alle bis hierhin genannten Ausgrenzungsmotive sind auf Abweichungen von seitens der kirchlichen Hierarchie festgelegten Moralnormen zurückzuführen. Dabei betrafen die entsprechenden amtskirchlichen Normsetzungen überwiegend die Regulierung einzelner Bereiche der privaten Lebensführung, weniger hingegen oder nur indirekt die wesentlichen Konstitutionsbedingungen kirchlicher Organisationsstruktur - diese allenfalls durch die mit der Verletzung oder Problematisierung der jeweiligen Moralnormen gegebene Mißachtung der Gehorsamspflicht gegenüber den sogenannten 'authentischen Festlegungen' der Repräsentanten kirchlicher Hierarchie. Im anstehenden Kapitel hingegen wird es ganz besonders um (Legitimations-) Konflikte im kirchlichen Kernbereich, um die Reaktionen auf Problematisierungen der geschichtlichen und gesellschaftlichen Konstitutionselemente kirchlichen Status quo gehen. Solche Konflikte entstehen insbesondere dort, wo

a) grundlegende, *paradigmatische Positionen herrschender Amtstheologie zur Disposition gestellt* bzw.

b) die damit in Zusammenhang stehenden *etablierten Institutionen katholisch verkirchlichten Christentums* und deren *politisch-ideologische Affinitäten problematisiert* werden.

Die im folgenden behandelten Konfliktthemen stellen in besonderer Weise Verdichtungen der Selektivität historischer, kirchlich-institutioneller Festlegungen dar. Ging es bisher um Ausgrenzungen aufgrund von Verstößen gegen kirchliche Moralnormen, auf der Basis von Regeln zur Verwendung von Ressourcen[1] oder zur Regulierung von Teilhabechancen, so geht es nun um die Thematisierung und Problematisierung der gesellschaftlichen Ressourcen der Kirche, um die Machtentfaltung ihrer Institutionen selbst, mit Hilfe derer sie ihre 'Wahrheits'verwaltung und -durchsetzung betreibt. Denn die Wahrheit ist letztendlich "entscheidender als das gute Leben. Deshalb be-

---

[1]Vgl. SCHMIDTCHEN 1978, 22

schäftigt sich die Inquisition auch nicht mit moralischen Vergehen, sondern nur mit Vergehen gegen die orthodoxe Wahrheit" (BOFF 1985, 83). Doch in der katholischen Kirche "gibt es keine human-christliche Tradition für ein angemessenes geistig-geistliches Verfahren weder zur Feststellung des Irrglaubens noch zu seiner Abwehr. Vornehmlich in der Kirche des Westens gewann die Orthodoxie den Vorrang gegenüber der Orthopraxie" (NEUMANN 1974, 338).[2] Denn kein Konflikt ist für die katholische Kirche folgenreicher als jener, in welchem ihr ideologisches Fundament, ihre selektiven Deduktionen aus ihrem ursprünglichen religiösen Wertefundus, mit Hilfe dessen sie sich zu immunisieren und zu legitimieren trachtet, zur Disposition gestellt wird, wo der Schleier ihres historischen So-Seins durch Entmystifikation und Entsakralisierung ihrer Legitimations- und Organisationsstrukturen gelüftet zu werden droht, ohne daß dabei auch nur ein Iota christlicher Grundwahrheiten angetastet zu werden braucht.

An dieser Stelle sei es gestattet, auf einen fundamentalen ekklesiologischen Konflikt weltweiter Bedeutung zu rekurrieren, dem nicht von ungefähr vielfältige Zusammenhänge mit deutscher Theologie und deutschem Episkopat nachgewiesen werden können, bevor im Anschluß daran wieder auf entsprechende Konfliktkonstellationen innerhalb der bundesdeutschen katholischen Kirche eingegangen werden wird. Dieser Konflikt betrifft die Problematisierung des klerikalen Machtgebrauchs in der katholischen Kirche durch LEONARDO BOFF in seinem Werk "Kirche: Charisma und Macht", durch welches sich die frühere Inquisitionsbehörde, die heutige 'Kongregation für die

---

[2]Dieses Feststellung NEUMANNS dürfte auf eine wesentliche Kennlinie der Entwicklung katholisch-kirchlicher Institution hindeuten: Der katholisch-kirchlich-institutionellen Praxis dürfte es heute in erster Linie um die Administration der in Lehrformeln konservierten 'Glaubenswahrheiten', also um die Herstellung von Orthodoxie gehen. Sekundär geworden ist die *Repräsentation radikaler christlicher Praxis* in der Einfachheit, aber auch Eindeutigkeit des Lebens eines Jesu von Nazareth oder eines Franz von Assisi, die Orthopraxie; sie ist degeneriert zum Ornament eines bürokratischen religiösen Verwaltungsapparates, das sich lediglich noch in einigen Orden, Laiengemeinschaften oder – außerhalb der katholischen Kirche – in einigen Sekten zumindest weitgehend organisatorisch realisieren läßt.

Glaubenslehre' veranlaßt sah, gegen LEONARDO BOFF mit disziplinarischen Mitteln vorzugehen[3] und eine offizielle Stellungnahme eigens als Erwiderung zu diesem Werk zu verbreiten.[4] Es geht hier um elementarste Positionen kirchlichen Selbstverständnisses.[5] Unter dem Kapitel "Die Struktur der Kirche" wird BOFF folgende theologische Fehlinterpretation vorgeworfen:

> "Aus der berühmten Aussage des Konzils: Die einzige Kirche Christi 'ist (substantiell) verwirklicht ('subsistiert') in der katholischen Kirche', leitet er seine These ab, die der authentischen Bedeutung des Konzilstextes genau widerspricht, wenn er behauptet: 'In der Tat kann sie (nämlich die einzige Kirche Christi) auch in anderen christlichen Kirchen 'subsistieren'' (S. 131). Das Konzil hingegen hatte das Wort 'subsistit' gerade deshalb gewählt, um klarzustellen, daß nur eine einzige 'Subsistenz' der wahren Kirche besteht, während es außerhalb ihres sichtbaren Gefüges lediglich 'Elemente des Kircheseins' gibt, die - da sie Elemente derselben Kirche sind - zur katholischen Kirche tendieren und hinführen (lumen gentium, Nr. 8)" (KONGREGATION FÜR DIE GLAUBENSLEHRE 1985, 5f.).

Wegen der Bedeutung dieser ekklesiologischen Kernfrage für die Legitimationsideologie katholischer Kirche sei zwecks Veranschaulichung der Strategie der amtskirchlichen Überhöhung katholisch-kirchlicher Institution

---

[3]Zur Sanktion des Stillschweigens ("obsequiosum silentium") gegen BOFF siehe BRASILIANISCHE BEWEGUNG FÜR DIE MENSCHENRECHTE 1986, 176ff.

[4]Vgl. KONGREGATION FÜR DIE GLAUBENSLEHRE 1985

[5]Zum Selbstverständnis katholisch-kirchlicher Hierarchie vgl. Kapitel 2.4. Im 'Konfliktfall BOFF' wird diesem seitens der KONGREGATION FÜR DIE GLAUBENSLEHRE folgendes entgegnet: "Nach eingehender Prüfung im Licht der ... Kriterien einer *authentischen theologischen Methode* erweisen sich einige Optionen des Buches von L. Boff als unhaltbar. Ohne den Anspruch zu erheben, sie alle zu analysieren, werden hier die ekklesiologischen Optionen, die entscheidend scheinen, hervorgehobend: die Struktur der Kirche, das Verständnis des Dogmas, die Ausübung von Macht in der Kirche, der Prophetismus" (1985, 4f.; Hervorhebung durch R.S.).

und damit der folgerichtigen, zwangsläufigen Diskreditierung jeder anderen christlichen Institutionalisierungsform als höchstens 'elementhaftes Kirchesein', nicht 'wahres' oder zumindest nur teilhaftig 'wahres Kirchesein', die entsprechende erklärende Anmerkung der KONGREGATION in ihrer vollen Länge wiedergegeben:

> "Für das lateinische Wort 'subsistit' fehlt ein Äquivalent im Deutschen. Es ist eine Verstärkungsform von 'existieren' und bezeichnet selbständige, ganzheitliche Existenz. Das Konzil wollte damit ausdrücken, daß die wahre Kirche nicht unsichtbare Idee oder bloße endzeitliche Erwartung ist, sondern in der institutionellen Gestalt der katholischen Kirche als solche da ist. Den andersartigen Charakter der Teilhabe der nichtkatholischen Kirchen und Gemeinschaften am Sein der Kirche hat es demgegenüber mit dem Begriff 'Elemente des Kircheseins' umschrieben. Es wollte damit einerseits die Gegenwart des Ekklesialen auch außerhalb der katholischen Kirche erklären, ohne andererseits ihre Einheit und Sichtbarkeit preiszugeben. Zugleich wurden 'Subsistenz' und 'Elemente' in eine dynamische Beziehung des Zueinanders gebracht. Die Notifikation weist darauf hin, daß durch das Mißverständnis des 'subsistit' bei L. Boff diese dynamische Synthese aufgelöst ist zugunsten einer ekklesiologischen Dialektik, die den Relativismus in Sachen der Wahrheit des Glaubens notwendig nach sich zieht" (1985, 6).[6]

Einmal mehr wird hier die 'Wahrheit des Glaubens' mit der 'Wahrheit der katholischen Kirche' auf eine Stufe gestellt. Das auch von BOFF zu beschreiben versuchte Dilemma der Selektivität religiöser Institutionalisierung am Beispiel der katholischen Kirche wird tunlichst erst gar nicht

---

[6]Hier wird bewußt der 'lumen gentium' auslegende Text der Glaubenskongregation als repräsentative Beschreibung amtskirchlicher Position herangezogen, da sich erst über eine solche Auslegung die gesellschaftliche Konsequenz - hier allerdings in einer sehr selektiven Weise - einer Ekklesiologie der Amtskirche erschließt. Das integrative Potential von 'lumen gentium' wird hier zugunsten einer nahezu vorkonziliären Abgrenzungsstrategie gegenüber den nur 'Teilwahrheiten' repräsentierenden anderen Kirchen und Religionsgemeinschaften relativiert.

aufgegriffen. Der amtskirchliche Normativismus bei der Konstruktion von moralischen Ausgrenzungsmotiven erfährt in dieser paradigmatischen Positionsbeschreibung sein ekklesiologisches Pendant. Führten auf der einen Seite dogmatisierte Glaubensinhalte zu legitimatorisch immunisierten Verhaltens- bzw. Devianznormen, so verleiten diese hier zur Deduktion eines dogmatisierenden Verständnis von katholisch-kirchlicher Institution: Die sich selbst zugeschriebene unangreifbare Legitimität bei der Definition von 'wahren' Glaubensaussagen wird auf den eigenen Apparat gesellschaftlicher Vermittlung des Glaubens, auf die Institution katholischer Kirche zu übertragen versucht. Demgegenüber muß logischerweise jede andere Konzeption von Glaubensaussagen wie auch jede andere Institutionalisierungsform des Christentums als prinzipiell defizitär erscheinen.

Desweiteren wird durch die Konstruktion "eine(r) dynamischen Beziehung des Zueinanderdrängens" von "Subsistenz" und "Elementen" (s.o.) die grundsätzliche Frage der Defizienz *jeder* religiösen Institution hinsichtlich der Vermittelbarkeit (der Komplexität) christlicher Glaubensinhalte und diesbezüglich die Frage der besonderen Pathologien gerade der katholischen Institutionen systematisch ausgeblendet. Damit wird die Komplexität christlicher Glaubensinhalte auf ein Niveau von durch Institutionen vermittelbaren religiösen Lehren reduziert: Die repräsentativen und instrumentellen Kapazitäten katholischer Institutionen bestimmen damit das gesellschaftlich relevante Potential christlichen Glaubens. In mehrfacher Weise beraubt sich die katholische Kirche damit ihres Transzendenzbezuges: 1. Die Transzendenz christlichen Glaubens wird auf das durch die katholische Kirche in ihrer jeweiligen historischen Verfassung Vermittelbare zurückgeschraubt. 2. Dadurch, daß die katholische Kirche damit ihre institutionelle Gestaltwerdung als 'Maß aller Dinge' ausgibt, kann auch das durch sie unerledigte Potential christlichen Glaubens nicht als ein diese gesellschaftliche Gestaltwerdung 'transzendierendes' kritisches Korrektiv wahrgenommen oder akzeptiert werden. Denn die Problematisierung katholischer Organisationsstrukturen ist in den Augen der amtskirchlichen Hierarchie ein Affront gegen den christlichen Glauben per se. In diesem Sinne läßt sich von einer institutionalisierten Reflexionsblockade in bezug auf das Vermittlungsproblems christlichen Glaubens durch die katholisch-kirchlichen Institutionen sprechen.

Beispielhaft deutlich wird die sich selbst oktroyierte Reflexionsblockade der Amtskirche beim Umgang mit Kritik an ihrem Machtgebrauch, auf die sie wie folgt reagiert:

> "Aber die Wirklichkeit der Sakramente, der Hierarchie, des Wortes und des ganzen Lebens der Kirche in den Begriffen von Produktion und Konsum, von Monopol, Enteignung, Konflikt mit dem herrschenden Machtblock, Bruch und Anlaß zu einer asymmetrischen Produktionsform zu interpretieren, bedeutet eine Verkehrung der religiösen Wirklichkeit. Weit davon entfernt, zur Lösung der wahren Probleme beizutragen, führt dies vielmehr zur Zerstörung des authentischen Sinnes der Sakramente und des Wortes des Glaubens" (KONGREGATION FÜR DIE GLAUBENSLEHRE 1985, 9).

Weit davon entfernt, die von BOFF kritisierten Verkehrungen religiöser Wirklichkeit im praktizierten, gesellschaftlich sichtbaren Leben der katholischen Kirche mittels eines sozialwissenschaftlich geprägten Begriffsinstrumentariums zu reflektieren, wird unter Verwischung der Grenzen zwischen der theologischen Explikation eines ekklesiologischen Soll-Standards und einer sozialwissenschaftlichen Analyse des tatsächlichen, gesellschaftlichen Ist-Standes kirchlichen Lebens die Analyse der "Wirklichkeit der Sakramente und des Wortes Gottes" (s.u.) der sozialwissenschaftlichen Zugangsmöglichkeit zu berauben versucht:

> "Man kann nicht die Wirklichkeit der Sakramente und des Wortes Gottes dadurch der Verarmung preisgeben, daß man sie auf das Schema von 'Produktion und Konsum' reduziert und damit die Gemeinschaft des Glaubens auf ein bloßes soziologisches Phänomen beschränkt" (KONGREGATION FÜR DIE GLAUBENSLEHRE 1985, 8).[7]

---

[7]Die Glaubenskongregation greift in deren vorliegender Notifikation mit keinem Wort die relativ differenzierten und detaillierten Problematisierungen BOFFS auf. In diesem Sinne dürfte es sich bei der amtskirchlichen Kritik an der *Unangemessenheit bestimmter Begriffe* zur Deutung religiöser Wirklichkeit um ein Ablenkungsmanöver von *heikleren,* nämlich ihre institutionelle Gestalt betreffenden Fragestellungen handeln.

Wissenssoziologisch haben wir es hier mit der *Konstruktion einer absurden Alternative* zu tun: Der Absolutheitsanspruch des eigenen, amtskirchlichen Weltdeutungssystems und Selbstverständnisses wird einem konkurrierenden Interpretationssystem unterstellt. Auf diese Weise soll die 'Hybris' des Erklärungsanspruches soziologischer Begriffe bezogen auf kirchlich-institutionelle Phänomene entlarvt bzw. sollen entsprechende Deutungsversuche (amtskirchlichen Machthandelns) prinzipiell diskriminiert werden. Die 'wahren Probleme', die dann wahrscheinlich nur amtskirchlichen Erkenntnisinteressen und entsprechenden Problemlösungsstrategien zugänglich sind, sind folglicherweise nicht solche, die mit dem oben genannten soziologischen Begriffsinstrumentarium beschrieben werden könnten, denn diese Begriffe führen lediglich "zur Zerstörung des authentischen Sinnes der Sakramente und des Wortes Gottes" (s.o.). Doch nicht die sachadäquate Problematisierung der unleugbaren Selektivität der Perzeptions- und Subsumptionsfähigkeit soziologischer Begriffe wird seitens der Glaubenskongregation hier intendiert, sondern die Vermeidung der Thematisierung gesellschaftlicher Tatsachen, kirchlich-institutioneller Wirklichkeit überhaupt, die Vermeidung der Problematisierung der hierarchischen Ordnung und der daraus resultierenden asymmetrischen Kommunikationsformen. Ansonsten würde man sich amtskirchlicherseits zumindest genötigt sehen, sich wenigsten mit den 'Teilwahrheiten' der soziologischen und ekklesiologischen Problematisierungen Boffs auseinanderzusetzen.

Diese Konstruktion einer *absurden Alternative* ist das Ergebnis einer "Polarisierung von Alternativen" (LAUTMANN 1972, 69) in mit unterschiedlich hoher Attraktivität ausgestattete Positionen. Diese "Dichotomisierung in Alles-ist-wahr oder Alles-ist-unwahr erscheint als eine recht simple Strategie; jede exakte Zwischenlösung ist damit ausgeschlossen" (LAUTMANN 1972, 69). Dementsprechend ist in der Entgegnung der Glaubenskongregation auf die Kritik Boffs keine einzige Aussage zu finden, die tatsächlich auf die 'Gegenstände', die einzelnen Akte amtskirchlichen Machthandelns, bezogen wäre. Mit der Diskreditierung des Boffschen analytischen Begriffssystems wird gleichzeitig die Existenz der mit diesen Begriffen beschriebenen gesellschaftlichen Tatbestände bestritten: Denn andererseits finden sich im amtskirchlichen Sprachgebrauch keine begrifflichen Äquivalente, unter die die von Boff aufgeführten kirchlichen Strukturprobleme zu subsummieren wären. In diesem Sinne handelt es sich hier um die Bestätigung

einer der Thesen Boffs, nämlich um die der asymmetrischen Kommunikationsstruktur, die in dem Machtgefälle, die es der amtskirchlichen Seite ermöglicht, die maßgeblichen Begriffe des 'Diskurses' festzulegen, virulent wird. Die Intention für ein solches monologisches 'Kommunikations'verhalten dürfte in der Antizipation eines möglichen Legitimitätsverlustes für
a) die Geltung der amtskirchlichen Wirklichkeitsdefinitionen und somit für
b) die hierarchische Position der amtskirchlichen Wirklichkeitsdeuter selbst liegen.

Ähnliche Konfliktlagen tun sich auch in der katholischen Kirche innerhalb der Bundesrepublik Deutschland auf, nämlich dann, wenn es zum Beispiel um eine Kündigung eines kirchlichen Mitarbeiters aufgrund der Mitgliedschaft in einer kommunistischen Partei geht. In Zusammenhang mit einem Arbeitsgerichtsverfahren stellt das Generalvikariat Münster am 26.6.1987 fest: "Die Kongregation des Hl. Offiziums, die heutige Glaubenskongregation, hat durch Dekret vom 1.7.1949 für alle Gläubigen der katholischen Kirche die Mitgliedschaft in den und die Förderung der kommunistischen Parteien verboten sowie die Verbreitung und die Lektüre des Schrifttums, das die kommunistische Theorie oder Praxis unterstützt, untersagt".[8]

Abgesehen davon, ob es "die kommunistische Theorie oder Praxis" (s.o.) als eine solche einheitliche überhaupt gibt, bleibt fraglich, wie der ansonsten von der Kirchenleitung propagierte 'mündige Katholik' oder 'mündige Christ' diese Aussage überhaupt realisieren, d.h. erkennen kann, wel-

---

[8]Weiter heißt es in diesem Schriftstück des Bischöflichen Generalvikariats Münster zu A.Z. 626-110-96/87: "Dieses Dekret der Kongregation des Heiligen Offiziums vom 1. Juli 1949 ist, abgesehen von der die automatisch eintretende Exkommunikation verfügenden Strafnorm, heute noch unverändert in Geltung". Nach den Bestimmungen des Codex Iuris Canonici von 1983 "soll derjenige, der einer Vereinigung beitritt, die gegen die Kirche agiert, vom Diözesanbischof, sofern er dies für das Wohl der Kirche für erforderlich hält, mit einer gerechten Strafe belegt werden; wer eine derartige Vereinbarung (gemeint ist wahrscheinlich: Vereinigung, R.S.) fördert oder leitet, soll erforderlichenfalls mit der Kirchenstrafe des Interdikts (Gottesdienstsperre) bestraft werden".

ches Schrifttum geeignet ist, den Kommunismus zu unterstützen, ist ihm doch schon die Lektüre entsprechenden Schrifttums bei Strafe untersagt. Die Alternativendichotomisierung in leichter Abwandlung von LUHMANN in eine Alles-ist-böse-Position in Bezug auf den Kommunismus und Alles-ist-gut-Position in Bezug auf die katholische Kirche, insbesondere auf die diese repräsentierende Hierarchie, erlebt hier einen Höhepunkt, dessen pragmatische Konsequenz lautet: "Da bereits die Mitgliedschaft und jede Art einer Förderung des Kommunismus für jeden katholischen Christen verboten ist und zur Verweigerung der Zulassung zu den Sakramenten der Kirche, d.h. der Teilnahme am aktiven Leben der kirchlichen Gemeinschaft führt, ist die Mitgliedschaft in einer kommunistischen Partei wie der Deutschen Kommunistischen Partei (DKP) mit einem Arbeitsverhältnis in einer kirchlichen Einrichtung der katholischen Kirche erst recht unvereinbar" (Schriftstück des Bischöflichen Generalvikariats Münster zu A.Z. 626-110-96/87).

Jede exakte, z.B. auch die programmatische Intention der DKP in Beziehung zu den bundesdeutschen Kirchen[9] berücksichtigende Zwischenlösung ist damit ausgeschlossen: Bei der amtskirchlichen Rekonstruktion des Verhältnisses kommunistischer Parteien zur katholischen Kirche degeneriert der Kommunismus zur absolut 'absurden' ideologischen Alternative. Jede Relativierung dieser pauschalen Diskreditierung seitens der katholischen Amtskirche über einen offenen Diskurs wird strukturell zu verhindern gesucht. "Die Kirchenleitung will ... weder das Programm noch die Politik noch die Persön-

---

[9]Siehe MIES 1979 zum Verhältnis zwischen der DKP und den Christen bzw. zu den Kirchen, aus einer Rede vor Theologen und kirchlichen Mitarbeitern in Hochstadt (Pfalz): "Wir haben uns programmatisch, politisch und auch durch die Lauterkeit der Personen auf die Tolerierung der Religion und der Kirche festgelegt. Mehr noch: Wir vertreten ihr freies Wirken für ihre Sache unter allen, ich betone: allen gesellschaftlichen Verhältnissen - mit einer Einschränkung allerdings: daß die Kirche in Wahrhaftigkeit ihrer Sache dient. Und diese Sache ist im Verständnis der Kirche nicht die Interessenvertretung einer privilegierten Schicht, sondern die Sache des Humanismus, der Nächstenliebe, der Gerechtigkeit, der Brüderlichkeit - kurz gesagt: der Menschlichkeit" (342f.).

lichkeiten der DKP zur Kenntnis nehmen" (MIES 1979, 342).[10]

Eine ähnliche, aus politisch-ideologischen Festlegungen der Amtskirche resultierende Konfliktkonstellation charakterisiert schon seit Jahren das Verhältnis der KJG (Katholischen Jungen Gemeinde) zur Deutschen Bischofskonferenz. "Die KJG unterstützte konsequent den Kampf gegen die Stationierung neuer atomarer Mittelstreckenwaffen und mußte für die Unterstützung der Friedensdemonstration am 10. Juni 1982 in Bonn, ebenso wie die AGG, eine öffentliche Rüge durch den Vorsitzenden der Bischofskonferenz hinnehmen" (SCHNETTLER 1984, 21f.). Streitpunkt war und ist immer noch die 'Politisierung' dieses katholischen Jugendverbandes. "Auch die Zusammenarbeit der KJG mit der linkskatholischen und gegen die Amtskirche ausgerichteten 'Initiative Kirche von unten' werden nicht gerne gesehen"[11]. Daraufhin verlangte die Deutsche Bischofskonferenz in ihrem Beschluß der Frühjahrsvollversammlung vom 12.-15. März 1984 in Altötting eine Änderung der "'Grundlagen und Ziele' der KJG", eine stärkere Anbindung an die Gemeinden, eine Anerkennung des primären elterlichen Erziehungsauftrages sowie insbesondere die *Ausrichtung politischer Äußerungen an die* - selbstverständlich von den Bischöfen propagierte - *katholische Soziallehre.* Die

---

[10]Diese amtskirchliche Konstruktion einer absurden Alternative steht im Gegensatz zu der Einschätzung des Verhältnisses zwischen Kirche und DKP durch die DKP wie auch durch einzelne Pfarrer: "Davon und von einem politisch begründeten Ja zur Möglichkeit der Vereinbarkeit von Zugehörigkeit zur DKP und der Tätigkeit eines Geistlichen ausgehend möchte ich zu einigen Fragen kurz meinen Standpunkt darlegen: Die Antwort auf die Frage, ob ein Christ Mitglied der DKP sein kann, ist längst gegeben: Das Leben selbst hat sie beantwortet. Wir haben in unserer Partei nicht wenige Mitglieder, die dieser oder jener Kirche angehören" (MIES 1979, 341).

[11]So der Sprecher der Bischofskonferenz, Rudolf Hammerschmidt, zitiert nach FRANKFURTER RUNDSCHAU vom 25.1.1984: Breitseite auf Jungkatholiken. Bischöfe drohen der KJG/'Vertrauen wurde mißbraucht', in: SCHNETTLER 1984, 23. Vgl. auch die Kritik der Bischöfe am 'Song-Buch 2' im Jahre 1984, in dem die Bischöfe angeblich "Aufrufe zu Homosexualität und Sodomie, zum Kommunismus und zum Antiklerikalismus" (SCHNETTLER 1984, 25) erblickt haben.

daraufhin formulierte "Standortbestimmung der KJG in der Kirche" vom 23. Mai 1986 wurde von den Bischöfen in ihrer Herbstversammlung im September 1986 als nicht ausreichend betrachtet, sodaß der KJG-Bundeskonferenz aufgegeben wurde, "für eine durchgreifende Erneuerung des Verbandes Sorge zu tragen" (PRESSEDIENST DER DEUTSCHEN BISCHOFSKONFERENZ 26.9.1986, 4). Die Bischöfe stellten "erhebliche Defizite" innerhalb dieser Standortbestimmung fest: " - ein negativer Grundzug, der der Gesamtsituation der Jugend, der Kirche und der Gesellschaft nicht entspricht" (4). Dem Text des Pressedienstes ist jedoch nicht zu entnehmen, aufgrund welcher Analyse die Bischöfe zu einer positiveren Einschätzung der Situation von Jugend, Kirche und Gesellschaft gelangen als die KJG[12], die diese Situation nach ihren eigenen Worten lediglich "mit den Verheißungen der christlichen Botschaft konfrontiert. Aus der Spannung heraus, die sich ergibt, erhebt sie den Protest gegen jede Art von Ungerechtigkeit und stellt sich auf die Seite derer, die vom 'Leben in Fülle' ausgeschlossen sind" (KJG 1986). Zudem bleibt unerfindlich, wie sich die permanent von den Bischöfen geäußerten moralischen Beschwörungen des 'praktizierten Materialismus', der Pornographie, der Abtreibung, der Selbstsucht der Menschen etc. in ein 'positiveres' Bild einpassen lassen.

---

[12]"KJG-Arbeit (und kirchliche Jugendarbeit allgemein) ist für viele Kinder und Jugendliche häufig noch der einzige Anknüpfungspunkt zum Leben der Kirche. Die Verantwortung, die sich hieraus für die Jugendarbeit ergibt, erkennt die KJG an und versucht, ihr im Gesamt ihrer Arbeit gerecht zu werden. Sie will dabei nicht eine religiöse Sonderwelt produzieren, keinen Schonraum, in dem losgelöst von allen 'weltlichen' Fragen eine rein religiöse Jugendarbeit gemacht wird. KJG-Arbeit setzt bei der Lebenssituation und den Fragen der Kinder und Jugendlichen an. Wir versuchen die Verbindung von Glauben und Alltag, Glauben und Handeln, sichtbar und erfahrbar zu machen. Für Kinder und Jugendliche soll die Erfahrung ermöglicht werden, daß eine Deutung ihres Alltags aus dem Glauben und eine Orientierung ihres Handelns am Evangelium Antworten auf ihre Fragen geben können. 'Gerade deshalb haben Fest und Feier, Gottesdienst, Meditation und Gebet einen zentralen Platz in unserer Arbeit. Sie sind nicht Selbstzweck und haben keine isolierte Funktion'" (KJG 1986).

Weiterhin beklagen die Bischöfe " - eine Sichtweise, die sich zu stark auf innerweltliche Werte beschränkt, so daß Kirche bloß zum Instrument für sozialkritisches Engagement wird. Die Wurzeln hierfür liegen in einem verkürzten Christusbild" (PRESSEDIENST DER DEUTSCHEN BISCHOFSKONFERENZ 26.9. 1986, 4) sowie " - eine kirchenkritische Einstellung, die verhindert, die Kirche in ihrer vollen Wirklichkeit zu sehen". Angesichts der Aussagen der KJG-Bundesleitung zu ihren kirchlichen Handlungszielen[13] erscheint die bischöfliche Kritik an der 'Instrumentalisierung der Kirche' durch die KJG nur schwerlich nachvollziehbar. Zudem ist fraglich, ob "im Bejahen von Gegebenheiten, d.h. in diesem Fall der konkreten Kirche und der konkreten Gemeinde"[14] "die Kirche in ihrer vollen Wirklichkeit" (s.o.) in einer angemesseneren Weise analysiert werden kann. Es scheint vielmehr, daß die Bischöfe davon ausgehen, daß eine angemessene Beurteilung der 'vollen' Wirklichkeit der Kirche nur unter *Absehung* von Kritik an derselben möglich ist. So muß jede Kritik an ihr in den Augen der Bischöfe als kirchlich deviant erscheinen.[15] Kirchenkritik wird demnach auf eine prinzipielle Defizienz in der Argumentation und/oder Person des/der Kirchenkritiker(s) zurückgeführt, ist letztlich, unter Annahme der Sakralität kirchlicher Organisationsstrukturen, ein Vergehen gegen die Heiligkeit, gegen die Unantastbarkeit Gottes selbst, dessen Legitimationswirkung die Repräsentanten der Amtskirche für sich selbst in Anspruch nehmen.

Schließlich unterstellen die Bischöfe der KJG "eine Selbsteinschätzung, die unter dem Begriff der 'Parteilichkeit' einen Absolutheitsanspruch erhebt, der keine andere Meinung duldet" (PRESSEDIENST DER DEUTSCHEN BISCHOFSKONFERENZ 26.9.1986, 4). Im Gegensatz zu den Bischöfen[16] problematisiert die KJG ihre eigene Parteilichkeit und damit die Konfliktträchtig-

---

[13]Vgl Anm. 12

[14]So die DEUTSCHE BISCHOFSKONFERENZ, UNTERKOMMISSION JUGEND 1986, 2

[15]Vgl. Kapitel 4.1.2

[16]Vgl. Kapitel 2.4, das gesamte Kapitel 4 sowie Kapitel 6.1

keit ihrer christlichen Position.[17] Der Absolutheitsanspruch, "der keine andere Meinung duldet" (s.o.), dürfte hingegen ein Privileg der amtskirchlichen Repräsentanten sein und bleiben, ohne daß dieser faktisch auch nur im geringsten von Seiten der KJG streitig gemacht werden könnte.

In der Auseinandersetzung mit der KJG wird ähnlich wie in der mit BOFF und der mit einer kommunistischen kirchlichen Mitarbeiterin deutlich, daß Kritik an kirchlich-institutionellen Realitäten und politisch-ideologischen Festlegungen der Amtskirche ein kirchliches Ausgrenzungsmotiv darstellen, ohne daß von einer Verletzung essentiell christlicher Werte im eigentlichen Sinne gesprochen werden kann. Vielmehr wird hier die *Kritik* selbst, das Wagnis, institutionell-kirchliche Festlegungen zur Disposition zu stellen, ja überhaupt zur Diskussion zu stellen, zu *innerkirchlicher Devianz* hochstilisiert. In dieser Weise 'schafft' die asymmetrische Kommunikationsstruktur aufgrund der einseitigen Durchsetzungsfähigkeit der Repräsentanten der Hierarchie eine für die Institution Kirche *typische Devianz.* Aus der Eigendynamik, aus den 'Sachzwängen' kirchlicher Organisation entsteht ein Set von Devianznormen, das die historischen, politischen und ökonomischen Affinititäten amtskirchlicher Festlegungen widerspiegelt. Umgekehrt entlarven die auf diesen Devianznormen basierenden Ausgrenzungsmotive die strukturelle Selektivität des amtskirchlichen Kommunikations- und Organisationssystems. Kirchliche Devianznormen und Ausgrenzungsmotive sind Identifikations- bzw. Abgrenzungssymbole, die von deren Vertretern zur Bestandserhaltung des kirchlichen Systems für notwendig erachtet wer-

---

[17]"Christliche Parteinahme geht immer auf das Handeln Jesu Christi zurück. Er stellte sich öffentlich auf die Seite der Armen, der Entrechteten und der von der Gesellschaft Ausgeschlossenen und verkündete ihnen das Heil Gottes. ... Je bestimmter und konsequenter die KJG dies vollzieht, desto glaubwürdiger erscheint ihr Einsatz vor allem den Jugendlichen selbst, der Gesellschaft und der Kirche. Darum darf sie sich nicht vor Konsequenzen scheuen, die die Parteilichkeit mit sich bringt. Das Leben Jesu weist auf die Konfliktträchtigkeit der Parteilichkeit hin. KJG kann und darf solchen Konflikten nicht aus dem Weg gehen. Sie muß dabei dialogbereit mit allen interessierten Gruppen sein - auch mit solchen, die unterschiedliche Positionen vertreten. So will sie den Aufbau von Feindbildern verhindern" (KJG 1986).

den; sie können sich durch Rückbezug auf fundamental-religiöse Werte oder auf eine charismatische Grundfigur zu legitimieren suchen. Ihre konkret gesellschaftliche Handhabung und Praktizierung ist mit diesem Rückbezug allein aber nicht erklärbar. Im Gegenteil: Die durch diese Art von Legitimation bewirkte Überhöhung gesellschaftlicher Tatsachen ins Prinzipielle dient eher der Verschleierung der gesellschaftlichen Bewegungsgesetze, denen auch kirchliche Praxis, kirchliches Handeln, kirchliche Normfestsetzungen und -durchsetzungen unterworfen sind.

Die notwendige, daraus resultierende strukturelle Selektivität kirchlicher Organisation spiegelt sich auch bzw. in besonderer Weise in der im folgenden beschriebenen Konfliktverarbeitungslogik kirchlicher Amtshierarchie wider, die, insofern sie den circulus vitiosus der Institutionalisierung von Heiligkeit und Heiligung ihrer historischen Institutionen nicht verläßt, d.h. hier und dort auch 'kirchlicher Devianz' nicht zu 'ihrem Recht' verhelfen kann, kaum mehr von integrativen, dafür umso mehr jedoch von ausschließenden, ausgrenzenden Strategien gekennzeichnet ist.

4 Innerkirchliche Verfahren der Konfliktregulierung und Sanktionierung abweichenden Verhaltens

Nicht aus sich selbst heraus werden aus Abweichungen von amtskirchlichen Moralvorstellungen oder vom amtskirchlichen Lehrverständnis innerkirchliche Konflikte. Ein sozialer Konflikt entsteht erst dann, wenn die Abweichung Gegenstand eines interaktiven Prozesses wird, in dem unterschiedliche inkompatible Bewertungsinteressen bezüglich des abweichenden Verhaltens oder der dieses Verhalten bestimmenden Normen um soziale Anerkennung bzw. Durchsetzung ringen.

Für die Kirche ergibt sich ein Konflikt immer dann, wenn abweichendes Verhalten für die Institution und deren Repräsentanten zum Problem bzw. für ein solches gehalten wird, d.h., wenn es aus dem Dunkelfeld emportaucht, Plausibilität und Verbindlichkeit kirchlicher Normalitätsdefinitionen zu bedrohen und die 'Not-Wendigkeit' institutioneller Reaktionen zu indizieren scheint. Die tatsächliche Bedrohung der Existenz kirchlicher Institution ist für die Reaktion *auf* bzw. Problematisierung oder Sanktionierung *von* abweichendem Verhalten relativ unerheblich; sie dürfte mit dem Repertoire theologischer Begriffssysteme auch gar nicht adäquat zu erfassen sein. Wichtig für diese Konstituierung eines innerkirchlichen Konfliktes ist vielmehr, daß das abweichende Verhalten als Affront gegen den institutionellen Bestand des Kirchensystems *empfunden wird.* Theologisch gesprochen liegt die Konfliktursache letztlich darin begründet, daß die immer unintegrierte und unintegrierbare Geschichtlichkeit der Kirche, die noch nicht das vollendete Reich der Versöhnung und Einheit ist, nicht in Geduld und Hoffnung[1] ertragen wird. Die anthropologische Verfangenheit in dem Dilemma "der unintegrierten Pluralität der Bewußtseine der Menschen" (RAHNER 1977, 16) läßt auch die Kirche - trotz aller Bemühungen theologischer Überhöhungen - von der soziologischen Problematik einer interessegeleiteten und stets auch ideologieträchtigen Konfliktbewältigungspraxis nicht ausgenommen sein.[2] Das impliziert, die "Sündigkeit der Kirche" nicht nur als "Gegenstand des Glaubens", sondern auch als "Gegenstand menschlicher

[1]Vgl. RAHNER 1977, 17

[2]Vgl. Kapitel 4.1

Empirie" (RAHNER 1977, 16) zu akzeptieren. "Diese Sündhaftigkeit affiziert immer auch die Träger von Entscheidungen in der Kirche, kann also auch solche Entscheidungen mindestens mitprägen, und zwar auch dann noch, wenn diese Entscheidungen grundsätzlich in legitimer (oder besser: legaler, R. S.) Vollmacht getroffen werden und Rechtens sind. Denn auch dann noch können sie voreilig, lieblos sein, kann durch Schuld verhindert werden, daß sie das an sich mögliche Maß an Differenziertheit und Ausgewogenheit erreichen" (RAHNER 1977, 18).

Die im theologischen Sinne potentielle Sündhaftigkeit auch amtskirchlicher Entscheidungsträger widerspiegelt unter sozialwissenschaftlichem Blickwinkel das Problem der Bewältigung innerkirchlicher Kontingenz und damit das der tendenziellen Selektivität amtskirchlichen Entscheidungshandelns als eines "Gegenstand(es) menschlicher Empirie", schließlich das des weitgehend strukturell angelegten amtskirchlichen Ungenügens, "das an sich mögliche Maß an Differenziertheit und Ausgewogenheit (zu) erreichen" (RAHNER, siehe oben). Diese Selektivität wird dort sichtbar, wo Devianzdefinitionen amtskirchlicherseits mit Sanktionen bewehrt werden, die gegen einzelne Gruppen von Kirchenmitgliedern durchgesetzt werden, gegen andere z.B. wiederum nicht. Dasselbe gilt für die Problematisierung abweichender Handlungen noch *vor* möglicher innerkirchlicher Sanktionierung: Ein und dieselbe Form von Devianz wird - bei verschiedenen Kirchenmitgliedern bzw. kirchlichen Mitarbeitern - als unterschiedlich problematisch empfunden, z.B. je nach perzipierter kirchenöffentlicher Skandalträchtigkeit oder entsprechender Skandalisierungsbereitschaft.

So ist für den Bereich der Kirche wie für jeden anderen gesellschaftlichen Bereich davon auszugehen, daß Ausgrenzungsmotive nur selektiv, d.h. nicht unabhängig von taktischen Erwägungen zur Bestandserhaltung der dominierenden Institutionen aktualisiert werden.[3]

---

[3]So z.B. die Wiedereinstellung kirchlicher Mitarbeiter, denen aufgrund eines Verstoßes gegen kirchliche Loyalitätsobliegenheiten gekündigt worden war, in einen *anderen* kirchlichen Betrieb mit dem Hinweis, daß man, sähe man dort z.B. das Konkubinat als Einstellungshindernis, nicht genügend Personal finden würde.

Dies hat Konsequenzen nicht nur für die institutionellen Reaktionen auf schon vollzogenes abweichendes Verhalten, sondern auch für dessen Prävention, für das Bestreben der kirchlichen Institutionen, solches von vornherein zu verhindern. Dies geschieht einerseits durch eine gezielte Personalauswahl, andererseits durch eine entsprechende Sozialisierung potentiellen kirchlichen Personals wie zum Beispiel durch Kasernierung nicht nur des Priesternachwuchses, sondern auch eines Teils des vor allen Dingen für Gemeindedienste vorgesehenen 'Laien'-Nachwuchses (z.B. Gemeindereferenten/innen). Allgemein gilt dabei, daß "Loyalität, nicht so sehr aber Kompetenz Gegenstand der Kontrolle sind" (DESCHWANDEN 1968, 132).

Die wachsende Bedeutung der institutionellen Eigendynamik kirchlicher Organisation[4] auf amtskirchliches Konfliktlösungsverhalten spiegelt sich nicht nur in der Entwicklung des Kirchenstrafrechts vom materiellen Tatbestandsstrafrecht zu einem auf die Organisationsbedürfnisse der Kirchenadministration zugeschnittenen, seine Sanktionsmöglichkeiten weitgehend situativ aktualisierbaren 'Kontrollrecht' wider, sondern vor allem in der Zielrichtung des faktischen Sanktionsverhaltens, wobei es in erster Linie nicht darum geht, "denjenigen, bei dem offenkundig ein Fall von abweichendem Verhalten vorliegt, zu bestrafen, sondern den Einfluß, den dieses Verhalten u.U. auf andere Mitglieder ... haben könnte, zu unterbinden. Die übliche Art, auf ein einmaliges abweichendes Verhalten zu reagieren, ist daher das Verschweigen und die Tabuisierung. Differenzierter ist die Behandlung jener Fälle, wo es sich um charismatische 'Fehlleistungen' und damit verbundenem Mangel an Loyalität handelt, wo z.B. ein Geistlicher in Wort und Tat von der offiziellen Lehre abweicht oder offene Kritik an seinen Vorgesetzten oder der Kirche überhaupt übt. Hier reichen je nach Art der Fälle die Mechanismen von Verweis über Versetzung oder gar Exkommunizierung bis zur Beförderung. In der Kirchengeschichte gibt es eine Menge von Beispielen, die zeigen, wie neue Ideen und offene Proteste auf diese Weise absorbiert werden. Nachdem oder anstatt die 'Fehlcharismatiker' verurteilt wurden, beauftragte man sie mit der Bildung neuer Suborganisationen der Kirche (z.B. Orden). So konnte die vorhandene Energie, die sich bisher gegen die Kirche richtete, in ein konkretes Tätigkeitsgebiet abgelenkt werden, worin die Betroffenen aber dennoch von der Kirche mehr oder

---

[4]Vgl. Kapitel 2

weniger in Abhängigkeit standen" (DESCHWANDEN 1968, 132f.).

Die Verfahren und Strategien innerkirchlicher Konfliktregulierung und Sanktionierung abweichenden Verhaltens, der Aktualisierung von Ausgrenzungsmotiven und der Anwendung entsprechender Machtmittel werden im folgenden unter dem Gesichtspunkt ihrer instrumentellen Bedeutung für die Bestandserhaltung des Kirchensystems analysiert. Inwieweit diese kirchlichen Verfahren christlich-theologische Grundgedanken in adäquater Weise repräsentieren oder reflektieren, kann an diese Stelle nicht entschieden werden: dies sollte Aufgabe weiterführender theologischer Erörterungen sein. Inwieweit diese Verfahren allerdings mit essentiellen Normen unseres verfaßten Gesellschaftswesen kollidieren, darauf wird an geeigneter Stelle[5] noch kurz eingegangen werden.

[5] Vgl. Kapitel 4.4

4.1 Mechanismen ideeller Bewältigung innerkirchlicher Konflikte

Für die 'Produktion' sowie für die Bewältigung innerkirchlicher Konflikte ist der ideelle bzw. legitimatorisch-ideologische Überbau institutionalisierter Religion z.B. in Form von Theologie bzw. Ekklesiologie von nicht zu unterschätzender Bedeutung. Er besitzt axiomatische Bedeutung als Verständnisrahmen für Soll- und Ist-Sein kirchlicher Institution wie auch für die intellektuelle Verarbeitung entsprechender Devianzen. Umgekehrt ist er beeinflußbar durch die Sachgesetzlichkeiten einzelner gesellschaftlicher, institutioneller Ausformungen seines religiösen, in ihm reflektierten Gegenstandes.

Ausgehend von der These, daß es kirchliche Devianz bzw. deviante Kirchlichkeit 'an sich' nicht gibt, sondern daß auch jede kirchliche Konstatierung einer Normabweichung auf den Prozeß einer erfolgreichen Zuschreibung einer entsprechenden Verhaltens- oder Seinsqualität zurückzuführen ist[1], folglich nur *re-lativen*, also rückführbaren Charakter besitzt, kann logischerweise auf eine prinzipielle Selektivität jedes kirchlichen Regelwerkes zur Differenzierung konformem von abweichendem Verhalten geschlossen werden, die von der Selektivität religiöser, kirchlicher Institution selbst nicht unabhängig zu denken ist: Diese Regeln orientieren sich an den legitimatorischen und organisatorischen Bestandsvoraussetzungen des gesellschaftlichen Kirchensystems; sie reflektieren die historisch aktuelle, ideologische Chiffrierung kirchlicher Kontingenz in den ihr eigenen legitimatorischen Stützkonzeptionen und damit jene Reduktion religiöser Komplexität, die sich mit der Verortung der Kirche in gesellschaftliche Prozeßverläufe und in die Geschichte vollzogen hat.

Der im folgenden beschriebene Prozeß der *Domestizierung* ist in diesem Sinne als 'Heimholung' eines Problems oder Konfliktes in den Verstehenshorizont, quasi in das 'Verdauungssystem' der historisch und gesellschaftlich-institutionell lokalisierbaren Kirche zu begreifen, als Einverleibung in den Organismus der Kirche, bei dem schließlich der innovative, der die Essenz, das So-Sein des kirchlichen Systems bedrohende Gehalt eines Konflik-

---

[1]Vgl. BECKER 1981, 8

tes gewöhnlich 'unverdaut' wieder ausgeschieden wird. Der zu diesem Zweck erforderliche Differenzierungsprozeß in 'verdauliche', d.h. integrierbare und 'unverdauliche' Elemente einer Konfliktkonstellation geschieht mit der *Dichotomisierung* des Bewertungszusammenhanges in zwei unterschiedlich favorisierte Alternativen, um zu Entscheidungen zu gelangen, die zur Sicherung des Organisationszieles und der Legitimität des kirchlichen Apparates, zur 'Gesunderhaltung' des kirchlichen Organismus, indiziert scheinen.

Das Verhältnis zum Potential christlicher Lehre ist dadurch zwangsläufig von einer systemimmanenten Selektivität gekennzeichnet. "Wissenssoziologisch betrachtet wird hier mitunter ein Lehrsystem wirksam, dessen Geschlossenheit nur ein geringes Maß von pluralen Meinungen zuläßt. Abweichungen können Lehrzucht- oder Disziplinierungsverfahren zur Folge haben. Dadurch gerät das kirchliche Normensystem selber in unmittelbare Nähe zu 'göttlichen Wahrheiten'. Es entsteht dann der Eindruck, als bestünde das menschliche Normensystem nur aus 'göttlichen Wahrheiten' und als sei der Inhalt des positiven Kirchengesetzes (Recht) 'göttliches Gesetz' (Zölibat, Mischehenproblem etc.)" (LUTHE 1971, 227).

4.1.1 Domestizierung - zur Begrenzung des Interpretationsrahmens innerkirchlicher Konflikte

Entscheidend für die Art und Weise der Bewältigung von Konflikten ist neben der Festlegung eines formalen Reglements der Auseinandersetzung, wie es in der katholischen Kirche in Form z.B. der "Verfahrensordnung zur Prüfung von Lehrfragen bei der Kongregation für die Glaubenslehre" bzw. der "Verfahrensordnung für das Lehrbeanstandungsverfahren bei der Deutschen Bischofskonferenz" gegeben ist, zunächst die Einigung auf ein inhaltliches Relevanzsystem, eine Sprachebene sozusagen, auf der Konfliktpositionen 'Sinn machen', miteinander verglichen werden können. Erst in einem einheitlichen Relevanzsystem sind die Positionen der Kontrahenten untereinander verständlich, sind mögliche Entscheidungen über Konfliktpositionen erst in gewisser Weise plausibel.

Andererseits präjudizieren Festlegungen auf bestimmte Relevanzsysteme sowohl formal organisatorische als auch inhaltlich argumentative Vor- bzw. Nachteile für einzelne Konfliktpositionen: So hängt der Ausgang einer Konfliktkonstellation ganz entscheidend davon ab, ob eine der Konfliktpositionen ein für sie günstiges Relevanzsystem als Grundlage der Auseinandersetzung festzulegen weiß: Bei Auseinandersetzungen zwischen Vertretern katholischer Amtskirche und kirchlichen Mitarbeitern bzw. Verbandsvertretern sind die Chancen der Durchsetzung des jeweils favorisierten begrifflichen Instrumentariums, der Argumentationsgrundlage, ungleich verteilt: Insoweit der innerkirchliche Konflikt aufgrund von Abweichungen von herrschenden Kirchennormen zustandekommt, befindet sich der der Amtskirche gegenüberstehende Konfliktpartner grundsätzlich in einem Rechtfertigungsnotstand, unterliegt damit - solange er/sie nicht aus der Kirche austritt bzw. nicht auf seine/ihre kirchliche Anstellung Rücksicht nehmen muß - auch den kodifizierten Vorgaben zu kirchlichen Verfahren der Konfliktlösung wie zum Beispiel denen des Codex Iuris Canonici.

"Das Instrument, das der Codex ist, entspricht deutlich dem Wesen der Kirche, wie es vor allem durch das Lehramt des II. Vatikanischen Konzils ganz allgemein und besonders in seiner ekklesiologischen Lehre dargestellt wird. Ja, dieser neue Codex kann gewissermaßen als ein großes Bemühen aufgefaßt werden, eben diese Lehre, nämlich die konziliare Ekklesiologie, in die kanonistische Sprache zu übersetzen"[1].

Ein in diesem Sinne für Implementationsbedürfnisse amtskirchlicher Ekklesiologie instrumentalisierbarer Codex ist letztlich Widerspiegelung *und* Handlungsinstrument des entsprechenden amtskirchlichen Relevanzsystems, vor dem es keine Argumentationsfreiheit außerhalb des von diesem geprägten Begriffsinstrumentariums geben kann. In der Triade von amtlicher Ekklesiologie, Kirchenrecht und bürokratischem Kirchensystem wird die Problematik der nichtexistierenden Gewaltenteilung in der katholischen Kirche deutlich: Kirchlich-institutionelle Selektivität wird in allen drei Strukturbereichen in gleicher Weise und mit der selben Zielrichtung reproduziert.[2] Die strukturelle Eigendynamik des jeweils einzelnen Bereichs wird mittels theologischer Überhöhung dethematisiert: Maß und Ziel des hierarchisch konzipierten Lehramtes ist die Norm aller katholisch-kirchlicher Konfliktbewältigung. "Wer die Kirche aufbauen und ihre innere Gemeinschaft stärken will, muß eine Sprache sprechen, die zugleich abgeklärt und maßvoll ist wie auch mehr mit dem Sprachgebrauch übereinstimmt, der dem Lehramt der Kirche eigen ist"[3].

Mit diesen Worten wird nicht nur die Dominanz der amtskirchlichen Definitionsmacht auch bzw. gerade in Konfliktfällen *gefordert*; entsprechende Konfliktinterpretationen sind qua kodifizierter oder bürokratisch gehandhabter Verfahrensnormen von Seiten der institutionellen Repräsentanz auch *einseitig durchsetzbar*. Zur Verfahrensordnung zur Prüfung von Lehrfragen bei der Kongregation für die Glaubenslehre z.B. bemerkt BÖCKENFÖRDE: "Zu den Mängeln einige Stichworte: Über den Beginn des Verfahrens keine Mitteilung an den Autor, nach Ermessen auch nicht an den zuständigen Bischof.

---

[1]JOHANNES PAUL II., in: Codex Iuris Canonici. Codex des kanonischen Rechts, hrsg. im Auftrag der Deutschen und der Berliner Bischofskonferenz u.a., Bonn, 1983, XIX.

[2]Erinnert sei hier nur an die Nichtexistenz einer Verwaltungsgerichtsbarkeit in der katholischen Kirche.

[3]JOSEPH CARD. RATZINGER, in einem Schreiben an Leonardo Boff, 15.5.1984, in: BRASILIANISCHE BEWEGUNG FÜR DIE MENSCHENRECHTE: Der Fall Boff, Düsseldorf 1986, 61.

Keine Akteneinsicht des Autors, keine Möglichkeit für ihn, die Einhaltung der Verfahrensnormen zu kontrollieren, kein Einfluß des Autors auf die Bestellung des 'Relators pro auctore', der die Gesichtspunkte zu vertreten hat, die für den Autor sprechen, keine Kenntnis von und Kontaktmöglichkeit mit ihm; keine Anwesenheit dieses Relators bei der Schlußberatung der Konsultoren und bei der Beratung des entscheidenden Gremiums der Kardinäle. Erst nach dem Beschluß einer Beanstandung Aufforderung des Autors, sich schriftlich zu äußern, evtl. Einladung zu einem Kolloquium. Nur wenn sich dabei neue Gesichtspunkte ergeben, erneute Befassung der Konsultoren vor der Schlußentscheidung" (1983, 2535).

RAHNER beurteilt die Tätigkeit der Glaubenskongregation wie folgt: "Die Glaubenskongregation arbeitet auch heute noch zu sehr wie ein Geheimtribunal, dessen Prozedur, Informationsquellen, Träger der Verantwortung usw. trotz der Angaben des Annuario Pontificio sehr undurchsichtig sind. Zu ihrer Toleranz würde auch ein größeres Maß von Transparenz gehören" (1977, 56).

Für ein demokratischen Idealen verhaftetes Denken ist in diesem Zusammenhang sicherlich "ganz besonders zu bedauern, daß es in der katholischen Kirche nicht die Möglichkeit einer abstrakten Normenkontrolle gibt, das heißt die Möglichkeit, die Übereinstimmung einer Rechtsnorm mit einer Norm höheren Ranges, etwa einer Regelung des Kirchenrechts mit einer Norm göttlichen Rechts oder des Naturrechts, gerichtlich zu prüfen" (WALF 1984, 40). Dies verweist wiederum auf unser Kernproblem religiöser Institutionalisierung katholischer Coleur, nämlich auf das der Dogmatisierung und Verrechtlichung ihrer Lehre: Indem die Amtshierarchie in Konfliktkonstellationen die unbeweglichen, die von ihr selbst produzierten und verwalteten Teile kirchlichen 'Wissen'-schatzes[4] ins Feld zu führen vermag, ist der bereits oben erwähnte 'Rechtfertigungsnotstand' der ihr gegenüberstehenden Konfliktpartei total, d.h. im Prinzip nicht zu bewältigen: Die durch einen Konflikt mit den Repräsentanten der Hierarchie tangierten Normen sind letztendlich jedem Diskurs entzogen. Dem kirchlichen Abweichler bleibt nur noch ein letzter Ausweg: Die Abweichung als seine individuelle zu begrei-

---

[4]Vgl. DUNDE 1984, 260

fen und Abbitte zu leisten z.B. in Form eines Sündenbekenntnisses.[5] "Confession is part of a symbolic system in which, after suitable expiation, the repentant sinner may return to the community. ...despite these inclusive functions, confession also has important ideological consequences in legitimating the moral order and legal force. A confessional system reinforces the notion that deviance is essentially individualistic. ...Through confession, the offender accepts, or at least appears to accept, the legitimacy of the accusation against him and the correctness of the moral world which he has challenged" (HEPWORTH/TURNER 1982, 37). 'Confession' als Geständnis, Sündenbekenntnis, schließlich in Form einer Beichte ist damit in letzter Konsequenz ein Mechanismus zur Stabilisierung katholisch-institutionalisierter Machtverhältnisse, "as a form of social control in relation to changes in social stratification" (HEPWORTH/TURNER 1982, 40); formal ist 'confession' damit "a ritual of inclusion" (HEPWORTH/TURNER 1982, 37), ein Symbol der Anerkennung der verletzten oder kritisierten Norm, ein Verfahren, das die prinzipielle Reintegrationsbereitschaft des Abweichlers, des Sünders anzeigt; inhaltlich ist es die Absage an die Legitimität des normativen Gehaltes der vollzogenen Abweichung und damit quasi auch ein Ritual der Exklusion. Auf jeden Fall aber ist es Ergebnis einer erfolgreichen Domestizierung eines Konfliktkontextes, Ergebnis einer erfolgreichen Absorption alternativer Normierungsbestrebungen unter Begriffe der 'heimischen' Sinnwelt[6], unter Begriffe wie Sünde, individueller Schuld, Ungehorsam gegenüber der moralischen Autorität.

Die Domestizierung ist die ideologische Voraussetzung zu Herstellung dichotomisierter, für die Kirchenadministration handhabbarer Entscheidungsalternativen durch systematische Reduktion des Konfliktkontextes, durch systematische Eliminierung konkurrierender Normierungsbestrebungen bzw. Problemansichten. Inwieweit die dadurch vollzogenen inhaltlichen Ausgrenzungen von Argumentationsfiguren auch ihren organisatorisch-institutionellen Niederschlag finden, hängt nicht zuletzt von der Perzeption eines an der Eigendynamik des kirchlichen Apparates orientierten Sanktionsbedürfnisses ab.

---

[5]Vgl. die amtskirchlichen Versuche der kulpativen Stigmatisierung Homosexueller (Kapitel 3.2) und wiederverheirateter Geschiedener (Kapitel 3.3)

[6]Vgl. BERGER/LUCKMANN 1977, 123f.

4.1.2 Dichotomisierung - zur amtskirchlichen Konstruktion ungleichwertiger Entscheidungsalternativen

Der Prozeß der Reduktion theologischer Gehalte auf der einen und psychischer und sozialer Lebenswirklichkeiten auf der anderen Seite erreicht hier seine folgenschwerste Ausprägung: Der kirchliche Apparat kann nicht unabhängig von der Dynamik seiner eigenen Sachzwänge, den perzipierten Erfordernissen seiner institutionellen Bestandssicherheit ('Glaubwürdigkeit', Image, im Sinne einer bürokratischen Institution konsistentes Entscheidungsverhalten, Normen des Kirchenrechts etc.) Konflikte regulieren, d.h. sowohl hinsichtlich der Komplexität vorgegebener theologischer Inhalte als auch hinsichtlich der Lebenssituation des kirchlichen Abweichlers müssen zwangsläufig 'Abstriche' gemacht werden.

Zumal die gesellschaftliche Position eines kirchlichen Mitarbeiters nicht nur durch organisatorische Belange gekennzeichnet (Arbeitsverhältnis, -vertrag, Dienstleistung), sondern diese selbst in den Stand einer kirchlichen Institution qua 'kirchlicher Dienstgemeinschaft'[1] erhoben worden ist, muß eine adäquate Lösung eines durch eine Normabweichung seitens eines/einer kirchlichen Mitarbeiters/Mitarbeiterin entstandenen Konfliktes die ekklesiologische Bedeutung der betroffenen kirchlichen Institutionen berücksichtigen, will sie diese selbst auf Dauer nicht aufs Spiel setzen. Daraus resultiert nicht nur das Dilemma, daß die kirchlich-institutionellen Verarbeitungskapazitäten hinsichtlich der Devianz kirchlicher Mitarbeiter strukturell unangemessen sind, weil sie diese aus ihrem sozialen Entstehungskontext - an dem kirchliche Institutionen letztlich selber nicht unbeteiligt sind - herauslösen und auf höchst selektive Weise in ein von den institutionellen Belangen der Kirche dominiertes Verständnis überführen müssen, um auf abweichendes Verhalten als Institution überhaupt reagieren zu können. Ein möglicherweise für die Legitimität der Kirche noch größeres Dilemma ist, daß sie kaum mehr anders als institutionell, das heißt unter Absehung ihrer organisatorisch-strukturellen Sachzwänge, auf die Devianz ihrer Mitarbeiter reagieren kann und sich somit von einem von

---

[1]Vgl. Kapitel 2.6

ihr selbst immer wieder proklamierten Ideal, der Toleranz[2] faktisch verabschiedet.

Besonders deutlich wurde diese Problematik schon am Beispiel des amtskirchlichen Ausgrenzungsmotivs in bezug auf Homosexualität[3] und in bezug auf die Abweichungen vom amtskirchlichen Eheverständnis.[4] Die kirchlich-institutionelle Verarbeitungskapazität dieser Formen im kirchlichen Sinne abweichenden Verhaltens reduziert sich auf das Angebot zweier Rollenmuster:

1. Der einzelne Abweichler begreift sein Tun als sündhaft und versucht dies in Zukunft zu unterlassen bzw. einen kirchenrechtlich unbedenklichen Zustand (z.B. durch Nichtigkeitserklärung erster Ehe) wiederherzustellen. Er leistet Abbitte und tut Buße.

2. Der Abweichler bekennt sich zu seinem Tun und muß seine Ausgrenzung[5] (aus der eucharistischen Gemeinschaft und/oder vom kirchlichen Dienst) in Kauf nehmen.

Somit bleibt dem kirchlich Devianten, der das Risiko einer Sanktionierung seines Verhaltens vermeiden will, neben der Verheimlichung seiner Devianz nur die Übernahme des amtskirchlicherseits aufgenötigten kulpativen Stigmas. Jeder Versuch der Kollektivierung von Gruppeninteressen auf Seiten der kirchlich Devianten dürfte dabei als Hinweis auf mögliche Infragestellungen der eindeutigen Negativbewertung des entsprechenden Verhaltens von Seiten der Amtskirche empfunden werden. Über diese offensichtliche *Moralisierung* der sozialen Problematik der Diskriminierung entsprechender Abweichler geraten Aspekte des Umgangs mit Vorurteilen, der Reduzierung von gesellschaftlichen Teilhabechancen sowie der psychischen Folgen einer mög-

---

[2]Vgl. RAHNER 1977; vgl. auch Kapitel 7

[3]Vgl. Kapitel 3.2

[4]Vgl. Kapitel 3.3

[5]Siehe z.B. die öffentlich diskutierte Kündigung des Düsseldorfer Kantors Liffers vom Dezember 1986. Vgl. hierzu WESTDEUTSCHE ZEITUNG vom 29.12.1986: Homosexuell: Gemeinde kündigt Kantor; RHEINISCHE POST vom 29.12.1986: Kirchengemeinde kündigte Kantor.

lichen negativen Selbststigmatisierung der von kirchlichen Moralnormen abweichenden vollständig aus dem Blickfeld. Eine diese Aspekte einschließende Pastoral bewegt sich folglich immer am Rande oder gar außerhalb des amtskirchlich legitimierten Bereichs.[6] Umgekehrt ist die Ausblendung der sozialen und psychischen Folgen der gesellschaftlichen und kirchlichen Marginalisierung kirchlich Devianter Voraussetzung für die Plausibilisierung amtskirchlicher Ausgrenzungsstrategie: Die Logik einer moralisierenden Konstruktion eines 'Homosexualitäts- oder Wiederverheiratungsproblems' als ein theologisches Problem individueller Sündhaftigkeit muß letztlich auf eine der kirchlichen Denktradition verpflichteten Dichotomisierung von 'Gut' und 'Böse' abzielen, in relativer Unabhängigkeit von der Differenziertheit bestehender human- und sozialwissenschaftlicher Erkenntnisse zu diesen Formen des Verhaltens, um für den kirchlichen Apparat zu administrativ handhabbaren Orientierungs- und Entscheidungsregeln zu gelangen.

Dieses Phänomen der Ignorierung bzw. Reduktion der sozialwissenschaftlichen Differenzierungsleistungen und der Komplexität der entsprechenden normativen Implikationen bei der Analyse und Bewertung sozialer Probleme findet sich ebenfalls bei den Ausgrenzungsinitiativen der Amtskirche[7] in bezug auf den Schwangerschaftsabbruch, Abweichungen von konfessionellen

---

[6]Siehe z.B. MÜLLER 1979

[7]Beispielhaft hierfür z.B. die Trauerrede des Erzbischofs JOHANNES DYBA anläßlich des Requiems für den an der Frankfurter Startbahn-West ermordeten Polizeihauptkommissars Klaus Eichhöfers: "Wir müssen wieder erkennen: Es gibt keine Äquidistanz, es gibt keine Neutralität zwischen Gut und Böse, zwischen Schuld und Unschuld, zwischen Chaos und Ordnung, zwischen Terroristen und Polizisten, zwischen Leben und Tod, zwischen Wahrheit und Wirrsinn. Wir können nicht mehr nur konstatieren, differenzieren, optieren und taktieren - wir müssen uns entscheiden! Und die einzige entscheidende Frage, die da vor uns liegt, ist die: Sollen wir den moralischen Ausverkauf fortführen, der im geistlichen Bereich zur Hölle, im weltlichen aber nach dem sittlichen zum politischen Zusammenbruch führen wird? Oder sollen wir uns auf das Gesetz Gottes besinnen, das allein des Menschen Heil bewirken kann" (in: Publik-Forum Nr. 24 vom 4.12.1987: Dokumentation. Strittige Predigt zum Startbahn-Mord).

Symbolen und Ritualen[8] sowie besonders augenfällig von ekklesiologischen und kirchenpolitischen Entscheidungen wieder.

Selbst die Differenzierungsleistungen staatlicher Gerichte scheinen das Perzeptionsvermögen amtskirchlicher Entscheidungsträger in Konfliktsituationen nicht zu schärfen zu vermögen. Schließlich wird die Tatsache des Anrufens eines staatlichen Gerichts durch einen der amtskirchlichen Behörde gegenüberstehenden Konfliktgegner, selbst nachdem (oder vielleicht gerade weil) diesem gegenüber der kirchlichen Behörde recht gegeben werden mußte, zu einem innerkirchlichen Delikt:

> "Wenn Sie daher ein weltliches Gericht gegen die Pressestelle des Erzbischöflichen Ordinariats München in Anspruch nehmen, richtet sich Ihr Vorgehen mittelbar gegen Amt und Autorität des Erzbischofs. Auch wenn die Anrufung des weltlichen Gerichts in Ihrem Fall aus verschiedenen Gründen von der Strafandrohung des c. 2341 CIC nicht erfaßt wird, bleibt sie dennoch ein schwerwiegender Verstoß gegen die Ihnen als Ordensmann obliegende Pflicht zur Ehrfurcht und Gehorsam gegenüber dem Ortsbischof. Ich darf auf die Grundsatzaussage des II. Vatikanischen Konzils verweisen: 'Den Bischöfen als den Nachfolgern der Apostel müssen die Ordensleute immer ergebenen Gehorsam und Ehrfurcht erweisen' (Dekret über die Hirtenaufgabe der Bischöfe Art. 35)"[9].

---

[8]Vgl. hier den Fall Kreppel, Entzug der Missio Canonica aufgrund dessen Ablehnung der Säuglingstaufe für seine Kinder, siehe: Neue Wege. Beiträge zu Christentum und Sozialismus, Zürich, 5/1987

[9]Aus einem Schreiben des damaligen Erzbischofs von München und Freising, Kardinal Ratzinger, vom 10.9.1981 an Pater Dr. Hans Bischlager, dem a) wegen des Tragens einen Sackleinengewandes während eines von diesem gehaltenen Bußgottesdienstes anläßlich eines Sühnemarsches zum Ehrenmal der Kriegsgefangenen in Dachau per Verwaltungsverfügung "die Feier der hl. Messe in einer öffentlichen oder halböffentlichen Kirche oder Kapelle" verboten wurde, und dem b) eine Gegendarstellung gegen eine diese seine Teilnahme diskriminierenden Veröffentlichung der Ordinariats-Korrespondenz per Landgerichtsbeschluß (vgl. LG München 9013059/81) ermöglicht worden ist.

Die absolute Gehorsams- bzw. Unterwerfungsforderung wird an diesem Fall ebenso sichtbar wie im Falle Henleins.[10]

Historisch vorausgegangene dogmatische Festlegungen in Theologie und hierarchische in kirchlicher Institution präformieren weitgehend den Verständnisrahmen und die Verarbeitungskapazität außer- wie innerkirchlicher Devianz. Die Entscheidungen zu Ausgrenzungen spiegeln daher Antizipationen der dogmatischen *und* institutionellen Intoleranz der gegenwärtigen Kirche, eben ihre Selektivität in Lehre und Organisation wider. Absorption abweichender Wirklichkeitsbestimmungen unter Begriffe der eigenen (amtskirchlichen) Sinnwelt sowie Dichotomisierung von Konfliktpositionen in zwei mit unterschiedlicher Attraktiviät und Machtmitteln ausgestattete Konfliktpositionen durch interessegeleitete Moralisierung und Reduktion des Konfliktkontextes sind die hierfür erforderlichen Mechanismen.

So wird oft schon - wie bei der Problematisierung einer rigiden Handhabung der Strafgesetze beim Schwangerschaftsabbruch oder der Korrumpierbarkeit christlicher Lehre durch kirchlichen Machtgebrauch, der Problematisierung des Zölibats wie der Monogamie - die öffentliche Reflexion gegenwärtiger kirchlicher Moralnormen[11] oder Organisationsstrukturen als Zeichen der Abweichung von den essentiellen Werten des Christentums empfunden, bevor oftmals überhaupt Gelegenheit zu sachgerechter Explikation gegeben wird. Die dabei ebenso oft anzutreffende, fast pathologische Kritikempfindlich-

---

[10]Pater Henlein SJ weigerte sich, im Gottesdienst einen Hirtenbrief seines Bischofs vorzulesen und wurde abberufen. Vgl.: Dokumentation. Macht und Ohnmacht in der katholischen Kirche. Ein ungelöster Konflikt aufgezeigt an der Abberufung von Pater W. Henlein SJ, herausgegeben von katholischen Christen in Berlin (West) unter Mitwirkung von Gemeindemitgliedern der Lokalie Maria Regina Martyrum, Berlin 1986

[11]Siehe z.B. zur Gewichtigkeit politischer, wirtschaftlicher Gesichtspunkte für die Ausgestaltung kirchlicher Sexualnormen (im Gegensatz zu biblisch-theologischen) DENZLER 1988

keit in Positionen höherer klerikaler Weihen[12] offenbart den Verursachungskomplex dieser Konfliktverarbeitungslogik: Eingespannt in eine bürokratische und hierarchische Organisationsstruktur ist den Verantwortungsträgern die Administration einer weitgehend festgelegten religiösen Normalität innerhalb eines hochdifferenzierten Gesellschaftssystems aufgegeben, die ihre Kompetenzen der Koordinierung primär-, insbesondere aber sekundärreligiöser Systemleistungen oftmals zu überfordern droht. Die dem amtskirchlichen Selbstverständnis immanente Selektivität[13] reproduziert sich somit in gesteigerter Form bei der Regulierung von Konflikten bzw. beim Umgang mit abweichendem Verhalten gerade kirchlichen Laienpersonals. Durch die bürokratische Reduktion der komplexen Lebenswirklichkeit des kirchlichen Laienpersonals auf begriffliche Dimensionen amtskirchlichen Selbstverständnisses unter weitgehender Absehung von den sich aus der nur partiellen Integration der Laien und deren Tätigkeiten ergebenden Schwierigkeiten, Gewissens- und Rollenkonflikten etc.[14], erschöpft sich schließlich die 'professionalisierte Laienrolle' innerhalb des bürokratischen Kirchensystems in ihrer *instrumentellen* Bedeutung für den Repräsentations- und Legitimationsbedarf des amtskirchlichen Machtzentrums. Die Konsequenz ist, daß Devianzdefinitionen wie Ausgrenzungskriterien im Sinne einer effektiven Verwaltung klerikal festgelegter religiöser Repräsentativität formalisiert werden, daß das Ausgrenzungsprozedere dementsprechend *rationalisiert* wird.

Die Bürokratisierung und Verrechtlichung amtskirchlicher Konfliktlösung entspricht den Schwerpunktverlagerungen in den Aufgabenbereichen der

---

[12]"Am meisten kritikempfindlich sind klerikale Kreise. Gerade jene, die zwar rufen: Richtet nicht!, doch selber alles, was ihnen nicht paßt, in die Hölle schicken, gerade jene, deren Kirche sich als erste Moralinstanz der Welt aufspielt, seit Jahrhunderten aufgespielt hat und weiter aufspielen wird, gerade jene sind hell empört, beginnt da einmal einer sie selber zu messen, zu richten, und je schärfer, je vernichtender dies geschieht, desto zorniger sind sie, wütender - wobei ihr Zorn und ihre Wut (im Unterschied zu unseren Affekten) heiliger Zorn sind, heilige Wut oder auch Zornmut..." (DESCHNER 1986, 54). Siehe auch RINGEL/KIRCHMAYR 1985, 11.

[13]Vgl. Kapitel 2.4

[14]Vgl. Kapitel 2.5. und 2.6

Kirchenleitung, von der maßgeblichen Explikation der Verkündigung zum Management einer wohlinstitutionalisierten Konfession bzw. Religion. Durch jeden Versuch einer primär pastoralen Konfliktbewältigung oder schon durch jede tiefere Einsichtnahme in den Verursachungskontext ausgrenzungsrelevanten Verhaltens scheint die Amtshierarchie die Absolutheit ihrer Werte infrage gestellt, ihre eigene und die Legitimität ihres administrativen Apparates bedroht zu sehen. So ist jede amtskirchliche Moralisierung oder Reduzierung von Konfliktkontexten eine Vorwegnahme des Ergebnisses eines in einem solchen hierarchischen Kirchensystem nur asymmetrisch möglichen Interaktionsprozesses, also selbst ein asymmetrischer interaktiver Akt.[15]

---

[15]Veranschaulichen läßt sich dies z.B. auch anhand von Versuchen kirchlicher Arbeitgeber, im Falle von Konflikten mit Mitarbeitern diese zur Unterschrift von Erklärungen bzw. kirchlichen Loyalitätsbekundungen zu bewegen, die meist die Verpflichtung zur zukünftigen Einhaltung moralischer bzw. kirchenrechtlicher Normen beinhalten. Die Nichtakzeptanz bzw. Unterschriftsverweigerung der amtskirchlichen Formulierungen innerhalb solcher Unterwerfungserklärungen dürfte im allgemeinen zur Initiierung organisatorischer Ausgrenzungsmaßnahmen führen. Entsprechende Fälle von z.B. betroffenen Religionslehrern liegen dem Autor vor, die sich z.T. sehr eindringlich eine detaillierte Darstellung ihrer Fälle verbeten haben aus Angst vor amtskirchlichen Repressionen.

4.2 Organisatorische Mechanismen innerkirchlicher Konfliktbewältigung

Wie in unserem staatlich-gesellschaftlichen System, so dürfte es auch in der Kirche ein Dunkelfeld nicht-sanktionierten abweichenden Verhaltens geben. Abgesehen von dem inzwischen prinzipiellen kirchlichen Sanktionsverzicht gegen das nicht in einem kirchlichen Arbeitsverhältnis stehende bzw. nicht ein Amt bekleidende Kirchenmitglied ist die tatsächliche Sanktionierung abweichenden Verhaltens von Katholiken von einer Reihe ähnlicher Faktoren abhängig wie die Strafverfolgung 'Krimineller' durch staatliche Kontrollorgane, insbesondere wie die staatliche Selektion des Beamtenpersonals vor dem Hintergrund der Diskussion um die 'Berufsverbote'.[1]

Angesichts der derzeit angespannten Lage auf dem Arbeitsmarkt gerade für Arbeitnehmer im sozialen Dienstleistungssektor eröffnen sich für die Kirchen extensive Möglichkeiten der *Prävention* zur Verhinderung potentieller Konflikte bei ihren Arbeitsverhältnissen durch gezielte Selektion des Personals im Vorfeld einer Anstellung. So propagiert der zuständige Diözesan-Caritasdirektor in einem Schreiben[2] an alle kirchlich-caritativen Einrichtungen im Bereich des Diözesan-Caritasverbandes für das Erzbistum Köln e.V. die "Kirchlichkeit in Personalanzeigen", in denen klar zum Ausdruck kommen solle, "daß der künftige kirchliche Dienstgeber bestimmte Erwartungen im Hinblick auf die religiöse Einstellung und Verhaltensweise des Mitarbeiters bei der Erfüllung seiner dienstlichen Aufgaben und in seiner privaten Lebensgestaltung außerhalb des Dienstes hat. Sofern dieser Aspekt 'Kirch-

---

[1]Vgl. BETHGE 1976, dort insbesondere HERRMANN 1976, 94-96

[2]Dieses Schreiben ist vom 26.5.1983 und enthält als Anlage eine Vielzahl von Kopien kirchlicher Stellenanzeigen mit entsprechenden Zusätzen wie: "Die Identifikation mit der Zielsetzung des katholischen Krankenhauses setzen wir voraus" oder "Wenn Sie Ihren Platz in einer Dienstgemeinschaft suchen, die sich darum bemüht, den Glauben in das Arbeitsleben einzubeziehen, z.B. indem sie einmal wöchentlich im Hause hl. Messe feiert, dann sollten Sie mit uns Kontakt aufnehmen. Eine positive und engagierte Einstellung zur katholischen Kirche wird erwartet".

lichkeit' in Personalanzeigen unerwähnt bleibt, werden sich nicht selten Bewerber melden, die im kirchlich-caritativen Dienst lediglich einen 'Job' suchen und sich außerdienstlich von der Kirche mehr oder weniger distanzieren".

Deutlicher noch formulieren der Generalvikar, der Domprobst und Diözesan-Caritasdirektor in einem Schreiben vom 7.12.1983 an den selben Adressatenkreis die Notwendigkeit einer Auswahl konformen Personals: "Es bedarf daher bei der Gewinnung und Einstellung von Mitarbeitern größtmöglicher Sorgfalt. Dabei ist neben der persönlichen und fachlichen Eignung die gelebte Zugehörigkeit zur Kirche das entscheidende Auswahlkriterium; dies gilt unterschiedslos für alle Bereiche der Caritasarbeit".

Daß dabei keineswegs die "gelebte Zugehörigkeit zur Kirche" an sich, sondern die Zugehörigkeit zur *katholischen Kirche* das entscheidende Auswahlkriterium ist, wird aus der Praxis dieser rigiden Selektionsverfahren deutlich.[3] Nicht christliche Lebenshaltung, nicht allgemein Kirchlichkeit, sondern formal-konfessionelle Kirchenbindung, die sich durch äußere, bürokratisch kontrollierbare Akzeptanz hierarchischer Vorgaben (Kirchensteuerpflicht, Gehorsam gegenüber Lehr- und Moralentscheidungen, Kirchgang, Nähe

---

[3]Z.B. an der Besetzung einer frei gewordenen Stelle für einen Stellvertreter des Chefarztes an einem katholischen Krankenhaus, für die der zuständige Kirchenvorstand einen evangelischen Arzt vorgesehen hatte. Dazu der Generalvikar: "Wir mußten den Eindruck gewinnen, daß der Kirchenvorstand, der für die Anstellung der Ärzte im katholischen Krankenhaus in Brühl zuständig ist, zu wenig von der Notwendigkeit überzeugt war, einen katholischen Arzt für diese Stelle zu gewinnen und daß er einen bisher im Krankenhaus tätigen evangelischen Arzt auf die Stelle berufen wollte. Wir haben dem Kirchenvorstand sagen müssen, daß die Personalpolitik eines katholischen Krankenhauses so nicht gehandhabt werden kann. Erstes und vordringlichstes Ziel bei der Personalauswahl ist die Suche nach fachlich geeigneten katholischen Ärzten, die sich mit dem durch den Betrieb eines katholischen Krankenhauses verfolgten Auftrag voll und ganz identifizieren" (so der damalige Generalvikar Feldhoff in einem Interview mit der Kirchenzeitung für das Erzbistum Köln, Nr.1 vom 7.1.1983, 8).

zu C-Parteien[4] etc.), d.h. in erster Linie durch Verhaltenskonformität bzw. Vermeidung von diesbezüglichen Abweichungen ausweist, bestimmt den Ausleseprozeß katholisch-kirchlichen Personals. "Stellenanzeigen katholischer Einrichtungen richten sich ausdrücklich an katholische Bewerber, gleich ob ein Chefarzt oder ein Pförtner gesucht wird"[5].

Diese Tendenz zur konfessionellen Selbstrekrutierung dürfte nicht nur angesichts der anderenorts propagierten Ökumenebestrebungen höchst fragwürdig sein, sondern zusammengenommen mit der Formalisierung und Bürokratisierung der Auswahlkriterien (für den kirchlichen Dienst) Konformitätszwänge schaffen, die unter Berücksichtigung der angespannten Arbeitsmarktlage im kirchlichen Dienstleistungssektor zwangsläufig zu vorgespielter Anpassung bzw. Entsprechung hinsichtlich der genannten Selektionskriterien führen: So kennzeichnet auch oftmals Heuchelei, Duckmäuserei die Praxis katholisch-kirchlicher Dienstgemeinschaft.[6] Die Antizipation der amts-

---

[4]Die geäußerte Affinität zu oder die Mitgliedschaft in anderen als den C-Parteien dürfte in einer nicht geringen Anzahl von Fällen (wie dem Autor dieser Arbeit selbst widerfahren) zur Verringerung der Bewerberchancen im katholisch-kirchlichen Dienst führen.

[5]So der frühere Generalvikar Feldhoff, in: Kirchenzeitung für das Erzbistum Köln, Nr. 1 vom 7.1.1983, 8.

[6]So sind dem Autor u.a. aufgrund seiner Anzeige in Publik-Forum (vgl. Kapitel 3) Fälle zugetragen worden, in denen z.B. die Mitgliedschaft in Gewerkschaften (ÖTV), die Mitarbeit in der kirchlichen Mitarbeitervertretung, Kritik an Verhaltensweisen kirchlicher Vorgesetzter, Engagement für 'grüne' Politik bzw. Divergenzen über die Gestaltung des Fachs Religionslehre zu Repressionen seitens des kirchlichen 'Dienstgebers' führten. Die dort geäußerte Angst kirchlicher Mitarbeiter vor weitergehenden Konsequenzen (Kündigungen etc.) beschränkt sich nicht nur auf die Betroffenen selbst, sondern befällt auch Kollegen, die von diesen Mechanismen Kenntnis erhalten. So auch CHRISTENRECHTE nach "Prüfung einzelner Fälle repressiver Maßnahmen in beiden Kirchen mit dem Ergebnis, daß Hilfe von uns nicht möglich ist, weil die betroffenen Arbeitnehmer wegen ihrer totalen Abhängigkeit durch öffentliche Namensnennung und Solidarisierung nur zusätzlichen Schaden hätten" (4. Rundbrief 1981, 22).

kirchlich-bürokratischen Verwaltung von Devianzdefinitionen, der Asymmetrie der Ausgrenzungsmotive produzierenden inneren Kommunitationsstruktur der Kirche und der von der Hierarchie einseitig mobilisierbaren Machtmittel zu deren Durchsetzung[7] nötigen geradezu zu solchen Reaktionsmustern, da nicht selten die gesamte berufliche und damit auch oft wirtschaftliche Existenz kirchlicher Mitarbeiter davon abhängt.[8] Beispielhaft sei hier nur das 'Damokles-Schwert' der Androhung einer außerordentlichen Kündigung im Falle der sehr weit auslegbaren "groben Achtungsverletzung gegenüber Angehörigen der Dienstgemeinschaft, leitenden Personen oder wesentlichen Einrichtungen der Katholischen Kirche, bei schweren Vergehen gegen die Sittengesetze der Kirche oder die staatliche Rechtsordnung oder bei sonstigen groben Verletzungen der sich aus diesen Richtlinien ergebenden Dienstpflichten" (Richtlinien für die Arbeitsverträge in den Einrichtungen des Deutschen Caritasverbandes, § 16 Abs.1) genannt.

Obwohl an dieser Stelle nicht beweisbar behauptet werden kann, daß mit

---

[7]Vgl. WALF: "In einem Konfliktfall innerhalb der katholischen Kirche unterliegt in aller Regel der Schwächere. Und dies ist in einer Hierarchie derjenige, der auf der hierarchischen Rangliste die untere Sprosse einnimmt. ... So ziemlich alle denkbaren Verdrängungsmomente finden sich immer noch bei jenen, die im kirchlichen Dienst stehen: Vorsicht, Anpassung, Duckmäuserei. ... Wer unter diesen Laien in Konflikt mit den kirchlichen Behörden gerät, steht am kürzeren Hebelarm" (1980, 100).

[8]Z.B. werden zur Vermeidung der Kündigungsrelevanz einer Wiederverheiratung Ehenichtigkeitsverfahren angestrengt. "Viele Brautpaare vereinbaren mit ihrem Geistlichen 'vorausschauend', daß dieser während der Trauung sogenannte Formfehler begeht. Diese können im Falle des späteren Scheiterns der Ehe vor dem kirchlichen Gericht Bedeutung erlangen. ... Wer, auf dem Wege listiger Umdeutung, die Ehenichtigkeit erreicht, hat als kirchlicner Arbeitnehmer weiterhin sein Auskommen, während andere, die ehrlich zu ihrem ersten Ja-Wort stehen und trotzdem erneut heiraten wollen, in ihrer beruflichen Existenz aufs Härteste getroffen werden" (SEITERICH 1986, 34). Vgl. auch die Problematik der Geheimhaltung der Beziehungen von Priestern zu Frauen, siehe: INITIATIVGRUPPE DER VOM ZÖLIBAT BETROFFENEN FRAUEN, 1985.

der bischöflichen Äußerung zum kirchlichen Dienst im Jahre 1983[9] prinzipiell eine rigidere Selektionspraxis kirchlichen Personals - wie in einem Artikel des SPIEGELS behauptet: "Bischöfe nutzen die Arbeitslosigkeit zu Säuberungsaktionen: Bedienstete, die nach kirchlichem Recht in Sünde leben, werden gefeuert"[10] - beabsichtigt oder entstanden ist, so kann hier doch festgestellt werden, daß die grundsätzlich rigide Sanktionspraxis, d.h. der relativ weit fortgeschrittene Automatismus bürokratischer Ausgrenzung abweichenden Kirchenpersonals - schon aus rechtlichen Gründen zur Verhinderung von Präzedenzfällen: "'Wir (!) können in diesem Fall nicht anders entscheiden, da wir sonst in Zukunft alle Prozesse verlieren werden'"[11] - durch ihre/seine Eigendynamik nicht nur ein neues Dunkelfeld sowohl unter ethischen, wie auch unter funktionalen, kommunikativen Gesichtspunkten problematischer Zustände in kirchlichen Einrichtungen schafft, sondern auch das ursprüngliche Dunkelfeld der in den Ausgrenzungsmotiven zutage getretenen Devianz nicht systematisch zu erhellen in der Lage ist. Es muß sogar angenommen werden, daß letzteres von der hierarchischen Kirchenleitung auch gar nicht intendiert ist: Aufgrund ihrer prinzipiellen Konfliktscheu dürfte sie nur wenig an der öffentlichen Austragung z.B. von arbeitsrechtlichen Streitigkeiten interessiert sein, zum einen, um kontextuelle Problematisierungen der kirchlich-institutionellen Relevanz solcher Konflikte zu vermeiden, die zu Legitimitätsbedrohungen für das hierarchische System führen könnten, zum anderen, um angesichts des Engpasses z.B. der 'Priesterversorgung' nicht 'unnötige' personelle Einbußen hinnehmen zu müssen, damit nicht "nach und nach das gesamte prie-

---

[9]Vgl Kapitel 2.6

[10]DER SPIEGEL, Nr. 15/1986. In diesem Artikel heißt es u.a.: "Die Bistümer betreiben auch nach Beobachtungen des Stuttgarter ÖTV-Funktionärs Wolfgang Warburg 'in jüngster Zeit eine Personalpolitik der Knebelung ihrer Arbeitnehmer'. Der Knebel wirkt, seit es 'ständig mehr als zwei Millionen Arbeitslose' und genug fromm lebendes Personal gibt, das die Vakanzen gerne füllt". Vgl. auch IMPRIMATUR: Der Christlichkeitsparagraph. In Trier schnüffeln Krankenhäuser im 'Vorleben' von Krankenschwestern, 17.Jahrgang, Nr.5, 2.8.1986, 199ff.

[11]So Kaplan GEBERT, Trier, zit. in IMPRIMATUR, 18. Jahrgang, Nr. 1 vom 22.2.1985, 16, zum Fall einer wiederverheirateten geschiedenen Kindergärtnerin.

sterliche Gefüge aufgelöst wird, das zur Erfüllung ihres Auftrages unbedingt notwendig ist" (KONGREGATION FÜR DIE GLAUBENSLEHRE 1980, 8).

Ist die Toleranz der Kirchenführung Abweichungen von Priestern gegenüber *im Vorfeld* von *Skandalisierungen* noch relativ groß[12], so wird die Ausgrenzung nach erfolgter Skandalisierung oder z.B. *nach* offenem Bekenntnis zum Ausstieg aus dem Priesterdasein in Form eines offiziellen Laisierungsantrages in besonders rigider Weise vollzogen. "Overigens speelt in deze keuzerichting vanuit het bisschoppelijk beleid een bepaalde opvatting rond het 'scandalum' een belangrijke rol. Zolang er geen publiek schandaal van komt, zolang de houding en het gedrag van een pastor geen publieke ergernis veroorzaken, wordt niet ingegrepen. Er is dan sprake van een 'gedoogd dissidentschap'. Voor de bisschoppen is de voortgang en het image van het instituut van belang. Zolang dat niet in gevaar komt, is er bestaanszekerheid, ook voor een 'dissidente' pastor" (CRIJNS/ZUIDBERG 1986, 45).

Das derzeitige Laisierungsritual ist ein Beispiel 'par excellence' katholischer Ausgrenzungsprozeduren und darin sich offenbarender Machtkonstellationen, eine Zeremonie erfolgreicher Degradierung[13] ebenso wie ein Anwendungsbeispiel der Reduzierung der Komplexität dahinter sich verbergender Konflikte auf zwei, mit unterschiedlicher Attraktivität ausgestatteter Verhaltensalternativen: "Rather, the alternatives must be such that

---

[12]So werden vielfach Beziehungen von Priestern zu Frauen geduldet, solange diese nicht zum kirchenöffentlichen Skandal hochgespielt werden, oder die kirchliche Alimentenkasse springt zur Versorgung von aus diesen Beziehungen hervorgegangenen Kindern ein, um eine Distanzierung des Priesters von der Beziehung zur Kindesmutter und zu dem Kind selbst zu erreichen, damit dieser weiterhin im Priesterstand verbleiben kann. Zu diesen Erkenntnissen gelangt der Autor in zahlreichen Gesprächen mit Betroffenen.

[13]Vgl. GARFINKEL 1956. "Religious rituals of exkommunication and anathematisation are particularly prominent examples of what Garfinkel has termed 'ceremonies of degradation' in which the social and personal status of individuals was totally transformed" (HEPWORTH/TURNER 1982, 22).

the preferred is the morally required" (GARFINKEL 1956, 423).

So werden laut KONGREGATION FÜR DIE GLAUBENSLEHRE[14] keine Laisierungsanträge angenommen, "die nicht im Geiste der Demut vorgetragen werden" (10). "Außerdem ist in dieser Angelegenheit jegliche leichtfertige Handlungsweise zu vermeiden, die, da sie die Bedeutung des Priestertums, die heilige Beschaffenheit der Weihe und den Ernst der im voraus eingegangenen Verpflichtungen herabsetzt, größten Schaden bringen und sicher traurige Verwunderung und Skandal bei den meisten Christgläubigen hervorrufen kann" (9f.). Von daher lehnt die KONGREGATION jeden Rechtsanspruch auf Dispens vom Zölibat ab, deren Gewährung damit letztlich abhängig ist vom Wohlwollen der entscheidenden Instanz: "Wenn das Gesuch eingegangen ist, entscheidet der Ordinarius, ob dem Gesuch nachgegeben wird, und im positiven Fall suspendiert er den Bittsteller vorläufig von der Ausübung priesterlicher Vollmachten, es sei denn, er hält es zum Schutz des guten Rufes des

---

[14]Die folgenden nur mit einer Seitenzahl versehenen Zitate entstammen einer Übersetzung des Begleitbriefes und der neuen Verfahrensordnung für die Behandlung von Laisierungsanträgen der KONGREGATION FÜR DIE GLAUBENSLEHRE. Der aus dem Lateinischen übersetzte Text wurde dem Heft: ARBEITSKREIS 'LAISIERUNG' des Tübinger Regionalkomitees zur Verteidigung der Christenrechte in der Kirche entnommen, das hierzu erläutert: "Diese neue Verfahrensordnung wurde mit einem Begleitbrief an alle Ortsordinarien und Oberen klerikaler Ordensgemeinschaften verschickt. Von beiden Texten ist der eigentliche Normentext mit dem Geheimhaltungsvermerk der Glaubenskongregation versehen. Text und Begleitbrief waren deshalb selbst auf Anfrage weder von einzelnen Bischöfen noch vom Sekretariat der Deutschen Bischofskonferenz zu bekommen; nicht einmal betroffene Priester konnten sie einsehen. Dem Arbeitskreis Laisierung ist es aber trotzdem gelungen, sich eine Kopie zu beschaffen. Da wir es für wichtig halten, der allgemeinen Diskussion über das Problem 'Laisierung' die notwendigen Informationen zu liefern und die Betroffenen über ihre derzeitige kirchenrechtliche Situation zu unterrichten, publizieren wir auf den folgenden Seiten die lateinischen Texte in einer eigenen Übersetzung. Es geht unserer Meinung nach nicht an, daß diese neuen Normen den betroffenen Priestern und der kirchlichen Öffentlichkeit einfach vorenthalten werden" (o.J., 6).

Priesters selbst oder zur Wahrung des Wohls der Gemeinde für notwendig, daß jener sein Amt weiterhin ausübt" (12).

Das zur Herstellung der kirchlich-administrativen Entscheidung vorgeschriebene "Verhör" des "auf die Wahrheit vereidigten Bittsteller(s) nach genau bestimmten, vorher festgelegten Fragen" (12) beinhaltet neben der Untersuchung "allgemeine(r) Angaben des Bittstellers" (12) die Eruierung der "Gründe und Ursachen des *Defektes* wie auch" der "Umstände, die die Annahme der priesterlichen Verpflichtung beeinträchtigt haben könnten" (12, Hervorhebung durch R.S.). Bei den 'festgelegten Fragen'[15] handelt es sich um solche, die Schwierigkeiten

- im Verhältnis zum Vorgesetzten im Seminar[16]
- in der Erfüllung priesterlicher und seelsorgerischer Aufgaben[17]
- gegenüber der "Verpflichtung zum zölibatären Leben"[18]: "In welchem Verhältnis standen Sie zur Frauenwelt?"[19]
- mit dem "persönlichen religiös-asketischen Leben: Breviergebet, Be-

---

[15]Die im folgenden zitierten Fragen sind dem Fragebogen der römischen Kirchenbehörde "zur eidlichen Vernehmung des Bittstellers" entnommen. "Der Text des ... Fragebogens 'zur eidlichen Vernehmung des Bittstellers' stammt aus dem Jahre 1979 und wurde Priestern zugesandt, die den Antrag auf Laisierung gestellt hatten. Dieser Fragenkatalog steht nicht in direktem Zusammenhang mit den Normen von 1980. Da aber anzunehmen ist, daß sich ein eventueller neuer Fragebogen nicht wesentlich von dem hier abgedruckten Exemplar unterscheiden wird, veröffentlichen wir den Text, der u.E. zeigt, wie schon allein durch die Fragen die Antworten in eine bestimmte Richtung gelenkt werden. Bereits das Frageschema von 1971 (abgedruckt in: Friedhelm Luthe, Der Berufswechsel der Priester. Eine empirische Studie, Düsseldorf 1971, 238-242) differierte nur in unwesentlichen Punkten von dem hier wiedergegebenen Katalog aus dem Jahre 1979" (ARBEITSKREIS LAISIERUNG, 13). Dieser Fragebogen wird hier zitiert nach ARBEITSKREIS LAISIERUNG.

[16]Vgl. Fußnote 15, 15

[17]Vgl. Fußnote 15, 16

[18]Vgl. Fußnote 15, 16

[19]Vgl. Fußnote 15, 15

trachtung, Zelebration der hl. Messe, Bußsakrament"[20]

allein in der Persönlichkeit des Bittstellers retrospektiv konstruieren; es handelt sich dabei nicht um solche, die z.B.

- die "Vereinsamung des Priesters"
- "Überforderung mit 'Amtshandlungen'"
- "die Schwierigkeit, ständig positiv zur vorgegebenen Glaubenslehre Stellung beziehen zu müssen und eigene Zweifel nicht aufarbeiten zu können. Der Widerspruch zwischen der eigenen Verkündigung und der Normsetzung der Amtskirche (Liturgie, Beichtpraxis) führt zu Identifikationsproblemen mit der Kirche. Manche Priester setzen sich ständig öffentlich über kirchliche Normen hinweg"
- den "Wunsch zu heiraten" (ARBEITSKREIS LAISIERUNG 2),

also strukturelle Probleme des Priesterberufs berücksichtigen.

Bei dieser, aus der Verfahrensordnung der KONGREGATION FÜR DIE GLAUBENSLEHRE resultierenden Vorgehensweise geht es um den systematischen Versuch einer Rekonstruktion einer anderen, neuen Persönlichkeit des Bittstellers. "It is not that the new attributes are added to the old 'nucleus'. He is not changed, he is reconstituted. The former identity, at best, receives the accent or mere appearance. In the social calculus of reality representations and test, the former identity stands as accidential; the new identity is the 'basic reality'. What he is now is what, 'after all', he was all along" (GARFINKEL 1956, 421f.). Es gilt, die Psychologie des Bittstellers aus dem Blickwinkel seiner 'schon seit jeher bestehenden Defizienz' hinsichtlich der amtskirchlichen Anforderungen an den Priesterstand neu zu formulieren. An dem zu laisierenden Priester wird zur Wahrung der 'Heiligkeit des Priesterstandes' jene soziale Statusdifferenz zum Laienstand - in voller Ausschöpfung ihrer Größe - rituell exemplifiziert, die für die gegenwärtige Kirchenhierarchie geradezu symptomatisch ist. Dazu dient die nahezu 'restlose Entfernung' aus der Priesterkaste: Es muß offensichtlich werden, daß der um Laisierung bittende Priester nie ein 'echter' Priester war, sondern schon immer mit den 'niederen Be-

---

[20] Vgl. Fußnote 15, 16

dürfnissen' eines Laien, mit der Psyche der niederen Kaste der Gläubigen ausgestattet gewesen ist. So muß der betreffende Priester "be ritually separated from a place in the legitimate order, i.e., he must be defined as standing at a place opposed to it. He must be placed 'outside', he must be made 'strange'" (GARFINKEL 1956, 423).

An diese Sichtweise schließen sich fast nahtlos die Auflagen an, die mit der Bestätigung der Laisierung durch die Kirchenhierarchie dem Petenten aufgegeben sind, "dem z.B. eine Eheschließung ohne äußeren Aufwand, die Verlegung seines Wohnsitzes in eine andere Diözese oder gar die Verpflichtung abverlangt wird, sich auch in dieser neuen Diözese ohne Sondergenehmigung um keine Leitungsämter im kirchlichen Dienst (z.B. um die Stelle eines Rektors bei einer Schule in kirchlicher Trägerschaft) zu bewerben und nicht zu versuchen, in der Priesterausbildung (und sei es nur im Sprachunterricht) tätig zu werden" (ARBEITSKREIS LAISIERUNG, 19).[21] Diese Auflagen intendieren die nahezu völlige Ausgrenzung des laisierten Priesters aus seinem bisherigen Aktionsfeld.

Nur folgerichtig verlangt die KONGREGATION FÜR DIE GLAUBENSLEHRE vor deren endgültiger Beschlußfassung die Zusicherung, "daß ein Skandal nicht befürchtet werden muß" (1980, 13), d.h. daß der laisierte Priester die Entfernung aus seinem bisherigen Lebenskontext akzeptiert. Diese Furcht vor einem Skandal, einem eskalierten Konflikt, ist vor dem Hintergrund der generellen Konfliktscheu des Klerus nur plausibel. Bei einem Skandal infolge einer Laisierung drohen die Maßgaben des Klerus in Zweifel gezogen zu werden: Die Legitimität der amtscharismatischen Priesterinstitution wird als

---

[21]Hier wird zudem der Circulus vitiosus des kirchlich-katholischen Zölibatsproblematik deutlich: Laisierten Priestern wird der Zugang zur Priesterausbildung verwehrt. Damit entfällt eine 'institutionalisierte' Informationsmöglichkeit der Priesteramtskandidaten, sich sachgerecht über reale Probleme des Priesterberufs zu informieren, was wiederum dazu führen muß, "daß die Berufsentscheidung nicht in klarer Kenntnis der zu erwartenden Realität getroffen" wird. "Der äußere Druck (Familie, Ausbildungsbedingungen) führte zur Übernahme des Priesteramtes, ohne daß die Möglichkeit bestanden hätte, rechtzeitig zu erkennen, für den Beruf nicht geeignet zu sein" (ARBEITSKREIS LAISIERUNG, 3).

bedroht empfunden. Damit scheint die hierarchische Organisationsstruktur als ganze gefährdet: Die betroffene Gemeinde, die Masse der Gläubigen könnte 'verunsichert' werden, wenn sie sich ihres 'Hauptes', ihres geistlichen Vorbildes, ihres Führers, ja - um mit der innerkirchlich so beliebten Organizismusanalogie zu sprechen - ihres *Kopfes* beraubt sieht.[22] Nicht nur die von diesem repräsentierte priesterherrschaftliche Struktur, sondern der dieser entsprechende theologische Überbau könnte zur Disposition gestellt werden. Die klerikale retrospektive Konstruktion einer devianten Persönlichkeit unter der Annahme der prinzipiellen Defizienz des zu laisierenden Priesters könnte sich einer grundlegenden Problematisierung durch die jeweils betroffenen Kirchengemeinden ausgesetzt sehen.[23]

Erscheint der Kirchenadministration jedoch die Zielrichtung der Skandalisierung steuerbar - das hängt weitgehend von ihrer Fähigkeit ab, eine Situation konsensfähiger moralischer Entrüstung herzustellen - so wird sie als amtskirchliche Interessengruppe eine solche schon aus Gründen der Stärkung von Gruppensolidarität und zu Zwecken der Bestätigung und Durchsetzung des symbolischen Gehalts der von ihr vertretenen Normen von sich aus ins Leben rufen.[24]

---

[22]Vgl. Kapitel 6.2

[23]Auf mögliche positive Folgen der Entfernung eines Priesters aus seiner Gemeinde sowie auf solche aufgrund des 'Priestermangels' überhaupt kann hier nur hingewiesen werden: emanzipatorische Beschäftigung mit traditionellen Glaubensinhalten, Übernahme einer Reihe von Priesterfunktionen durch Laien, psychologische und organisatorische Emanzipation vom traditionellen Führerprinzip und seiner entsprechenden Pathologien (ekklesiogene Neurosen, Monolog klerikaler Macht etc.).

[24]Z.B. bei den Aktivitäten der bundesdeutschen Kirchenführung zur Verhinderung der liberalisierenden Reform des § 218 StGB wurde versucht, mit griffigen Solidarisierungsformeln ('Abtreibung ist Mord in Massen' etc.) ein allgemeines Klima moralischer Entrüstung zu erzeugen, nicht zuletzt, um Gruppensolidarität zu stärken. Der nur mäßige Erfolg dieser Kampagne dürfte wohl auch darin begründet liegen, daß mit der Fixierung auf das Abtreibungsthema und der weitgehenden Ignorierung von Existenzproblemen *geborener* Menschen diese sich selbst unglaubwürdig gemacht hat (vgl. MIETH 1986, 178).

Das Paradigma eines solchen Verfahrens ist, wie am Beispiel der Laisierung schon angedeutet, das der *Denunziation*.[25] Es wird dort angewandt, wo die ritualisierten Integrationsmechanismen durch z.B. negative Selbststigmatisierung, Beichte, Buße, "by which deviant members of the community are restored to their normal roles and status through ritualised expressions of guilt, sorrow, self-criticism and remorse" (HEPWORTH/TURNER 1982, 22), zu keinem Erfolg geführt haben. Die Denunziation dient der Erzwingung nicht freiwillig geleisteten Schuldigenverhaltens, der Vereinzelung des sich selbst nicht durch Scham individualisierenden Abweichlers. Dazu ist notwendig, zu demonstrieren, "that he is not as he appears but is otherwise and in essence of a lower species" (GARFINKEL 1956, 421).

Der Denunziant geht von der absoluten Gültigkeit eines Normensystems[26] aus, das er selbst zu vertreten glaubt und gegen das der Abweichler seiner Meinung nach verstoßen hat. "The denouncer must make the dignity of the supra-personal values of the tribe salient and accessible to view, and his denunciation must be delivered in their name. The denouncer must arrange to be invested with the right to speak in the name of these ultimate values. The success of the denunciation will be undermined if, for his authority to denounce, the denouncer invokes the personal interests that he may have acquired by virtue of the wrong done to him or someone else" (GARFINKEL 1956, 423).

Denunziationen[27] dieser Art, die gerade durch das Vorgeben einer Unabhängigkeit von subjektiven Interessen charakterisiert sind, werden in innerkirchlichen Konfliktfällen oft nicht direkt durch die Kirchenführung initiiert, sondern häufig von Laien, die ihre Normkonformität besonders unter Beweis stellen zu müssen glauben; sie können auch nur dann wirksam werden, wenn sich die Abweichung des Denunzierten unter ein etabliertes

---

[25]Vgl. GARFINKEL 1956, 421

[26]Vgl. Kapitel 2.4

[27]Vgl. auch HERRMANN 1976(a), 148, sowie den Aufruf des Münsteraner Bischofs, "Eltern, Lehrer und Schüler dazu zu veranlassen, eventuelle 'Abweichungen' im Religionsunterricht zu denunzieren (Münsteraner Kirchenzeitung Kirche und Leben vom 4. Mai 1975, S.7)" (HERRMANN 1976(a), 246).

Ausgrenzungsmotiv subsummieren läßt, d.h. wenn ein automatisierter Sanktionsmechanismus bzw. die Durchführung erfolgreicher Degradierungszeremonien infolge eines bürokratisch zu handhabenden Reglements erwartet werden kann. Daß Fälle innerkirchlichen verdeckten Informantentums, aus denen Denunziationsverfahren erwachsen, existieren, belegt das vom Autor gesammelte Fallmaterial, das jedoch mit Rücksicht auf die Angst Betroffener vor weiteren Repressionen hier nicht in seiner ganzen Fülle ausgebreitet werden kann. Beispielhaft genannt sei hier nur ein Fall eines katholischen Religionslehrers und Fachleiters, dem aufgrund eines 'Hinweises' auf die nicht rechtzeitige Taufe seiner Kinder die Missio canonica und die Berechtigung, Religionslehrer auszubilden, entzogen worden ist.[28] Andere Fälle betreffen Religionslehrer, die wegen Abweichungen von dogmatischen, amtskirchlichen Lehrinhalten, oder kirchliche Mitarbeiter, die wegen ihrer Affinität zu oder Mitgliedschaft in 'linken' Parteien bei ihren Arbeitgebern 'angeschwärzt' wurden oder Priester, denen ein 'Verhältnis nachgesagt' wurde u.v.a.m.

Die einem solchen Denunziations- bzw. Degradierungsverfahren unterliegende moralische Entrüstung über das Verhalten des kirchlichen Abweichlers dient letztlich der rituellen Zerstörung dieser Person.[29] Es ist nur begreifbar vor dem Hintergrund der moralischen Dichotomisierung in absolut

---

[28] Vgl. z.B. FRANKFURTER RUNDSCHAU vom 10.9.1986, Nr. 209, bzw. die Äußerungen des Betroffenen in einem Interview in NEUE WEGE, Zürich, Mai 1987, 81. Jahrgang, Nr. 5, 137ff., hier 138f.: "Der Name des Informanten beziehungsweise der Informantin bleibt mir natürlich vorenthalten. ... Abgesehen von der Aussage, daß der Informant oder die Informantin 'aus tiefster Sorge um die Kirche' getrieben worden sei, ist mir über weitere Motive nichts bekannt. ... Hier entsteht der berechtigte Verdacht, daß aus zutiefst säkularen Motiven gehandelt wurde und der arme Erzbischof, der ja kirchenjuristisch nicht anders kann und darf ..., das Opfer der Manipulation einer bestimmten kirchenpolitischen Fraktion geworden ist. Dieser Fraktion war bekannt, daß ich im basiskirchlichen Sektor engagiert und publizistisch in Zeitschriften wie 'Imprimatur' ..., 'Publik-Forum' ... und selbstverständlich 'Christ und Sozialist' und 'Junge Kirche' hervorgetreten bin".

[29] Vgl. GARFINKEL 1956, 421

Gutes und absolut Böses, der konsequenten Dogmatisierung des eigenen Wirklichkeitsverständnisses; es entspricht der Systemlogik eines seine religiösen Inhalte dogmatisierenden, seine hierarchisch strukturierten Sozialbeziehungen und deren Handlungsimperative bürokratisch verwaltenden Kirchenapparates.

Mag bei ausgrenzenden katholisch-kirchlichen Konfliktlösungsverfahren das der Degradierung auch nicht in jedem Falle und in all seinen Facetten angewandt werden, so hat es doch paradigmatische Bedeutung für nahezu jede Methode kirchlich-institutioneller Konfliktbewältigung im Falle abweichenden Verhaltens. Das ergibt sich schon aus der gesellschaftlichen Organisiertheit der kirchlichen Institution, ja gerade aus ihrem ausdrücklichen anti-anomischen Organisationsziel[30]: "Just as the structural conditions of shame are universal to all societes by the very fact of their being organized, so the structural conditions of status degradation are universal to all societies" (GARFINKEL 1956, 420). Mit der Rückführung des abweichenden Verhaltens auf letzte Ursachen und Gründe, bei der die Korrektheit der Beschuldigung mit der "accordance with socially valid and institutionally recommended standards of 'preference'" (GARFINKEL 1956, 420) legitimiert wird, erlangen die von den Beschuldigenden vorgenommenen Dichotomien von "appearances and reality, truth and falsity, triviality and importance, accident and essence, coincidence and cause" (GARFINKEL 1956, 420) in

---

[30]Nur in gesellschaftlichen Zuständen der Anomie dürften die strukturellen Voraussetzungen für die Zufügung von Scham bzw. für oben skizzierte Degradierungszeremonien fehlen. "It is proposed that only in societies that are completely demoralized, will an observer be unable to find such ceremonies, since only in total anomie are the conditions of degradation ceremonies lacking. Max Scheler argued that there is no society that does not provide in the very features of its organization the conditions sufficient for inducing shame. It will be treated here as axiomatic that there is no society whose social structure does not provide in the very features of its organization the conditions sufficient for inducing shame. It will be treated here as axiomatic that there is no society whose social structures does not provide, in its routine features, the conditions of identity degradation" (GARFINKEL 1956, 420).

ihrer Übertragung auf die Motivstruktur des Abweichlers unangreifbare Qualität. Darin dürfte die ideologische Determinante traditioneller katholisch-kirchlicher Konfliktbewältigungspraxis begründet liegen, das Konfliktlösung prinzipiell nur noch in Form eines asymmetrischen kommunikativen Aktes zuläßt.

4.3 Individualisierung als Strategie kirchlicher Konfliktbewältigung

Die bisher beschriebenen ideellen und organisatorischen Mechanismen kirchlicher Konfliktbewältigung in Form der Domestizierung und Dichotomisierung, der Prävention durch Personalselektion, der gezielten Skandalisierung durch Denunziations- bzw. Degradierungsprozesse und des Versuchs der Verhinderung von nicht-steuerbaren Skandalisierungen, unterliegen einem durchgängigen katholisch-kirchlichen Strukturgesetz bzw. Strukturproblem, nämlich dem einer prinzipiell, wie schon angedeutet, *asymmetrischen Kommunikation* - insofern man von *Kom*munikation hier überhaupt sprechen kann. Sie gehen von der Voraussetzung aus, daß mit der Isolierung, Diskreditierung bzw. Ausgrenzung des Abweichlers der Ordnung des kirchlichen Systems gedient wird. Zusammenfassend seien im folgenden dementsprechende Ausgrenzungsstrategien noch einmal in chronologischer Folge ihrer ansteigenden Eskalation aufgeführt:

"1. Ignorierung; 2. Väterliche Ermahnung und Zurechtweisung; 3. Versetzung - a) Versetzung in die äußere Mongolei - b) Versetzung zur Kurie; 4. Ächtung (Predigtverbot, suspensio a divinis, Exkommunikation) - der Vorteil - dieser Abstufung liege darin, daß das Kirchenvolk den Eindruck gewinne, dem abweichenden Charismatiker sei wiederholt noch einmal eine Chance geboten worden; 5. Mord - a) Physische Vernichtung (vor allem in der Vergangenheit, gegebenenfalls wurde ein solcher später als Märtyrer verehrt) - b) Rufmord (das wichtigste Instrument des Rufmordes sei heute noch zweifellos die Tiefenpsychologie: 'Der Herr Kaplan war eben immer schon psychisch etwas labil'); 6. Heiligsprechung. Als Präventivmethoden werden im gleichen Zusammenhang genannt: 1. rasche hierarchische Beförderung; 2. Betrauung mit einer neuartigen Spezialaufgabe im Rahmen der Kirche. Allem vorweg sei die wirksamste Methode von Anfang an angewendet worden: die langjährige Kasernierung des Priesterkandidaten"[1].

Das Ziel dieser insbesonders auf kirchliches Laienpersonal anwendbaren

---

[1]ZANDER: Die totale Rolle des Pfarreiklerus. Ein soziologischer Bericht von Hans Conrad Zander vom 24.6.1969, Westdeutscher Rundfunk, III. Programm, Kirchenfunk, so zitiert nach LUTHE 1971, 226.

Methoden ist die *Vereinzelung des kirchlichen Abweichlers* im Sinne einer Isolierung eines 'Krankheitsherdes in einem ganzheitlichen Organismus'. Dieser Konfliktbewältigungsstrategie entspricht auch der Versuch der Isolierung bzw. Ausschaltung von kirchlich devianten Gruppen durch Androhung der Nichtanerkennung bzw. Aberkennung ihrer Katholizität[2] und/oder ihrer materiellen/finanziellen Förderungswürdigkeit[3] bzw. der Feststellung der Nichtakzeptanz kandidierender oder gewählter Vertreter dieser Gruppen durch die zuständigen Kirchenbehörde.[4] Die Konfliktverursachung wird dabei ausschließlich dem der Amtskirche gegenüberstehenden Konfliktpartner ange-

---

[2]Vgl. hierzu Can. 216 CIC (1983): "Da alle Gläubigen an der Sendung der Kirche teilhaben, haben sie das Recht, auch durch eigene Unternehmungen je nach Stand und ihrer Stellung eine apostolische Tätigkeit in Gang zu setzen oder zu unterhalten; keine Unternehmung darf sich jedoch ohne Zustimmung der zuständigen kirchlichen Autorität katholisch nennen" und Can. 300 CIC (1983): "Kein Verein darf sich ohne Zustimmung der gemäß can. 312 zuständigen kirchlichen Autorität die Bezeichnung 'katholisch' zulegen". Vgl. hierzu auch den Beschluß der Vollversammlung der Deutschen Bischofskonferenz vom 22. bis 25.7.1969 zur "Anerkennung katholischer Organisationen". Entsprechende Aberkennungsandrohungen sind z.B. gegenüber der KJG geäußert worden: Vgl. den Brief (S 11646/76 - H/le) des Sekretärs der Deutschen Bischofskonferenz, DR. HOMEYER, vom 24.8. 1976 an die Bundesvorsitzenden der KJG, in dem der KJG der Verzicht auf die Unterstützung der Wahl eines unverheirateten Bundesleiters nahegelegt wurde: "Nur dadurch kann verhindert werden, daß die Deutsche Bischofskonferenz sich gezwungen sieht, der weiteren Bezeichnung der KJG als katholischer Verband zu widersprechen ...".

[3]Entsprechenden Konflikten mit der Kirchenleitung sahen sich in den letzten Jahren z.B. die Katholische Arbeitsgemeinschaft für Kriegsdienstverweigerung und Zivildienst (KAK), die Christliche Arbeiterjugend (CAJ) in Fulda und die Katholische Studentengemeinde in Bonn ausgesetzt. Vgl. Rundbrief der KAK II/86, 36ff.

[4]Dem Autor sind mehrere Fälle bekannt, in denen Bischöfe/Generalvikare zu verstehen gegeben haben, daß bestimmte demokratisch zu wählende Personen oder schon gewählte von ihnen nicht anerkannt bzw. letztlich nicht angestellt würden aus Gründen nichtehelichen Zusammenlebens etc.

lastet.[5] Dies verweist wiederum auf den allgemeineren Zusammenhang bischöflicher *Kontrolle innerkirchlicher Selbstorganisation.* "Symptomatisch hierfür und besonders ärgerniserregend scheinen die gegenwärtigen Bemühungen kirchlicher Stellen, Ansätze der Selbstorganisation des kirchlichen Personals unter hierarchische Kontrolle zu bringen. So hat beispielsweise die Deutsche Bischofskonferenz am 14. Nov. 1977 eine 'Regelung für die Zusammenschlüsse von Mitarbeitern in Ordinariaten/Generalvikariaten und von diözesanen Einrichtungen auf bundesrepublikanischer Ebene' verabschiedet, derzufolge 'alle Zusammenschlüsse ... wie auch deren evtl. Geschäftsordnungen von der Bischofskonferenz gebilligt sein (müssen)'. Es folgen detaillierte Vorschriften für die Organisation derartiger Zusammenschlüsse, ihre Handlungsmöglichkeiten und nicht zuletzt der Hinweis: 'eigene Veröffentlichungen seitens dieser Zusammenschlüsse sind nicht möglich' und 'Protokolle der Sitzungen sind dem Sekretariat (scil. der Deutschen Bischofskonferenz) zuzuschicken, das darüber in geeigneter Weise den Vorsitzenden der zuständigen Kommission der Bischofskonferenz informiert'" (KAUFMANN 1979, 140). Besondere Brisanz erfährt diese Problematik bei der Gestaltung innerkirchlicher Mitarbeitervertretung, deren Mitbestimmungsrechte weit hinter denen in den Bestimmungen des Betriebsverfassungsgesetzes zurückbleiben.[6]

Die Möglichkeit der klerikalen Kontrolle der Selbstorganisation sowie der Vereinzelung des Abweichlers im Konfliktfall verweist auf institutionelle Machtmittel amtskirchlicher Hierarchie und sichert "damit stets das Letztentscheidungsrecht des Bischofs, der bei der Erfüllung seiner Hirtenaufgabe kirchlicherseits nicht in seiner Kompetenz beschränkt werden darf" (RICHARDI 1984, 110). Dort, wo das kritische Potential innerkirchlicher Devianz und Konflikte durch ideologische und organisatorische Bewältigungsverfahren liquidiert wird, handelt es sich nicht nur um einen asymmetrischen Interaktionsprozeß, sondern auch um die Monopo-

---

[5]Z.B.: "Die Deutsche Bischofskonferenz stellt mit Bedauern fest, daß das Verhalten der KJG-Bundesleitung auch in den zurückliegenden zwei Jahren nicht zu einer Verbesserung des Verhältnisses des Bundesverbandes zur Bischofskonferenz beigetragen hat" (PRESSEDIENST DER DEUTSCHEN BISCHOFSKONFERENZ 26.9.1986, 5).

[6]Vgl. HENGSBACH 1984, 8; RULAND 1980, 90.

lisierung von Machtmitteln in den Händen nur einer Konfliktpartei, nämlich der amtskirchlichen Hierarchie. Die Auswirkungen dieser Machtkonstellation wird an dem Konflikt- und Kritikverarbeitungsmodus kirchlicher Hierarchie besonders anschaulich:

"Eine Kritik innerhalb der Kirche darf nie den Anschein haben, sie sei von niederen Chargen erdacht, um Reformen zu erzwingen oder zu ertrotzen. Die Mutter Kirche und die Väter ergreifen die Anregungen ihrer Söhne und Töchter, bringen Ordnung hinein und geben sie wieder zurück als Elterngeschenke für ihre Kinder. Damit bleibt der Gehorsam oberstes Prinzip, weil Glaube ja auch Gehorsam ist. Selbst die mutigsten theologischen Erneuerer wählen ihre Formulierungen so mit Bedacht, daß die Mutter Kirche nicht ernstlich böse sein kann und die Väter nicht zu Zuchtmitteln greifen müssen. Ideen, Vorschläge, theologische Begründungen leiden deshalb in ihrer Form unter dem einen Zwiespalt: Die Dynamik der neuen Einsicht darf dem konservativen Amt nicht wehe tun. Manche Theologen werden durch die praktische Notwendigkeit dieser Methode zu einer Raffinesse gezwungen, sachliche Kritik so zu verdecken, daß römische Kontrollbehörden sie verkraften. Wissenschaftliche Kongresse von Exegeten und Moraltheologen leiden sehr unter dem Druck, einzukalkulieren, was Rom wohl sagen wird. Noch empfindlicher als gegen dogmatische Irrtümer zeigen sich die Väter der Kirche, wenn Fragen kirchlicher Praxis offen diskutiert werden sollen. Die Angst der Amtsträger, die Kirche könnte an Ansehen in der Öffentlichkeit verlieren, wenn offen über Priesternachwuchs oder Finanzfragen gesprochen wird, veranlaßt zum Vorwurf, der Christ wolle sein 'eigenes Nest beschmutzen'" (BECKER 1967, 92f.). Grundzüge ideeller hierarchischer Konfliktbewältigung wurden schon in Kapitel 4.1.1 aufgezeigt. Spezifische Abwehrmechanismen gegen innerkirchliche Kritik sieht BECKER in folgendem: "1. Dem Kritiker wird die Absicht zur absoluten Aussage unterstellt, die die Kirche in ihrer Polemik gerne selbst verwendet. ... Im Falle der Machtkritik würde es etwa heißen: alles sei n u r aus dem Machtstreben erklärt, und das eigentliche theologische Problem werde gar nicht berührt... . 2. Der Kritiker wird in irgendeine bereits verworfene oder verurteilte Gruppe von Häretikern oder Schwärmern eingereiht. Man beruft sich auf alte, amtlich definierte Abwehrformen... . 3. Am leichtesten gelingt die Abwehr, wenn man dem kirchlich Unbequemen persönliche Motive unterschieben kann, die angeblich eine objektive Einstellung zur Kirche unmöglich machen" (1967, 8).

Die Antizipation der Ausgrenzung von Seiten der innerkirchlich Kritikübenden widerspiegelt die Institutionalisierung dieses Machtverhältnisses als Wesenselement gegenwärtiger katholischer Kirchenstruktur. Der amtskirchlichen Hierarchie, die mit in Kirchenrecht und -bürokratie mediatisierten Machtmitteln ausgestattet ist, kann dann nur noch mit einer 'Pastoral von unten' bzw. mit einem vorsichtigen Taktieren seitens der Kritiker begegnet werden, da die 'Schiene' des Rechts als Widerspiegelung und Handlungsinstrument der Interessen der Hierarchie für die Umsetzung von Kritik zu innerkirchlicher Strukturveränderung für Nicht-Mitglieder der Hierarchie nahezu unbenutzbar bleibt. Dies wiederum entspricht der *Dominanz der kirchenpolitischen, -rechtlichen und -bürokratischen Ordnungsaufgabe*, der Kontrolle und Verwaltung festdefinierter religiöser Normalität über die Intention einer an den ethischen Wesenszügen des Christentums (Nächstenliebe, Barmherzigkeit, Toleranz etc.) orientierten Pastoral[7]: Die Pastoral der Hierarchie scheint allenfalls im Dienst jener kirchenpolitischen Ordnungsaufgabe zu stehen, bei der es "nu om het normaliseren van de kerk naar de gelegaliseerde en vastgelegde routes (gaat). De kerk moet aangepast en ingepast in de visie, die de bisschoppen op gezag van Rome voorstaan. Restauratie of normalisatie is de eindnorm, en daartoe is het benoemingenbeleid een uiterst geschikt middel" (CRIJNS/ZUIDBERG 1986, 41).

Die Kontrolle und Programmierung entsprechenden kirchlichen Mitarbeiterpersonals hinsichtlich der Einhaltung einer solchen, dezidiert vorgegebenen normativen Richtschnur ist damit sicherlich effizienter zu handhaben als unter der Handlungsprämisse weitgehend interpretativer, d.h. auch tatsächlich am 'ganzen', einzelnen Menschen orientierter pastoraler Organisationsziele.[8] Denn die für eine solche Pastoral erforderliche Akzeptanz der Pluralität der Bewußtseine - sowohl derjenigen kirchlicher Mitarbeiter wie auch derjenigen der von diesen betreuten Menschen - steht der Intention einer Implementation amtskirchlicher dogmatisierter Normvorgaben diametral

---

[7]"De bovenstaande eerste analyse en praktijkervaringen bevestigen ons vermoeden, dat in het beleid der bisschoppen eerder kerkpolitieke dan pastorale doelen prioriteit hebben" (CRIJNS/ZUIDBERG 1986, 43).

[8]Vgl. METTE 1986

gegenüber. Die kulpative Stigmatisierung eines im kirchlichen Sinne Abweichenden bedeutete für eine Pastoral die Diskreditierung des Devianten und eine Reihe ungelöster psychologischer und auch ethischer Probleme.[9]

Ohne letzteres an dieser Stelle weiter auszuführen, soll im folgenden auf diese paradigmatisch so verschiedenen Ansätze einer 'Verwirklichung von Kirche in dieser Welt' im allgemeinen und innerkirchlicher Problemlösung im Besonderen in ihrem Verhältnis zu den individuellen Freiheits- und Menschenrechten eingegangen werden.

---

[9]Z.B. das der Legitimation des Betreuungsanspruches zwischen Kontrolle und Hilfe, zwischen Strafe und Erziehung zur eigenen normativen Entscheidung, Verarbeitung von durch Vereinzelung bedingter Frustration etc.

4.4 Katholische Konfliktbewältigung und Menschenrechte

Die sowohl die Glaubwürdigkeit wie auch Authentizität der Kirche zutiefst berührende Frage nach der Ethik amtskirchlicher Konfliktbewältigungsverfahren führt zunächst zu dem Problem der Ausrichtung und damit auch der faktischen Funktion des Rechts innerhalb der Kirche. Einerseits gehört das Recht zum äußerlich sichtbaren "Selbstvollzug der Kirche" (PREE 1986): Die Kirche stellt sich mittels des Rechts in ihrer gesellschaftlichen Faktizität und Relevanz selbst dar. "Weil auch sie nach Art eines sozialen und sichtbaren Gefüges gestaltet ist, bedarf sie der Richtlinien, damit ihre hierarchische und organisatorische Struktur sichtbar wird und die Ausübung der ihr von Gott anvertrauten Dienste, insbesondere der geistlichen Gewalt und der Verwaltung der Sakramente ordnungsgemäß geregelt wird" (JOHANNES PAUL II. 1983, XXIII). Damit besitzt das Kirchenrecht "Instrumentalcharakter" (PREE 1986, 141)[1]: Es ist als ein Element des Selbstvollzuges der Kirche sichtbares Zeichen institutioneller Objektivierung der Kirche. Andererseits muß sich auch das Kirchenrecht, dessen Anwendung wie die Praxis kirchlicher Handlungsvollzüge in der Gesellschaft, die Frage nach der Vereinbarkeit mit den elementaren Menschen- und individuellen Freiheitsrechten gefallen lassen. Denn nicht die allgemeine Propagierung der Menschenrechte konstituiert kirchliche Übereinstimmung mit diesen, sondern erst die strukturelle und faktische Realisation.

Menschenrechte sind damit ein Bemessungskriterium der kirchenrechtlichen Theorie und der Praxis kirchlich-institutionellen Handelns.[2] Denn die Orientierung "an dem Leitwert 'Gerechtigkeit'"[3] bei der Einlösung des "Erfordernis(ses) einer verbindlichen, durchsetzbaren Regelung des Gemeinschaftslebens"[4] der Kirche, die teilhat "an der Geschichtlichkeit des Men-

---

[1]Vgl. auch Kapitel 1.4

[2]Vgl. Kapitel 1: Päpstliche Kommission 'Justitia et pax'. Die Kirche und die Menschenrechte 1974, Nr. 62

[3]HANS-HEIMERL-HELMUTH PREE: Kirchenrecht. Allgemeine Normen und Eherecht. Wien-New York 1983, 4, so zitiert in: PREE 1986, Anmerkung 7, 164

[4]Siehe Fußnote 3

schen..., d.h. an seiner Raum- und Zeitgebundenheit sowie seiner zugleich bestehenden Individual- und Sozialdimension"[5], ist in der Form einer intentionalen Äußerung keineswegs schon gleichzusetzen mit ihrer faktischen Konkretisierung in Text *und* Anwendung des Kirchenrechts, wobei die kirchlich relevanten Operationalisierungen eben dieses "Leitwertes 'Gerechtigkeit'" (s.o.) selbst historischen Relativierungen unterworfen sein dürften, ohne die eine *Entwicklung des Kirchenrechts* wie auch der katholischen Konfliktbewältigungspraxis undenkbar erscheinen müßte.

Die katholisch-kirchliche Konfliktbewältigungspraxis hebt sich vor dem Hintergrund der Anforderungen individueller Menschen- und Freiheitsrechte in auffälliger Weise ab; sie scheint von den Entwicklungen und Errungenschaften der Aufklärung sowie der individuellen Menschen- und Freiheitsrechte strukturell relativ unbeeindruckt geblieben zu sein, wenn sich auch einige ihrer Sanktionsverfahren inzwischen 'verfeinert' haben. "Es ist festzustellen, daß sich die neuzeitliche Entwicklung der Menschenrechte weitestgehend außerhalb der Kirche und zum Teil sogar gegen ihren erklärten Willen vollzogen hat. ... Doch sind zum Beispiel die päpstlichen Äußerungen vor allem des letzten Jahrhunderts gegen die meisten, heute selbstverständlich gewordenen Grundrechte, ein beredtes Zeugnis. Die mühsame Entwicklung der kirchlichen Doktrin hin zu einer positiven Haltung gegenüber dem grundrechtsgewährleistenden Staat, vor allem der Demokratie, kann nur von der erwähnten Abwehrstellung her verstanden werden. ... Sowohl die Pastoralkonstitution 'Gaudium et spes' wie auch das Dekret über die Religionsfreiheit 'Dignitatis humanae' des Zweiten Vatikanischen Konzils bedeuten diesbezüglich einen historischen Wendepunkt. Es ist allerdings nicht zu vergessen, mit wieviel Mühe und Kompromissen - zum Teil gegen heftige Intrigen - diese Dokumente über die Runde kamen" (HINTER 1977, 39ff.). Gerade die Verhaftetheit katholischer Konfliktbewältigung in ihrer autoritär-hierarchischen Tradition konstituiert heute angesichts der in weiten gesellschaftlichen und staatlichen Bereichen als selbstverständlich akzeptierten Grund- und Menschenrechte eine deutliche Dissonanz. "Die im Grundgesetz und in anderen Verfassungen verwirklichten Menschenrechte sind Ausdruck neuer Wertvorstellungen, die aus dem Zeitalter der Aufklärung stammen. Ob es sich um den Kampf gegen die Hexenprozesse, die Beseitigung

---

[5]Siehe Fußnote 3

der Tortur, die Abschaffung der Sklaverei, die Verwirklichung des Gleichheitsgrundsatzes, vor allem für die Frau, gehandelt hat, um nur einige markante Beispiele zu nennen, alle wesentlichen Errungenschaften sind nicht von Kirchen gegen die Welt, sondern von der Welt gegen die Kirchen erstritten worden. Nicht die Welt hat sich dem Christentum, sondern das Christentum der Welt genähert" (FISCHER 1984, 37f.).

Die Annäherung der Institutionen der katholischen Kirche an die der säkularen Welt ist nicht in einer solchen Intensität erfolgt, die berechtigterweise von einer Übereinstimmung in den wesentlichen normativen Grundzügen sprechen ließe. Dagegen steht das *ambivalente Verhältnis der katholischen Kirche zur Demokratie*, das insbesondere in der unterschiedlichen amtskirchlichen Bewertung der Relevanz freiheitlich-demokratischer Organisationsformen für den Staat auf der einen und für die Kirche auf der anderen Seite zum Ausdruck kommt. Die grundsätzliche Bejahung der demokratischen *Staats*form durch die kirchliche Hierarchie[6] dürfte letztlich daher resultieren, daß die Demokratie - abgesehen von rechtsdiktatorischen Systemen[7] - als staatliche Organisationsform den Kirchen einen weiten gesellschaftspolitischen Handlungsspielraum beläßt.

Ähnlich *ambivalent* gestaltet sich das *Verhältnis der katholischen Kirche zu den Menschen- und Freiheitsrechten*: Es "kann kaum bezweifelt werden, daß die Kirche seit dem vielberedeten Rundschreiben Leos XIII. über die Rechte der Arbeiter ('Rerum novarum', 1891) die Menschenrechte mit Nach-

---

[6]"Folgerichtig ist auch 'die Entwicklung von rechtlichen und politischen Strukturen' zu begrüßen, 'die ohne jede Diskriminierung allen Staatsbürgern immer mehr die tatsächliche Möglichkeit gibt, frei und aktiv teilzuhaben an der rechtlichen Grundlegung ihrer politischen Gemeinschaft, an der Leitung des politischen Geschehens, an der Festlegung des Betätigungsbereiches und des Zwecks der verschiedenen Institutionen und an der Wahl der Regierungen'. Damit ist nicht nur von seiten des Konzils ein 'Ja' zur Staatsform der freiheitlichen Demokratie ausgesprochen" (DEUTSCHE BISCHOFSKONFERENZ 1969, 23).

[7]Siehe die Funktion und den Handlungsspielraum der katholischen Kirche im faschistischen Spanien unter Franco oder auch in den Militärdiktaturen Chiles und Argentiniens etc. Vgl. auch Kapitel 1.2

druck verkündet hat" (CORIDEN 1979, 234). Dies gilt wiederum vorzüglich für die Forderung nach der Durchsetzung der Menschenrechte im politischen Bereich außerhalb der Kirche. "Die Lehre tönt ernsthaft und echt, ist sie aber glaubwürdig? Zum Teil beruht die Glaubwürdigkeit einer Botschaft auf ihrer Beglaubigung durch die Tat. Tut die Kirche das, was sie andere in bezug auf die Menschenrechte tun heißt, auch selbst" (CORIDEN 1979, 234)?

Daß das Kirchenrecht sowie die gesamte Kirchenstruktur nur mühsam bzw. in einigen Aspekten auch gar nicht die Errungenschaften der in vielen anderen Teilbereichen der Gesellschaft längst verwirklichten Menschen- und Freiheitsrechte aufgegriffen hat, dürfte in den Darstellungen kirchlicher Strukturprobleme, Ausgrenzungsmotive und Konfliktlösungsverfahren weiter oben einsichtig geworden sein. "En in vergelijking met de strijd om de burgerlijke grondrechten is er een achterstand van tweehonderd jaar to noteren" (VERENIGING VAN PASTORAL WERKENDEN 1986, 8). Die Paragraphen des Codex Iuris Canonici (1983) belegen die strukturelle Nachrangigkeit individueller Freiheitsrechte gegenüber den selbst zugeschriebenen Kontrollrechten kirchlicher Hierarchie. Exemplarisch seien hier einige solcher Normen des CIC von 1983 zur Einschränkung der Wissenschafts- und Vereinigungsfreiheit genannt:

> "Can. 218 - Die sich theologischen Wissenschaften widmen, besitzen die gebührende Freiheit der Forschung und der klugen Meinungsäußerung in den Bereichen, in denen sie über Sachkenntnis verfügen; dabei ist der schuldige Gehorsam gegenüber dem Lehramt der Kirche zu wahren."

> "Can. 229 - § 3. Kein privater Verein von Gläubigen wird in der Kirche anerkannt, wenn seine Statuten nicht von der zuständigen Autorität geprüft sind."

Die Verabsolutierung der Meinung des kirchlichen Lehramtes als letztendlicher Entscheidungsmaßstab geht dabei entweder von dessen grundsätzlicher Übereinstimmung mit den Anforderungen der Menschenrechte aus oder aber - wie oben schon gesagt - von der Nachrangigkeit letzterer, in jedem Fall aber von einem prinzipell *unproblematischen Verhältnis* zwischen lehramtlichen Festlegungen und Menschenrechtsforderungen. Um es einmal überspitzt zu formulieren: Diejenigen Menschenrechte, die sich in das hierarchische

Ordnungsgefüge einpassen, werden von den kirchlichen Repräsentanten (zu Zwecken der Selbstlegitimation) akzeptiert und propagiert; diejenigen Rechte aber, aus denen einzelne Kirchenmitglieder Ansprüche gegen das hierarchische System ableiten, die ihnen von diesem nicht von sich aus gewährt werden, konstituieren für die kirchliche Hierarchie keine bindenden Verpflichtung: Die Legitimation, solche Rechte ignorieren zu dürfen, konstruiert die Hierarchie aus der sich selbst zugeschriebenen, 'von Gott gegebenen geistlichen Vollmacht', die sich die amtskirchlichen Repräsentanten grundsätzlich nicht durch Menschen- oder Grundrechte[8] begrenzen lassen. So "soll nicht der Freiraum des Christen *vor* der Kirche geschützt, sondern der Betätigungsraum der Christen ... *in* der Kirche geregelt werden" (HINTER 1977, 223).

Die Kategorie des gesellschaftlichen Machtgebrauchs 'geistlicher Vollmacht' muß seitens der Vertreter kirchlicher Hierarchie ausgeblendet oder zumindest in einer solchen Weise verklärt werden, daß dessen Bewertung im innerkirchlichen Raum nicht zur Disposition gestellt wird. Amtskirchlicher Machtgebrauch ist dann immer nur Ausdruck 'geistlicher Vollmacht', die mit einer nahezu unantastbaren Legitimation ausgestattet ist. So formuliert man im Sinne der Amtskirche: "Die theologisch begründete Gemeinschaft der

---

[8]Selbst die Eigenschaft der Kirchen als Körperschaften öffentlichen Rechts bindet die kirchliche Hierarchie staatlicherseits nicht an die Grundrechte. "Heute unterscheiden sie sich grundlegend von allen anderen Körperschaften des öffentlichen Rechts. Man hat zwar zur Kennzeichnung ihrer hervorragenden Stellung im öffentlichen Leben und als Sammelbezeichnung für ihre Vorrechte die überkommene Benennung als Körperschaft des öffentlichen Rechts beibehalten. Aber es ist allgemein anerkannt, daß die Kirchen Körperschaften des öffentlichen Rechts 'sui generis' sind und daß die Rechtsfolgen, die aus dem Begriff ansonsten gezogen werden können, für die Kirchen nicht mehr gelten. Sie sind nicht in den Staat eingegliedert und werden nicht von ihm beaufsichtigt. Der Staat ist für ihr Handeln nicht verantwortlich. Damit entfällt die Basis, sie wegen ihrer Benennung als Körperschaften des öffentlichen Rechts dem Staate als grundrechtsverpflichtet anzusehen" (RÜFNER 1972, 10f.).

Kirche ist ja gerade nicht gemäß dem Modell des Staates nach dem Prinzip der Macht aufgebaut. Das Analogon - nämlich die auf Christus sich gründende Vollmacht in der Kirche - würde durch eine Gleichsetzung mit der Machtkategorie im staatlichen Bereich völlig verfälscht. Der Mißbrauch der geistlichen Vollmacht kann nicht einfach mit einem Machtbegrenzungsprinzip (im Sinne der Grundrechte, R.S.) aus der Welt geschafft werden" (HINTER 1977, 76). Wieder einmal wird hier die theologische Fundierung der Kirche mit deren faktischer gesellschaftlicher Existenz, also deren 'göttlich' intendierter Soll-Zustand mit deren historischer Ist-Situation ineins gesetzt. Diese ideologieträchtige Subsumption der gesellschaftlichen Realität der Kirche unter idealisierende theologische Begriffe muß zwangsläufig vor der Beantwortung der Frage nach einer kirchlich-institutionell praktikablen Lösung des Problems des 'Mißbrauchs geistlicher Vollmacht' kapitulieren. So muß es der Amtshierarchie selbstverständlich problematisch erscheinen, "die Ordnung der geistgewirkten Communio der Kirche vom Konfliktfall her zu konzipieren, der zwischen dem Einzelglied (oder Gruppen) und der 'Communio' ausbrechen kann" (HINTER 1977, 75f.), solange es sich bei der 'Communio' ebenfalls wieder um eine idealisierende theologische Ordnungsvorstellung handelt. Demgegenüber sind in der real existierenden katholischen Amtskirche aufgrund ihres institutionellen Charakters und der für diesen typischen selektiven Normdurchsetzung Konflikte sowie die Notwendigkeit sozialer Kontrolle vorprogrammiert. Um es einmal deutlich zu sagen: *Devianz und Konflikte* sind *Wesensbestandteile kirchlich-institutioneller Praxis.* Dementsprechend *muß* eine die real existierende katholische Kirche strukturierende Ordnung *vom Devianz- und Konfliktfall ausgehen*[9] bzw. davon, "daß die kirchliche Rechtsordnung durchaus auch mit dem Austragen von Konflikten, der Lösung von Spannungen in der Kirche zu tun hat. Es ist daher verfehlt, wenn man, ... im Zusammenhang mit der Grundrechtsproblematik in der Kirche, eine Konzeption der Grundrechte zurückweist, 'die von einer dialektischen und spannungsgeladenen Haltung der Gemeinschaft gegenüber bestimmt wird', und darin 'ein Attentat auf die Einheit des Leibes Christi 'quod est Ekklesia' (Kol I, 18)' sieht"[10].

---

[9]Vgl. Kapitel 6.2

[10]POTZ 1978, 164; das Zitat im Zitat stammt von Lombardia, P.: Die Grundrechte des Gläubigen, in: Concilium 5/1969, 610

Begriffe wie 'geistliche Vollmacht' oder 'geistgewirkte Communio' abstrahieren vom spezifisch Sozialen kirchlicher Institution[11]: Mit ihrer Hilfe wird die faktische, gesellschaftliche Konfliktträchtigkeit und Selektivität religiöser Institutionen mit dem Mantel eines harmonisierenden Soll-Zustandes von Kirche zu verdecken gesucht. Doch nicht lediglich die Konfliktträchtigkeit kirchlicher Institution, sondern auch die Subjektivität sowie der an dieser orientierte Machtgebrauch maßgeblicher kirchlicher Repräsentanten stellt eine Herausforderung nicht nur an Menschenrechte, sondern - wie im folgenden Kapitel 5 gezeigt wird - auch an Grund- und Verfassungsrechte dar. Bis hierhin bleibt festzustellen: In der katholischen Kirche ist *der Konfliktfall der Normalfall* und der *Machtgebrauch* - wie er es in jeder Institution sein kann - ein Instrument institutioneller Kontrolle und Steuerung. Von daher steht die katholisch-kirchliche Institution, wie jede andere Institution auch, in der *Gefahr des Machtmißbrauchs,* dem wirksam zu begegnen nur mit Hilfe eines Machtbegrenzungsprinzips möglich ist. Da rechtsstaatliche Organe nur in begrenztem Umfang kirchliche Machtbegrenzung zu realisieren befugt sind[12], obliegt diese Aufgabe primär der Kirche selbst. Ob sie diese in weitgehender Realisierung der Menschenrechte in ihrer inneren Struktur zu realisieren in der Lage sein wird, hängt von ihrer Fähigkeit ab, ihre eigene Geschichte als Konfliktgeschichte zu begreifen und ihre Ordnung hieran auszurichten.

---

[11]wie es in ihrer Rolle als Arbeitgeber, unternehmerischer Interesseverband etc. zum Tragen kommt; vgl. Kapitel 2.6 und 6.1

[12]Vgl. Kapitel 5, insbesondere Kapitel 5.2

5 Innerkirchliche Konflikte vor den Schranken des staatlichen Arbeits- und Verfassungsgerichts

Konfliktfälle der geschilderten Art "genießen große Beachtung in der Öffentlichkeit und sind geeignet, die Grundprobleme und Grenzen der Verschränkung von vertraglich vereinbarten Rechtspflichten und persönlicher Meinung-, Religions- und Gewissensfreiheit deutlich werden zu lassen. Es geht um das ungemein fesselnde Spannungsfeld zwischen Recht und Religion, Staat und Kirche, in einem nach seiner Verfassung weltanschaulich neutralen Staat, der den Kirchen ('Religionsgemeinschaften') jedoch das Recht einräumt, ihre Angelegenheiten selbständig innerhalb der Schranken des für alle geltenden Gesetzes zu ordnen und zu verwalten (Art. 140 GG i.V. mit Art. 137 III WRV)" (RÜTHERS 1986, 356).[1] Ohne einen Gesamtüberblick über die Probleme heutigen Staatskirchenrechts geben zu wollen, werden im folgenden einige Aspekte der Begrenzung kirchlicher Handlungsspielräume zur Konfliktregulierung bei kirchlichen Arbeitsverhältnissen aufgezeigt, die in der inzwischen im Grundsatz verfassungstheoretisch unbestrittenen Grenzziehungsbefugnis des Staates[2] begründet liegt.

In kaum einer anderen Konfliktlage offenbart sich die kirchlich-institutionelle Identität, das amtskirchliche Selbstverständnis so deutlich wie in den Auseinandersetzungen des kirchlich-administrativen Apparates mit seinen Mitarbeitern vor den Schranken des staatlichen Arbeitsgerichtes: Hier ist die amtskirchliche Organisation *Partei*; hier artikuliert sich

---

[1]"Die Aktualität und Brisanz der Problematik ist auch daran zu ersehen, daß zu diesem Problemkreis allein seit 1977 etwa 20 Entscheidungen oberster Bundesgerichte, darunter fünf des BVerfG ergangen sind. Das BVerfG hat mehrfach (Betriebsratserrichtung im konfessionellen Krankenhaus, Zugangsrecht betriebsfremder Gewerkschaftsvertreter in kirchlichen Einrichtungen, Krankenhausgesetz Nordrhein-Westfalen, zweimal Kündigung wegen Loyalitätsverletzung) Entscheidungen des BAG aufgehoben. Das Arbeitsrecht in der Kirche ist - wie auch die Fülle der im letzten Jahrzehnt dazu erschienenen Literatur zeigt - eine Sonderdisziplin geworden" (RÜTHERS 1986, 356).

[2]Vgl. WEBER 1983, 2542

deren 'subjektives' Interesse, einmal im Kontrast zu den Normen staatlicher Grenzziehungsbefugnis, zum anderen im Gegenüber zu dem um Durchsetzung seiner persönlichen Freiheitsrechte ringenden, 'devianten' kirchlichen Mitarbeiter. Die Präsenz von Kirche reduziert sich in einem solchen Prozeß auf die Aufgabe ihrer juristisch geschulten Vertreter, die Organisationsinteressen und -ziele kirchlicher Hierarchie justitiabel umzudeuten, um diesen innerkirchlich und vor dem staatlichen Recht Geltung zu verschaffen. Die Selektivität, die der Objektivierung religiöser Gehalte durch gesellschaftliche Institutionalisierung zwangsläufig zu eigen ist[3], reproduziert und steigert sich noch einmal in dem Verfahren der Übersetzung von Organisationsinteressen in Argumentationsmuster innerhalb eines vorgegebenen anderen (als theologischen bzw. ekklesiologischen), staatlich-rechtlichen Relevanzsystems.

Auf der anderen Seite erscheint das arbeits- und verfassungsrechtliche, subsumptive Interpretament zur Regulierung kirchlicher Arbeitsrechtskonflikte für Intentionen bestimmter Formen der gesellschaftlichen Institutionalisierung von Religion wie solchen der Großkirchen nicht unzugänglich zu sein, vor allen Dingen dort nicht, wo staatliche Gerichte das Selbst- und Problemverständnis der amtskirchlichen Hierarchie faktisch zum Maßstab ihrer eigenen Sicht- und Beurteilungsweise kirchlicher Handlungsspielräume erheben. Dies eröffnet den Kirchen die Möglichkeit, sowohl ihre Ausgrenzungsmotive als auch ihre Konfliktregelungsmechanismen selbst innerhalb der das staatliche Recht tangierenden Bereiche nach eigenem Gutdünken durchzusetzen und zu praktizieren.

---

[3]Vgl. Kapitel 1

5.1 Spielräume und Grenzen der Selbstbestimmung und der arbeitsrechtlichen Regelungsautonomie der Kirchen

Die arbeitsrechtliche Regelungsautonomie bzw. die Dienstherrnfähigkeit der Kirchen werden aus dem kirchlichen Selbstbestimmungsrecht nach Art. 140 GG i.V. mit Art. 137 III WRV abgeleitet: "Jede Religionsgemeinschaft ordnet und verwaltet ihre Angelegenheiten selbständig innerhalb der Schranken des für alle geltenden Gesetzes. Sie verleiht ihre Ämter ohne Mitwirkung des Staates oder der bürgerlichen Gemeinde".

Wesentlich für die Reichweite und damit für die konkrete Ausgestaltung der arbeitsrechtlichen Regelungsautonomie der Kirchen, insbesondere im Hinblick auf den Spielraum der Kirchen, mit der Definition bestimmter Formen abweichenden Verhaltens selbst Tatbestandsmerkmale zu kreieren, die zur Sanktionierung auf arbeitsrechtlichem Wege berechtigen, ist der verfassungsrechtliche Rahmen für die Ausdeutung des Selbstbestimmungsrechtes der Religionsgesellschaften innerhalb der Schranken des für alle geltenden Gesetzes.

Der dem kirchlichen Selbstbestimmungsrecht Grenzen setzende Schrankenvorbehalt ist im Laufe der letzten Jahre durch die Rechtssprechung des Bundesverfassungsgerichtes eindeutig zugunsten kirchlicher Regelungsautonomie präzisiert worden. "Trifft das Gesetz die Kirche nicht wie den Jedermann, sondern in ihrer Besonderheit als Kirche härter, ihr Selbstverständnis, insbesondere ihren geistig-religiösen Auftrag beschränkend, also anders als den normalen Adressaten, dann bildet es insoweit keine Schranke" (BVerfGE 42, 312 (334)). Diese Jedermann-Formel in Zusammenhang mit der Interpretation des Schrankenvorbehalts bindet die staatliche Gewalt weitestgehend an das *kirchliche Selbstverständnis*, an die kirchliche Definition dessen, was unter deren Selbstbestimmungsrecht zu subsummieren ist. "Mit ihr wird dem kirchlichen Recht für kirchliche Angelegenheiten die Kompetenzkompetenz zuerkannt. Im Ergebnis liegt es in der Definitionsmacht der Kirchen, wann sie durch ein staatliches Gesetz 'anders' oder 'härter' betroffen sind; die Kirche wird damit 'potentiell, virtuell aus der Verbindlichkeit der staatlichen Rechtsordnung' herausgenommen" (WEBER 1983, 2552).

Dadurch sieht RICHARDI sogar die sozialpolitische Steuerungskompetenz des Staates eingeschränkt. "Der Schrankenvorbehalt in Art. 137 Abs. 3 WRV gibt dem Staat nicht das Recht, für die Kirche verbindlich festzulegen, wie und mit wem sie ihren Auftrag zu erfüllen hat, auch wenn es sich um Gesetze handelt, die der Sozialordnung ihre Struktur geben" (1984, 21f.).

Plausibilität erlangt die Schlußfolgerung RICHARDIS eigentlich nur aus einem lediglich auf Wahrung der Freiheitsgarantien für die Kirchen fixierten Blickwinkel. Eine finanzielle Förderungs*pflicht* des Staates hinsichtlich kirchlicher Einrichtungen auf sozialem Gebiet jedoch dürfte hieraus nicht ableitbar sein.[1] Ebensowenig steht den Kirchen ein Entscheidungsrecht über die Kriterien der Integration ihrer Einrichtungen in die sozialstaatliche Bedarfsdeckung zu.[2] Für ein weltanschaulich neutrales Staatswesen ist vielmehr die faktisch gegebene Monopolstellung kirchlicher Einrichtungen in einzelnen Bereichen sozialer Hilfe problematisch. "Je mehr die Kirchen in sozialen Einrichtungen ihr religiöses Proprium wirksam werden lassen, desto mehr besteht die Gefahr, daß der Einzelne für seine Daseinsvorsorge auf religiös geprägte Einrichtungen verwiesen wird, deren Ausrichtung seinen Überzeugungen nicht entspricht, ihnen unter Umständen sogar direkt zuwiderläuft" (WEBER 1983, 2545).

---

[1]Vgl. WEBER 1983, 2544

[2]Entsprechende staatliche Auflagen für die Akzeptanz kirchlicher Einrichtungen erfolgen "nicht ohne sachlichen Grund: Wenn der Staat Mittel etwa zur Finanzierung kirchlicher Kindergärten einsetzt, hat er ein legitimes Interesse daran, daß die geförderte Einrichtung ihn bei seiner Aufgabenerfüllung entlastet (was in vielen Fällen z.B. bedeuten kann, daß sie auch konfessionsfremde Kinder aufnehmen muß); wenn ein kirchliches Krankenhaus in die staatliche Bedarfsplanung aufgenommen wird, verursacht das Kosten im staatlichen Bereich und es hat Folgen für staatliche Investitionsentscheidungen auch an anderer Stelle. In der Praxis werden die Probleme überwiegend im Wege des Arrangements unter den Beteiligten gelöst; ausreichende rechtliche Instrumente für eine grundsätzliche Bewältigung der ausgeworfenen Probleme fehlen im Augenblick noch" (WEBER 1983, 2544f.).

Nicht nur RICHARDI, sondern auch das Bundesverfassungsgericht scheint mit seiner großzügigen Auslegung des kirchlichen Selbstbestimmungsrechts bzw. der engen Begrenzung des Schrankenvorbehalts eher der traditionell gewachsenen, privilegierten Stellung der Kirchen in unserem Staat Rechnung tragen zu wollen als der Idee eines tatsächlich am religionsneutralen, pluralistischen Gemeinwesen orientierten Staatskirchenverhältnisses, wenn es zu dem Schluß kommt:

> "Die Formel 'innerhalb der Schranken des für alle geltenden Gesetzes' kann nicht im Sinne des allgemeinen Gesetzesvorbehalts in einigen Grundrechtsgarantien oder im Sinne des 'allgemeinen Gesetzes', das eine Schranke der Meinungsfreiheit bildet (Art. 5 Abs. 2 GG), oder im Sinne der Formel 'im Rahmen der Gesetze' bei der Gewährleistung des Rechts der Gemeinden, alle Angelegenheiten der örtlichen Gemeinschaft in eigener Verantwortung zu regeln, verstanden werden. Das verbietet sich schon in Rücksicht darauf, daß die Kirchen zum Staat ein qualitativ anderes Verhältnis besitzen als irgendeine andere gesellschaftliche Großgruppe (Verband, Institution); das folgt nicht nur aus der Verschiedenheit, daß jene gesellschaftlichen Verbände p a r t i e l l e Interessen vertreten, während die Kirche ähnlich wie der Staat den Menschen als Ganzes in allen Feldern seiner Betätigung und seines Verhaltens anspricht und (rechtliche oder sittlich-religiöse) Forderungen an ihn stellt, sondern insbesondere auch aus dem Spezifikum des geistig-religiösen Auftrags der Kirchen" (BVerfG 42, 312 (333)).

Wird dies auch nicht explizit formuliert, so sind die geistigen Wurzeln dieser verfassungsgerichtlichen Grundsätze immer noch in einer längst überholt geglaubten Koordinationslehre[3] zu finden. Zudem bleibt unerfindlich, auf welche gesellschaftlichen Tatsachen sich der wohl lediglich aus ideologischen bzw. legitimatorischen Gründen vorgetragene Anspruch stützt, daß "die Kirche ähnlich wie der Staat den Menschen als Ganzes in allen Feldern seiner Betätigung und seines Verhaltens anspricht" (s.o.). Ebenso bleibt unerklärt, wieso die Kirche im Gegensatz zu anderen gesellschaftlichen Verbänden keine "partiellen Interessen vertreten" (s.o.) soll. Ge-

---

[3]Vgl. WEBER 1983, 2541

sellschaftspolitische[4], politiksoziologische Erkenntnisse[5] wie auch z.B. die praktizierte Zielrichtung weiter Bereiche der Caritas als 'Lebens- und Wesensäußerung der Kirche'[6] lassen ganz andere Schlüsse zu.

Mit dieser idealistischen, an die traditionell-westliche katholische Soziallehre[7] anknüpfende Rekonstruktion des Staats-Kirchen-Verhältnisses zur Begründung des verfassungsrechtlichen Sonderstatus der Kirchen macht sich das Verfassungsgericht die Prämisse katholisch-kirchlicher Selbstinterpretation zu eigen, die man nach RATZINGER wie folgt zusammenfassen könnte: "Die Kirche ist nicht von ihrer Organisation her zu denken, sondern die Organisation von der Kirche her zu verstehen" (1968, 288), was nichts anderes heißt als die soziale Tatsache wie den rechtlichen Status der Institution Kirche auf das hin zu reduzieren oder auf das alles zu erweitern, was die amtskirchlichen Repräsentanten dafür halten.[8] "Diese Interpretation verkehrt die Schrankenregelung des Art. 137 Abs. 3 WRV in ihr Gegenteil: Nicht mehr der Staat kann durch Erlaß eines für alle geltenden Gesetzes entscheiden, wieweit das Recht der Religionsgesellschaften reicht, ihre Angelegenheiten zu verwalten und zu ordnen, sondern diese können sich unter Berufung auf ihr Selbstbestimmungsverständnis von der Bindung an das für alle geltende Gesetz freistellen. Dadurch wird aus dem Recht der Religionsgesellschaften, nicht diskriminiert zu werden, ein Pri-

---

[4]Siehe Kap. 1 und 2 dieser Arbeit; vgl. auch WEBER/TROMMERSHÄUSER 1970; ONNA 1969; SPIEGEL 1974; HOUTART/ROUSSEAU 1973.

[5]So z.B. LANGE; der "die Kirchen und ihre Laienorganisationen" als "Interessenverbände" aufführt: "Die Verbandeigenschaft der Kirchen wird oft bestritten. Die entsprechenden Argumente sind aber auch dann nicht stichhaltig, wenn die Kirchen nur einen durch ihre Laienorganisation vermittelten indirekten Einfluß auf Parteien, Parlamente und Regierungen ausüben sollten - was schon die schulpolitischen Bestrebungen der Kirchen widerlegen. Die Kirchen sind die bedeutendsten ... Großgebilde, die aber anders als Wissenschaft und Kunst besondere Herrschaftsverbände bilden, wenn sich darin auch nicht ihr 'Wesen' erschöpfen mag" (1961, 96).

[6]Vgl. Kapitel 2.5

[7]Vgl. z.B. HÖFFNER 1978.

[8]Vgl. Kapitel 2.4

vileg" (WIELAND 1986, 331).

Besonders deutlich wird diese Problematik in der Ausdehnung der Angelegenheiten der Religionsgesellschaften auf den gesamten Bereich sekundär-religiöser Funktionen, im Sinne LUHMANNS der *Leistungen* religiöser Systeme, durch die diese sich, in Erfüllung wesentlicher staatlicher Aufgaben, heute hauptsächlich nur noch legitimieren können. Das betrifft neben der weitgehenden sozialpolitischen Gestaltungsfreiheit insbesondere die arbeitsrechtliche Regelungsautonomie im Rahmen der Dienstherrnfähigkeit der Träger kirchlicher Einrichtungen. Das Bundesverfassungsgericht bezieht angesichts der heutigen verfassungstheoretischen Diskussion eine einseitige, für die Handlungsspielräume der Kirchen Partei ergreifende Position:

> "Nach Art. 140 GG in Verbindung mit Art. 137 Abs. 3 WRV sind nicht nur die organisierte Kirche und die rechtlich selbständigen Teile dieser Organisation, sondern alle der Kirche in bestimmter Weise zugeordneten Einrichtungen ohne Rücksicht auf ihre Rechtsform Objekte, bei deren Ordnung und Verwaltung die Kirche grundsätzlich frei ist, wenn sie nach kirchlichem Selbstverständnis ihrem Zweck oder ihrer Aufgabe entsprechend berufen sind, ein Stück Auftrag der Kirche in dieser Welt wahrzunehmen und zu erfüllen" (BVerfGE 46, 73).

Im Gegensatz dazu argumentiert WIELAND: "Tatsächlich handelt es sich dort, wo die Religionsgesellschaften ihre karitativen Einrichtungen nicht selbst betreiben, sondern sie von juristisch selbständigen Organisationen betreiben lassen, ihr Personal nicht selbst stellen, sondern entsprechende Arbeitsverträge schließen und zur Finanzierung ihrer karitativen Tätigkeiten auf den Staat zurückgreifen, nicht mehr um Angelegenheiten der Religionsgesellschaften im Sinne des Art. 137 Abs. 3 WRV. Indem sie ihre Tätigkeit über den eigenen Bereich hinaus erstrecken, geraten sie in den Bereich 'des Öffentlichen, des Gesellschaftlichen, also in den Bereich, innerhalb dessen der Staat ordnen kann' (BVerfGE 42, 312 (334))" (1986, 345). In dem betreffenden Artikel des Grundgesetzes sei "nicht davon die Rede, daß die Religionsgesellschaften die Angelegenheiten selbständig ordnen und verwalten, die sie für ihre eigenen halten. ...Welche Aufgaben sie sich erwählen, überläßt die Verfassung den Religionsgesellschaften selbst. Ob die Aufgabenerfüllung sich in dem Bereich vollzieht, den Art. 137 Abs. 3 WRV den Religionsgesellschaften zum selbständigen Ordnen und Verwalten überläßt, oder ob sie insoweit an staatliche Regelungen gebunden sind, ist dagegen eine Frage der Verfassungsauslegung, nicht des Selbstverständnisses der Religionsgesellschaften" (WIELAND 1986, 345f.). Wäre letzteres ebenfalls den Religionsgemeinschaften anheim gestellt, so wäre diesen die entscheidende Einflußnahme auf die Strukturgestaltung unserer Sozialordnung prinzipiell nicht zu verwehren. Die Existenz des verfassungsmäßig intendierten religionsneutralen Gemeinwesens wäre damit faktisch von der Akzeptanz dieser Intention durch das kirchliche Selbstverständnis abhängig.

5.1.1 Individualrechtliche Ausgestaltung kirchlicher Arbeitsverhältnisse

Das den Kirchen verfassungsrechtlich zustehende Selbstbestimmungsrecht und die sich aus der kirchlichen Regelungsautonomie ergebenden, vom Bundesverfassungsgericht zugestandenen Handlungsspielräume begründen eine "Sonderstellung der Kirche im Individualarbeitsrecht" (RICHARDI 1986, 6). Den Kirchen gibt "die verfassungsrechtlich garantierte Eigenschaft als Körperschaft des öffentlichen Rechts die Befugnis, Dienstverhältnisse öffentlich-rechtlich zu begründen (Art. 137 Abs. 5 WRV)" (RICHARDI 1984, 11), ohne sich damit den Normen des staatlichen Arbeitsrechts im einzelnen unterwerfen zu müssen; ihnen steht ebenso die Möglichkeit offen, sich der Privatautonomie zur Begründung von Beschäftigungsverhältnissen zu bedienen. Die durch letzteres bewirkte "Einbeziehung der kirchlichen Arbeitsverhältnisse in das staatliche Arbeitsrecht hebt indessen die Zugehörigkeit dieser zu den 'eigenen Angelegenheiten' der Kirche nicht auf (vgl. BVerfGE 53, 366 (392))... .Die Verfassungsgarantie des Selbstbestimmungsrechts bleibt für die Gestaltung dieser Arbeitsverhältnisse wesentlich" (BVerfGE 70, 138 II). Das beinhaltet, daß die 'kirchliche Dienstgemeinschaft'[1] zum Strukturprinzip der Ausgestaltung kirchlicher Arbeitsverhältnisse erhoben werden kann.[2] Daraus ableitbare moralische Verhaltensanforderungen gewinnen somit arbeitsrechtliche Relevanz: "Welche kirchlichen Grundverpflichtungen als Gegenstand des Arbeitsverhältnisses bedeutsam sein können, richtet sich nach den von der verfaßten Kirche anerkannten Maßstäben. Dagegen kommt es weder auf die Auffassung der einzelnen betroffenen kirchlichen Einrichtungen, bei denen die Meinungsbildung von verschiedensten Motiven beeinflußt sein kann, noch auf diejenige breiter Kreise unter den Kirchenmitgliedern oder etwa einzelner bestimmten Tendenzen verbundener Mitarbeiter an" (BVerfGE 70, 138 II).

Die für das staatliche Arbeitsgericht maßgebliche kirchliche Prozeßpartei auf Arbeitgeberseite kann daher lediglich von einem von der Amtskirche, von der Hierarchie legitimierten Repräsentanten dargestellt werden. Die Devianzdefinitionen der kirchlichen Hierarchie werden so zum staatlichen

---

[1]Vgl. Kapitel 2.6

[2]Vgl. BVerfGE 70, 138 II und BVerfGE 53, 366 (403f.)

Maßstab für die Beurteilung der 'Schwere' des Loyalitätsobliegenheitsverstoßes, zum Präjudiz jeder kündigungsrelevanten, arbeitsrechtlichen Auseinandersetzung für den Bereich der Kirchen: "Im Streitfall haben die Arbeitsgerichte die vorgegebenen kirchlichen Maßstäbe für die Bewertung vertraglicher Loyalitätspflichten zugrunde zu legen, soweit die Verfassung das Recht der Kirchen anerkennt, hierüber selbst zu befinden. Es bleibt danach grundsätzlich den verfaßten Kirchen überlassen, verbindlich zu bestimmen, was 'die Glaubwürdigkeit der Kirche und ihrer Verkündigung erfordert', was 'spezifisch kirchliche Aufgaben' sind, was 'Nähe' zu ihnen bedeutet, welches die 'wesentlichen Grundsätze der Glaubens- und Sittenlehre' sind und was als - gegebenenfalls schwerer - Verstoß gegen diese anzusehen ist" (BVerfGE 70, 138 II, 3. Leitsatz).

Inwieweit "diese kirchlichen Vorgaben den anerkannten Maßstäben der verfaßten Kirche Rechnung tragen", ist "in Zweifelsfällen durch entsprechende Kirchenbehörden aufzuklären" (BVerfGE 70, 138 II).[3] Wenn diese kirchlichen Vorgaben nicht in Widerspruch zu den Grundprinzipien der Rechtsordnung stehen, "wie sie im allgemeinen Willkürverbot (Art. 3 Abs. 1 GG) sowie in dem Begriff der 'guten Sitten' (§ 138 Abs. 1 BGB) und des ordre public (Art. 30 EGBGB) ihren Niederschlag gefunden haben" (BVerfGE 70, 138 II) - dies hat das Arbeitsgericht zu prüfen - dann bleibt diesem letztlich nur noch, "den Sachverhalt festzustellen und unter die kirchlicherseits vorgegebenen, arbeitsrechtlich abgesicherten Loyalitätsobliegenheiten zu subsummieren" (BVerfGE 70, 138 II) sowie nach Feststellung der Verletzung der Loyalitätsobliegenheiten die soziale Rechtfertigung der Kündigung nach den allgemeinen Vorschriften zu beurteilen. Das Bundesverfassungsgericht hat zudem die vom Bundesarbeitsgericht vorgenommene funktionsbezogene 'Abstufung', die in Anlehnung an die Tendenzschutzerfordernisse säkularer Unternehmen formuliert wurde, für die Bewertung der Loyalitätsobliegenheiten kirchlicher Arbeitnehmer verworfen. Eine solche 'Abstufung' sei "grundsätzlich eine dem kirchlichen Selbstbestimmungsrecht

---

[3]So geschehen z.B. zur Frage der Vereinbarkeit der Mitgliedschaft in der Deutschen Kommunistischen Partei mit einer Tätigkeit im kirchlichen Dienst, vgl. das Antwortschreiben des bischöflichen Generalvikariats Münster zu A.Z. 626-110-96/87.

unterliegende Angelegenheit" (BVerfGE 70, 138 II). Dies führt unweigerlich zu dem Problem der faktischen, wenn auch möglicherweise nicht intendierten Existenz von Seiten der kirchlichen Hierarchie festlegbarer, absoluter Kündigungsgründe. "Bei den vom BVerfG entschiedenen Fällen (öffentliches Eintreten für die Straflosigkeit des Schwangerschaftsabbruchs nach staatlichem Recht, Kirchenaustritt, vgl. BVerfGE 70, 138 II, R.S.) handelt es sich um so gewichtige Verletzungen kirchlicher Grundsätze, daß bei solchen Sachverhalten vielleicht nicht rechtsdogmatisch, aber jedenfalls im Ergebnis davon auszugehen ist, daß Arbeitsgerichte derartige Vorfälle als letztlich absolute Kündigungsgründe zu qualifizieren haben, weil demgegenüber einfachrechtliche Momente in der Person des betreffenden Mitarbeiters auszuscheiden haben" (DÜTZ 1986, 14).

Zumindest hinsichtlich des 'Loyalitätsobliegenheitsverstoßes: Eintreten für die staatliche Straflosigkeit des Schwangerschaftsabbruchs' erscheint die Konsequenz der Konstruktion eines 'absoluten Kündigungsgrundes' äußerst fragwürdig zu sein. Insofern sich die Intention bzw. die Äußerung des betroffenen kirchlichen Mitarbeiters lediglich gegen die *staatliche* Bestrafung des Schwangerschaftsabbruchs richtet, ist damit nicht zwangsläufig auf einen Verstoß gegen das *moralische* bzw. *kirchenrechtliche* Verbot des Schwangerschaftsabbruchs zu schließen. Die staatliche Strafverfolgung des Schwangerschaftsabbruchs ist vielmehr eine *politische* [4] und eben keine primär theologische oder kirchenrechtliche Entscheidung "'in Fragen der Ordnung irdischer Dinge'", über die es "auch unter Christen 'berechtigte Meinungsverschiedenheiten' geben kann... . Hier und in vielen anderen Fragebereichen hat niemand das Recht, 'die Autorität der Kirche ausschließlich für sich und seine eigene Meinung in Anspruch zu nehmen'" (DEUTSCHE BISCHOFSKONFERENZ 1969, 24). Es dürfte keinen vernünftigen Grund geben, warum letzteres nicht auch für die deutschen Bischöfe selbst gelten sollte.

Diese in amtskirchlicher Theorie, nicht jedoch in ihrer Praxis vorzufindende Differenzierungsleistung scheint auch bei der Urteilsfindung des

---

[4] Zur politischen Dimension dieses Problems erklärt die KONGREGATION FÜR DIE GLAUBENSLEHRE: "Dies verlangt nach einer politischen Aktion, insbesondere im Bereich der Gesetzgebung" (1975, 22).

Bundesverfassungsgerichts keine Rolle gespielt zu haben. Letzteres stützt sich vielmehr auf die selbst vor dem Hintergrund der theologischen Aussagen der Hierarchie, die ein eher *grundsätzliches* Verbot[5] des Schwangerschaftsabbruchs postulieren, nicht geforderten Vorbringungen des amtskirchlichen Rechtsvertreters, die ein *absolutes* Verbot[6] des Schwangerschaftsabbruchs beinhalten.

So muß davon ausgegangen werden, daß nicht das tatsächliche amtskirchliche Selbstverständnis im konkreten Gerichtsverfahren mobilisiert werden muß, sondern daß sich die amtskirchlichen Prozeßvertreter - wahrscheinlich nach Bedarf - auch rigiderer Devianzdefinitionen bedienen dürfen, um die Ausgrenzung unliebsamer kirchlicher Mitarbeiter mittels Kündigung betreiben zu können.

Mit dieser höchstrichterlichen Konstatierung weitgehender Definitions- und Handlungsspielräume der amtskirchlichen Hierarchie bzw. deren Rechtsvertreter gerät die Regelungskompetenz staatlicher Arbeitsgerichte faktisch zum Organisationsmedium amtskirchlicher Ekklesiologie: Die ungleiche Machtverteilung zwischen Hierarchie und kirchlichen Laienmitarbeitern innerhalb des amtskirchlichen Systems reproduziert sich auf der Ebene der Prozeßbeteiligten vor dem staatlichen Arbeitsgericht: Die Bewertungskriterien für das zur Verhandlung anstehende Verhalten werden einseitig, von Seiten der kirchenamtlichen Prozeßpartei für die gerichtliche Entschei-

---

[5]"In ausweglos erscheinenden Konfliktsituationen, in denen zwischen dem Verlust des Lebens sowohl der Mutter als des ungeborenen Kindes und dem Verlust nur eines menschlichen Lebens zu entscheiden ist, wird die ärztliche Gewissensentscheidung respektiert. Ärzte und medizinisches Pflegepersonal haben Anspruch darauf, daß auch in dieser Frage ihre Gewissensentscheidung ernst genommen wird" (DIE DEUTSCHEN BISCHÖFE 7, 1976, 10).

[6]Siehe BVerfGE 70, 138 II, unter A III 1.c): "Der Kläger habe ... seine gegenüber der Beschwerdeführerin zu 1) bestehende Loyalitätspflicht verletzt, die es ihm geboten hätte, sich jeglicher Stellungnahme gegen das von der katholischen Kirche vertretene absolute Verbot des Schwangerschaftsabbruchs zu enthalten." Genau diese Bewertung legt das Bundesverfassungsgericht in B II 4B) seiner Urteilsfindung zugrunde.

dungsgrundlage verbindlich gemacht. Das staatliche Arbeitsgericht droht so zum Exekutivorgan der von der Kirchenbürokratie verordneten Normen zu werden; es nimmt deren Selbstverständnis zum argumentativen Ausgangspunkt und vollzieht die Ausgrenzung von diesbezüglichen Abweichlern mit dem Segen staatlichen Gewalt.

5.1.2 Kollektivrechtliche Ausgestaltung kirchlicher Arbeitsverhältnisse

Nicht nur die Formulierung von spezifischen Obliegenheiten kirchlicher Arbeitnehmer, sondern die gesamte Gestaltung ihres Arbeitsrechtsregelungssystems unterliegt der Gestaltungsfreiheit der verfaßten Kirchen. "Die Verfassungsgarantie des kirchlichen Selbstbestimmungsrechts gewährleistet den Kirchen, darüber zu befinden, welche Dienste es in ihren Einrichtungen geben soll und in welchen Rechtsformen sie wahrzunehmen sind... .Das ermöglicht den Kirchen, in den Schranken des für alle geltenden Gesetzes den kirchlichen Dienst nach ihrem Selbstverständnis zu regeln" (BVerfGE 70, 38 II). Dies bedeutet, daß sie die normativen Prinzipien der 'kirchlichen Dienstgemeinschaft' zur Grundlage auch der kollektivrechtlichen Ausgestaltung ihrer Arbeitsverhältnisse erheben können[1], innerhalb der Schrankenformel des Art. 137 Abs. 3 WRV, der "Basis für eine Konkordanz zwischen staatlicher und kirchlicher Ordnung..., die es gestattet, auf beiden Seiten davon auszugehen, daß staatliche Gesetze nicht die den Kirchen wesentlichen eigenen Ordnungen beeinträchtigen und daß kirchliche Gesetze nicht die für den Staat unabdingbare Ordnung kränken" (BVerfGE 42, 312 (340)). Daraus schließt RÜTHERS, daß ein grundsätzlicher Verzicht der Kirchen auf eine Arbeitnehmerbeteiligung bzw. -mitbestimmung "'mit den Grundlagen einer Arbeitsrechtsordnung im Sozialstaat unvereinbar'" [2] sei.

In der konkreten Ausgestaltung der Beteiligungsrechte der Mitarbeiter bleiben die Kirchen jedoch prinzipiell frei. Dies gilt auch für die Regelung der privatrechtlich organisierten, "der Kirche in bestimmter Weise zugeordneten Einrichtungen ohne Rücksicht auf ihre Rechtsform" (BVerfGE 46, 73). So erweist sich das Betriebsverfassungsgesetz, "indem es zugunsten der Religionsgemeinschaften und ihrer karitativen und erzieherischen Einrichtungen unbeschadet deren Rechtsform in § 118 Abs. 2 einen ausdrücklichen Vorbehalt macht, nicht als ein für alle geltendes Recht. Es nimmt vielmehr mit diesem Vorbehalt auf das verfassungsrechtliche Gebotene Rück-

---

[1]Vgl. BVerfGE 53, 366 (403f.)

[2]RÜTHERS in: Caritas-Verband Dortmund 75 Jahre, Festschrift, herausgegeben vom Caritas-Verband Dortmund e.V., 1981, S. 26, so zitiert in RICHARDI 1986, 10

sicht" (BVerfGE 46, 3. Leitsatz). Die verfaßte Kirche "bestimmt, ob und in welcher Weise die Arbeitnehmer und ihre Vertretungsorgane in Angelegenheiten des Betriebes, die ihre Interessen berühren, mitwirken und mitbestimmen" (BVerfGE 46, 73 (94)). Damit ist die Grundrechtsbindung der Kirchen insbesondere hinsichtlich Art. 9 Abs. 3 GG nicht aufgehoben. Auch kirchliche Mitarbeiter können sich zusammenschließen, um die sie betreffenden Arbeitsbedingungen zu beeinflussen zu versuchen. RICHARDI allerdings sieht die Koalitionsfreiheit kirchlicher Mitarbeiter dadurch begrenzt, "daß der Zusammenschluß zur Wahrung und Förderung der Arbeits- und Wirtschaftsbedingungen sich nicht auf die Zweckbestimmung des kirchlichen Dienstes beziehen kann. Der damit verbundene Pflichtengehalt steht nicht zur Disposition des Koalitionsverfahrens, zumal nach kirchlichem Selbstverständnis nicht einmal sämtliche Glieder der Kirche über ihn verfügen können; denn ihren Auftrag hat die Kirche nach ihrem Bekenntnis von Christus selbst erhalten. Sie ist stets s e i n e Kirche" (1984(b), 103). So ist nicht nur die Akzeptanz einer kirchlichen Einrichtung, sondern auch die einer Koalition zur Vertretung kirchlicher Arbeitnehmerinteressen durch die 'legale' Kirchenhierarchie Grundlage für die staatliche Feststellung der - abgesehen vom betroffenen kirchlichen Arbeitnehmer - arbeitsgerichtlich relevanten Rechtsträger in kirchlichen Arbeitsrechtsstreitigkeiten. "Gegen den Willen der zuständigen kirchlichen Autorität gibt es ... aus staatlicher Sicht keine kirchliche Einrichtung" (RICHARDI 1986, 10), ebensowenig wie eine innerkirchlich einflußberechtigte Arbeitnehmervertretung.

Die kirchenrechtlich abgesicherte Kontrolle innerkirchlicher Selbstorganisation[3] setzt sich somit über das staatliche Arbeitsrecht fort. Die im Konfliktfall zur Verteidigung der Rechte kirchlicher Arbeitnehmer dort zulässigen Organisationen sind grundsätzlich formal wie inhaltlich der amtskirchlichen Konfliktpartei und nicht der des kirchlichen Arbeitnehmers verpflichtet. Das amtliche Selbstverständnis der Kirche ist auch hier für die staatlichen Gerichte maßgebend, selbst wenn es um Einrichtungen der Caritas geht, die im Bereich sekundär-religiöser Funktionen tätig sind. "Damit hat das BVerfG sich in dreifacher Hinsicht von der Regelung des Art. 137 Abs. 3 WRV gelöst: Nicht nur Religionsgemeinschaften, sondern rechtlich selbständige karitative Einrichtungen können sich auf das Recht

---

[3]Siehe Can. 216 und Can. 300 CIC (1983); vgl. auch Kapitel 4.3

zur selbständigen Ordnung und Verwaltung ihrer Angelegenheiten berufen; an staatliche Gesetze sind sie nur soweit gebunden, als das ihr Selbstverständnis zuläßt; auch gemeinsame Angelegenheiten von Staat und Religionsgemeinschaften dürfen von letzteren selbständig geordnet und verwaltet werden. Das bedeutet vor allem, daß die zahlreichen karitativen Einrichtungen der Religionsgemeinschaften sich dem staatlichen Recht entziehen können" (WIELAND 1986, 333).

Bezeichnend hierfür ist das Recht der Kirchen, betriebsfremden Gewerkschaftlern zu Zwecken der Werbung und Information den Zugang zu kirchlichen Einrichtungen zu verweigern.[4] Beispielhaft deutlich wird dies auch an den Beschlüssen des Bundesverfassungsgerichts zur Herausnahme einer Stiftung des Privatrechts als Träger eines katholischen Krankenhauses aus dem Geltungsbereich des Betriebsverfassungsgesetzes[5] sowie gegen die Bindungswirkung der Organisationsregelungen des nordrhein-westfälischen Krankenhausgesetzes für konfessionelle Krankenhäuser und deren Mitarbeitervertretungen.[6]

---

[4]Vgl. BVerfGE vom 17.2.1981

[5]Vgl. Kapitel 5.1 sowie den dritten Leitsatz vom BVerfGE 46, 73, s.o.

[6]Die Leitsätze dieser Entscheidung (BVerfGE 53, 366) lauten im wesentlichen wie folgt: "2. Art. 137 Abs. 3 Satz 1 WRV gewährleisten ... sowohl das selbständige Ordnen und Verwalten der eigenen Angelegenheiten durch die Kirchen als auch den staatlichen Schutz anderer für das Gemeinwesen bedeutsamen Rechtsgüter... .Dabei ist jedoch dem Eigenverständnis der Kirchen, soweit es in dem Bereich der durch Art. 4 Abs. 1 GG als unverletzlich gewährleisteten Glaubens- und Bekenntnisfreiheit wurzelt und sich in der durch Art. 4 Abs. 2 GG geschützten Religionsausübung verwirklicht (BVerfGE 24 S. 236 (246); 44 S. 37 (49f.), ein besonderes Gewicht beizumessen. 3. Die Garantie freier Ordnung und Verwaltung der eigenen Angelegenheiten (Art. 137 Abs. 3 WRV) erweist sich als n o t w e n d i g e , wenngleich rechtlich selbständige Gewährleistung, die der Freiheit des religiösen Lebens und Wirkens der Kirchen und Religionsgemeinschaften die zur Wahrnehmung dieser Aufgaben unerläßliche Freiheit der Bestimmung über Organisation, Normsetzung und Verwaltung hinzufügt."

Tendenziell richtungsweisend ist für beide Beschlüsse, "daß den Religionsgesellschaften nicht nur die so mittels staatlichen Rechts geschaffenen Trägerorganisationen, sondern auch die von diesen getragenen Funktionseinheiten - d.h. Krankenhäuser mit einer Vielzahl von Beschäftigten, deren Verbindung zu den Religionsgesellschaften sich oft nur auf ein Arbeitsverhältnis gründet - als ihre Angelegenheiten im Sinne des Art. 137 Abs. 3 WRV zugerechnet und damit tendenziell der staatlichen Rechtsordnung entzogen werden. Nach Auffassung der BVerG vermag es an dieser Zuordnung nichts zu ändern, daß nach den Bestimmungen des Krankenhausgesetzes Nordrhein-Westfalens die Sicherstellung der Krankenhausversorgung zu einer öffentlichen Aufgabe erklärt worden ist, deren Erfüllung dem Land obliegt. Ohne daß das Gericht das Problem ausdrücklich anspricht, räumt es damit den Religionsgesellschaften die Kompetenz-Kompetenz gegenüber dem Staat ein, dessen entgegenstehende gesetzliche Regelung zurücktreten muß" (WIELAND 1986, 334).

5.2 Grundrechtsprobleme bei Konflikten in kirchlichen Arbeitsverhältnissen

Im folgenden soll nur auf einige Aspekte der Grund- bzw. Verfassungsrechtsproblematik des gegenwärtigen Staats-Kirchen-Verhältnisses unter besonderer Berücksichtigung kirchlicher Arbeitsverhältnisse eingegangen werden. Dabei stehen Fragen der strukturellen, ja tendenziösen Beeinflussung innerkirchlicher Konfliktlösungsverfahren durch staatliche normative Maßgaben im Vordergrund des Interesses.

"Das Recht der Kirchen, einem Arbeitnehmer zu kündigen, weil und obwohl er grundrechtliche Freiheiten genutzt hat, stellt bereits einen Kompromiß zu Lasten des Arbeitnehmers zwischen seinen Grundrechten und dem Selbstverwaltungsrecht der Kirchen dar" (RULAND 1980, 96). Die weitgehende Bindung der staatlichen Gerichte an die Maßgaben des kirchlichen Selbstverständnisses insbesondere nach der Entscheidung des Bundesverfassungsgerichts vom 4.6.1985 dürfte die Entscheidungsfindung der Arbeitsgerichte in Zukunft prägen.

"Welche Grundrechte der kirchlichen Arbeitnehmer bei einer Kündigung berührt sind, hängt von dem Grund ab, dessentwegen sie erfolgte. War es die Heirat mit dem Geschiedenen, scheint der Schutz von Ehe und Familie tangiert zu sein. Er verbietet, an die Eingehung einer Ehe nachteilige Folgen zu knüpfen. In den Fällen, in denen der Kündigung ein Austritt aus der Kirche voranging oder die Taufe eines Kindes unterblieb, haben sich die Betroffenen auf ihre Glaubensfreiheit berufen, die auch die Freiheit umfaßt, aus einer Kirche auszutreten oder ein Kind nicht taufen zu lassen. Ist wegen des Verbreitens kirchenfeindlicher Publikationen gekündigt worden, kommen die Meinungs- und Informationsfreiheit ins Spiel. Die Kündigung wegen der Zugehörigkeit zu (angeblich) kirchenfeindlichen Parteien berührt die Freiheit, sich politischen Parteien anzuschließen... . Die Herausnahme der Kirchen aus den staatlichen Mitbestimmungsordnungen schließlich berührt die Koalitionsfreiheit der Arbeitnehmer und das Sozialstaatsprinzip, das auch auf den Abbau ökonomisch bedingter Abhängigkeiten zielt" (RULAND 1980, 92). Eine gegenüber dem kirchlichen Selbstbestimmungsrecht höhere Bewertung individueller Grundrechte ist bisher lediglich durch erstinstanzliche Arbeitsgerichte erfolgt.[1] Jedoch spätestens mit dem Insistieren auf das Argument der 'Glaubwürdigkeit der Kirche', die durch Verletzungen der von ihr definierten Loyalitätsobliegenheiten bedroht scheint, hat gewöhnlich diese Forderung "mehr Gewicht als die des kirchlichen Arbeitnehmers, seine Grundrechte, etwa die Glaubensfreiheit, frei von Sanktionen des kirchlichen Arbeitgebers ausüben zu können" (RULAND 1980, 95). Dabei erschließt sich die Bedeutung des Argumentes der 'Glaubwürdigkeit der Kirche' in Zusammenhang mit der Beurteilung der Rechtmäßigkeit z.B. einer Kündigung hauptsächlich aus der für notwendig erachteten formalen Befolgung der amtskirchlicherseits festgelegten Loyalitätsobliegenheiten bzw. aus der Konstruktion eines Sanktionierungserfordernisses angesichts der Verletzung von Loyalitätsobliegenheiten und deren Wirkung

---

[1]So z.B. das Arbeitgericht Münster im September 1986 im Falle einer Kündigung einer Caritasmitarbeiterin, die einen geschiedenen Mann heiratete. "Eine am kirchlichen Selbstverständnis orientierte Auffassung ist auch nicht mit Art. 12 EMRK zu vereinbaren. Gem. Art. 12 EMRK haben mit Erreichung des heiratsfähigen Alters Männer und Frauen gemäß den einschlägigen nationalen Gesetzen das Recht, eine Ehe einzugehen und eine Familie zu gründen... .Zwar wird der Klägerin nicht das Recht, eine Ehe einzugehen und eine Familie zu gründen, verwehrt, jedoch wird ihre Eheschließung mit einer gravierenden 'indirekten' Sanktion belegt, wenn staatliche Gerichte die streitbefangene Kündigung zuließen. Mit Recht hat jedoch die Kommission derartige mittelbare Sanktionen den direkten Verbotsmaßnahmen gleichgestellt (siehe die Entscheidung der Kommission vom 7. Dezember 1977, Decisions and Reports 12p. 5 ff.; Entsch. d. Kommission vom 1. März 1979, Decisions and Reports 16p. 101 ff.)... .Die Heirat der Klägerin als schwerwiegenden Vertragsverstoß zu bewerten verstößt auch gegen die Menschenwürde (Art. 1 Abs. 1 GG) der Tochter der Klägerin. Nur durch die Heirat des biologischen Vaters ihrer Tochter, war es der Klägerin möglich, deren Unehelichkeit zu verhindern. Indem die Kirche die Eheschließung der Klägerin erschwert, macht sie den Status der Tochter der Klägerin, die ihr gegenüber in keinerlei Pflichtenverhältnis steht, und damit die Tochter selbst, zum Objekt ihrer Autonomie. Art. 1 Abs. 1 GG verbietet jedoch nicht nur dem Staat, den Menschen zum Objekt seines Handelns zu machen, sondern gleichfalls allen anderen Rechtsträgern und damit auch der katholischen Kirche."

auf das Kirchenverständnis Dritter. 'Glaubwürdigkeit' im Sinne der amtskirchlichen Prozeßpartei ist dann gegeben, wenn der kirchliche Mitarbeiter die von der Hierarchie diktierten moralischen Grundsätze durch sein Verhalten reproduziert[2]; sie wird innerhalb der Argumentationsmuster der amtskirchlichen Prozeßpartei als Produkt effizienter kirchlicher Sozialisation bzw. effizienter Kontrolle der Verhaltenskonformität kirchlicher Mitarbeiter verstanden. Die kirchliche und auch staatskirchenrechtliche Problematik einer solchen Fixierung auf Wahrung der Gesetzestreue des personellen Apparates der Kirche liegt einerseits in einer durch Formalisierung[3] von

---

[2]Beispielhaft die Argumentation des Bischöflichen Ordinariates Regensburg in einem Schriftsatz an das Arbeitsgericht Regensburg zu 5 Ca 968/86: "Die eindeutige Lehre der Kirche fordert auch eine eindeutige Stellungnahme des kirchlichen Arbeitgebers bei einem Verstoß. Somit ist es dem Beklagten nicht möglich, ohne an Glaubwürdigkeit zu verlieren, wenn er einerseits die Unauflöslichkeit der Ehe verkündet, andererseits unwidersprochen Arbeitnehmer beschäftigt, die gegen diesen Grundsatz verstoßen. Der kirchliche Arbeitgeber ist gefordert, die Glaubwürdigkeit auch gegenüber den Gläubigen zu vertreten. Die Kirche kann nicht von den Gläubigen die Befolgung der katholischen Eheauffassung verlangen und in ihrem eigenen Verwaltungsbereich bei einem schweren Verstoß dagegen so tun, als sei nichts geschehen. Auf die Dauer würde sie dadurch ihre Existenz gefährden."

[3]Bezeichnenderweise wird diese Problematik allenfalls von staatlichen Gerichten, nicht jedoch von kirchlichen Rechtsvertretern aufgeworfen: "Allerdings sieht sich die Kammer bei der Würdigung des Glaubwürdigkeitsarguments vorweg zur Feststellung hier sowohl berechtigt als auch veranlaßt, daß die Glaubwürdigkeit einer Institution von der Größe der katholischen Kirche nicht allein am schlichten Vergleich geschriebenen Kirchenrechts und außerdienstlichen Handeln vieler Hunderttausend Arbeitnehmer zu messen sein kann. Es ist nicht Aufgabe des Gerichts, die Kirche darauf hinzuweisen, daß sich ihre Glaubwürdigkeit nicht allein in der Gesetzestreue erschöpft..., sondern gelebte Wirklichkeit einbeziehen muß (Gal 3,11). Im Gegenteil mag die Glaubwürdigkeit auch eines bischöflichen Ordinariats sehr gewinnen, wenn Glaubwürdigkeit gerade bezogen auf einen Fall wie den vorliegenden weniger formal definiert wird" (Arbeitsgericht Regensburg, 5 Ca 968/86).

Ausgrenzungsnormen bewirkten Selektivität bzw. in der Reduzierung kirchlich vermittelter Identität durch lediglich äußere Anpassung an administrativ handhabbare Teilhabe- und Verwendungsregeln für innerkirchliche Ressourcen, andererseits in dem Spannungsverhältnis zu den im säkularen Raum aufgrund individueller Grundrechte möglichen öffentlichen Problematisierungen von Devianznormen, ja geradezu legitimen Mißachtung einiger dieser im Sinne eines Widerstandsrechtes begründet.

Die katholische Kirche kennt kein freiheitliches Widerstandsrecht gegen die Entscheidungen ihrer Machtelite. In den meisten Fällen dürfte ein solches mit den kündigungsrelevanten Verletzungen kirchlicher Moralnormen auch gar nicht intendiert sein. Es bleibt aber die deutliche Dissonanz zwischen den bürokratisch gehandhabten kirchlichen Ausschließungsregeln, der Übersetzung dieser in faktisch absolute Kündigungsgründe auf der Ebene staatlicher Gerichte einerseits und einem christlich-ethischen bzw. auch grundrechtlich geforderten Konfliktlösungsverhalten, das die Chance zur Relativierung von Konfliktpositionen - hier insbesondere der der kirchlichen Hierarchie - grundsätzlich offen halten sollte, andererseits. Mit der einseitigen Orientierung staatlicher Gerichte an den normativen Maßgaben der amtlichen Kirchenvertreter ist der Konflikt mit den Grundrechten betroffener Einzelner wie auch die Entscheidung über einen solchen Konflikt vorprogrammiert. Denn geht man wie das Bundesarbeitsgericht davon aus, daß "die Beeinträchtigung der Glaubwürdigkeit der Kirche ... aber das entscheidende Kriterium für die Bestimmung des Umfangs der Loyalitätspflichten ihrer Arbeitnehmer im außerdienstlichen Bereich (ist), die von der Pflicht zur aktiven Förderung bis zum Gebot der Zurückhaltung und Neutralität reichen"[4] und nimmt man den Leitsatz des Bundesverfassungsgerichtes hinzu, daß es "grundsätzlich den verfaßten Kirchen überlassen bleibt, 'was Glaubwürdigkeit der Kirche und ihrer Verkündigung erfordert'" (BVerfGE 70, 138 <139>), so ist damit im Ergebnis jede Normenabwägung zwischen Art. 137 abs. 3 WRV und den Grundrechten des kirchlichen Arbeitnehmers zugunsten der Rechtposition der amtskirchlichen Prozeßpartei prädisponiert. Formal hält der Beschluß des Bundesverfassungsgerichtes vom 4.6.1985 "zwar noch an der postulierten Abwägung zwischen der Freiheit der Religionsgesellschaften und sonstiger Rechtsgüter fest, tatsächlich werden

---

[4]Aus dem Urteil des BAG vom 21.10.1982 <2 AZR 591/80>

aber die einschlägigen grundrechtlichen Positionen der betroffenen Arbeitnehmer überhaupt nicht mehr in die Abwägung eingestellt" (WIELAND 1986, 340). "Damit räumt das BVerfG im Ergebnis den Religionsgesellschaften die Befugnis ein, mit Verbindlichkeit für das staatliche Recht und die staatlichen Gerichte die Grenzen ihrer Rechtsetzungsbefugnisse zu ziehen. Maßgebliches Kriterium ist das Selbstverständnis der Religionsgesellschaften, das von staatlichen Gerichten nicht einmal auf seine Plausibilität hin geprüft werden darf" (WIELAND 1986, 341).

In dieser Weise verkehrt sich die ursprünglich intendierte Freiheitsgewährleistung des Art. 137 Abs. 3 WRV als Schutzrecht gegenüber staatlichen Eingriffsmöglichkeiten in den Kernbereich der Religionsgesellschaften in ein Recht auf Freiheitsbeschränkung der "Objekte des Ordnens und Verwaltens" (WIELAND 1986, 347), insbesondere der im Bereich sekundär-religiöser Funktionen tätigen kirchlichen Mitarbeiter. Selbst die Tangierung der Grundrechte solcher kirchlichen Mitarbeiter bildet derzeit für die staatlichen Gerichte keine das kirchliche Selbstverwaltungsrecht begrenzende Schranke mehr: So droht z.B. Art. 4 GG unter den vom BVerfG implizierten Wertungen des Staats-Kirchen-Verhältnisses der Bundesrepublik Deutschland von den Belangen der Religionsgesellschaften absorbiert und in seiner Wirkung gegen jene gerichtet zu werden, die er ursprünglich zu schützen eingerichtet worden war. So gehört es heute zu den Eigenheiten kirchlicher Verfassungsbeschwerden, sich neben dem Art. 140 GG in Verbindung mit Art. 137 Abs. 3 WRV, auf dessen Verletzung allein sich keine Verfassungsbeschwerde stützen kann[5], auf Art. 4 GG zu berufen. Dieses Vorgehen ist verfassungsrechtlich nicht unproblematisch. "Während Art. 4 GG dem einzelnen oder einer Mehrheit von Personen einen Raum der persönlichen Freiheit im Bereich des Religiösen einräumt, begründet und begrenzt Art. 137 Abs. 3 WRV für das staatliche Recht verbindlich die Rechtsetzungs- und Verwaltungsbefugnisse der Religionsgesellschaften. Während es hier um eine strikt zu beachtende objektrechtliche Grenze zwischen zwei Gewalten geht, die beide Macht über Menschen ausüben, steht dort die Gewährleistung individueller Freiheit in Rede, in die der Staat nicht eingreifen darf. Wo es um diese individuelle Freiheit geht, muß der Staat sich zurückhalten; wo es um die Rechtsetzungs- und Verwaltungsbefugnisse der Religionsgesell-

---

[5]Vgl. WIELAND 1986, 323

schaften geht, ist der Staat zwar auch verpflichtet, deren Selbständigkeit zu achten. Er ist aber zugleich dazu berufen, darüber zu wachen, daß diese Rechtsetzungs- und Verwaltungsbefugnisse nicht in Widerspruch zu seiner eigenen Rechtsordnung zu Lasten der betroffenen Menschen ausgeübt werden" (WIELAND 1986, 327f.).

Das Bundesverfassungsgericht verkennt den strukturellen Unterschied der Relevanzsysteme dieser beiden Normen des Grundgesetzes, wenn es in Anlehnung an LISTL von der Übertragbarkeit der Individualgrundrechte aus Art. 4 GG auf die Freiheitsrechte der Religionsgesellschaften nach Art. 137 WRV im Sinne einer "deklaratorischen Entfaltung des Art. 4 Abs. 1 und 2 GG"[6] in Art. 137 WRV ausgeht: Nicht das traditionelle Anhängen an idealistische Überhöhungen amtskirchlichen Selbstverständnisses - die Interessenpartikularität der Kirchen[7] leugnend, Kirche als 'societas perfecta', Staat und Kirche als gleichrangige Gewalten begreifend - sollten die verfassungstheoretischen Prämissen in den Konzeptionen des Bundesverfassungsgerichtes dominieren, sondern viel eher die Erkenntnis, "daß kirchliches und staatliches Selbstverständnis ... tendenziell in Konflikt geraten können und Art. 137 Abs. 3 WRV eine staatsrechtliche Lösung dieses Konfliktes (bereits, R.S.) enthält" (WIELAND 1986, 331). Sonst verstellt sich das Bundesverfassungsgericht "die Sicht dafür, daß die Gewährleistung der individuellen und kollektiven Glaubens- und Weltanschauungsfreiheit ein Abwehrrecht begründet und damit dem Staat den Zugriff verwehrt, während die Verfassung den Religionsgesellschaften das selbständige Ordnen und Verwalten ihrer Angelegenheiten wegen der damit verbundenen Gewaltausübung über Menschen nur im Rahmen des für alle geltenden Gesetzes einräumt und damit dem Staat insoweit durchaus Befugnisse beläßt" (WIELAND 1986, 330).

---

[6]Der in Zusammenhang mit dem 3. Essener Gespräch verkündete, umstrittene Leitsatz 33 von JOSEPH LISTL hat folgenden Wortlaut: "Aus der konsequenten Verwirklichung des im Art. 4 GG gewährleisteten Individual- und Verbandsgrundrechts der Religionsfreiheit folgt, daß dieses Grundrecht im Zuge seiner vollen Verwirklichung die in Art. 137 Abs. 1-3 verbürgten Garantien enthält, so daß sich Art. 137 Abs. 1-3 WeimRV i.V.m. Art. 140 GG als deklaratorische Entfaltung des Art. 4 Abs. 1 und 2 GG erweist" (so zitiert nach FISCHER 1984, 170).

[7]Vgl. Kapitel 2.4 und 5.1, insbesondere BVerfGE 42, 312 (333)

6 Problemstellungen einer Soziologie kirchlicher Devianz und kirchlicher Konflikte

Abweichendes Verhalten und Konflikte in der Kirche sind wie entsprechendes Sanktionshandeln auf deren/dessen soziale Motive hin analysierbar.[1] Insbesondere Normen, die Konformität und Devianz in kirchlichem Sinne konstituieren, spiegeln " - vielfach in komplizierter Vermittlung - soziale Bewegungen, Konflikte, Interessen etc." (SORG 1974, 201) wider. Die in einer bestimmten historischen Phase propagierte kirchliche Moral läßt demnach eine ebenso bestimmte soziale, ökonomische und/oder politische Interessenkonfiguration bei denjenigen, die die Moralnormen maßgeblich festgelegt haben, sowie auf die Verfügbarkeit und Aktivierbarkeit gesellschaftlicher Machtmittel zur Durchsetzung jener Normen schließen.

Das Phänomen des abweichenden Verhaltens innerhalb der Kirche ist einerseits mit dem Prozeß religiöser Institutionalisierung, hier mit der speziellen Form der Verkirchlichung religiöser Gehalte, auf das engste verbunden. Andererseits weist es über den historischen Stand der betreffenden religiösen Institution hinaus. Es 'entsteht' erst durch die Konfrontation mit einem historisch festgelegten Normenset, durch den Abgleich mit den Normalitäts- und Konformitätskriterien kirchlicher Institution. Und dennoch beinhaltet das Phänomen des abweichenden Verhaltens ein den jeweiligen religiös-institutionellen Standard *transzendierendes Potential*: Ein latentes, weil durch die Abweichung die normativen Grenzziehungen der Institution sichtbar werden, und ein manifestes, indem diese Grenzziehungen durch Abweichler zum Problem erhoben werden, indem sich Interessenkonflikte hinsichtlich der die Abweichung konstitutierenden Normen artikulieren.

---

[1]Zum allgemeinen Forschungsstand zum besonderen Zusammenhang von Religion und Kriminalität siehe WULLSCHLEGER 1983: Die "Gemeinsamkeit in der Theorie und Methode bei der Erforschung von Kriminalität und Religion weist auf eine praktische Verwandschaft hin, die heute zum großen Teil noch unerforscht ist" (19). In dieses weiße Feld sozialwissenschaftlicher Erörterung soll mit folgenden Ausführungen hineingestoßen werden.

Spätestens der offene Ausbruch solcher innerkirchlichen Konflikte indiziert die Selektivität der normativen Setzungen institutonalisierter Religion. Sie stellen nicht nur die Legitimität der kirchlichen normativen Grenzziehungen selbst, sondern oft auch die der kirchlichen Institutionen, auf die diese zurückzuführen sind, infrage: die Relevanz der diese Normen stützenden 'höheren' Werte, die Verfahrensweisen zur Festlegung kirchlicher Normen und/oder die Befähigung oder Berechtigung derjenigen, die diese definiert haben etc.

Solche Konflikte resultieren nicht selten aus der Unangemessenheit traditioneller kirchlicher Orientierungs- und Ordnungsnormen angesichts von Problemkonstellationen, denen sich Kirchenmitglieder, insbesondere kirchliche Mitarbeiter in ihrer Alltagssituation gegenübersehen; sie beinhalten in solchen Fällen ein innovatives Potential, indem sie auf die Veränderungsnotwendigkeit einzelner Normen wie auch auf den Entwicklungsbedarf dieser und anderer institutioneller Elemente der Kirche hindeuten.

Abweichendes Verhalten und Konflikte haben von daher keine eindeutig dys- oder eufunktionale Bedeutung für kirchliche Institutionen. Als zwangsläufige Erscheinungen institutionalisierter Religion sind diese Phänomene bisweilen bedrohlich, manchmal notwendig für den Fortbestand der Kirche. Abweichendes Verhalten in der Kirche ist wie das Verbrechen in der Gesellschaft "mit den Grundbedingungen eines jeden sozialen Lebens verbunden und damit zugleich nützlich. Denn die Bedingungen, an die es geknüpft ist, sind ihrerseits für eine normale Entwicklung des Rechtes und der Moral unentbehrlich" (DURKHEIM 1965, 159).[2]

Ausgehend von der Tatsache, daß kirchliche Normen als zeitweise "äußerlich gleichbleibende religiöse Motive ... in einer veränderten Situation auch einen anderen Sinn bekommen" (ROBBE 1974, 165) können, deren "Inhalt ... deshalb in dem jeweiligen gesellschaftlichen Zusammenhang konkret zu bestimmen" (ROBBE 1974, 165) ist, muß jede sozialwissenschaftliche Untersuchung des Zusammenhangs von Kirche und Devianz die historische Relativität beider dieser Phänomene ins Kalkül ziehen. Beiden Phänomenen ist zunächst dieselbe prinzipielle funktionale Ambivalenz eigen, die durch den Eintritt

---

[2]Vgl. Kapitel 6.2

dieser Phänomene in den geschichtlichen, konkreten sozialen Lebenszusammenhang zugunsten der einen oder anderen Richtung aufgelöst wird. Die Selektivität der Aktualisierung religiöser Gehalte in Form gesellschaftlich relevanter Normen und Institutionen macht es dem Soziologen unmöglich, Religion und Devianz, Kirche und Kriminalität als kontradiktorische Wesenheiten zu begreifen. Er muß sie in der Totalität ihrer gesellschaftlichen Relevanz zueinander in Beziehung setzen.[3] Denn die faktische Teilhabe gerade der katholischen Kirche an der Formulierung und Durchsetzung innerkirchlich wie auch außerkirchlich bedeutsamer Reglements zur Differenzierung von Konformität und Devianz, insbesondere aber der Wandel entsprechender normativer Bewertungen und Handhabungen in ihrer Geschichte, offenbart jenes institutionelle Dilemma, das auch darin seinen Ausdruck findet, daß das gesellschaftliche Erscheinungsbild der Kirche auch mit "der Entfaltung ihrer kriminellen Bekämpfung der abweichenden oder der Nichtreligiösität verbunden war" (NAGEL 1975, 32).

Kirchliche Selbstinterpretation darf demnach allenfalls Gegenstand, nie jedoch Voraussetzung einer wissenschaftlichen Analyse[4] der gesellschaftlichen Funktionen von Religion und Kirche, insbesondere deren Verhältnis zu Devianzproblemen sein. Eine solche Analyse würde sich in jene Tautologie verfangen, die kirchlichen Repräsentanten wie kirchlichen Sozialforschern oftmals zu eigen ist, nämlich "die kirchliche Norm - nach eigenem Verständnis wertneutral - als Bezugsgröße und ... damit die kirchlichen Normen als gesellschaftlich funktional" (SPIEGEL/TEICHLER 1974, 12) zu unterstellen und im Sinne CORTES' in Bezug auf Devianzprobleme wie folgt auszudeuten: "Delinquents seem to be asocial, aggressive, and unethical. ... Delinquent behavior is also unethical. Most acts of delinquency are amoral, and the roots of morality are either principally or exclusively religious. Delinquents, therefore, should be lower than nondelinquents in religiosity or religiousness" (1965, 122). Eine solche Ontologisierung des Verhältnisses von Religion und Devianz müßte zwangsläufig jene gesellschaftlichen Tatsachen zu nihilieren, zu verschleiern oder auf andere Weise zumindest theoretisch zu liquidieren trachten, in denen 'unmorali-

---

[3]Vgl. ROBBE 1974, 163

[4]Vgl. ROBBE 1974, 163

sches', 'unethisches' oder 'asoziales' Verhalten im Namen der Religion[5] offenkundig wird. Dieser Art erkenntnistheoretischer Selbstbeschränkung aber darf sich eine an der empirischen Wirklichkeit institutionalisierter Religion orientierte wissenschaftliche Analyse selbstverständlich nicht unterwerfen.[6] Sobald also religiöse Repräsentanten Deutungen gesellschaftlicher, d.h. auch kirchlich-institutioneller Zu- oder Mißstände artikulieren, geschweige denn konkreten Einfluß auf diese auszuüben versuchen, begeben sie sich selbst - gewollt oder ungewollt - auf eine Ebene, auf der sie es sich gefallen lassen müssen, daß ihre Deutungen und Einflußnahmen mit denen anderer konfligieren und zum Gegenstand sozialwissenschaftlicher Analyse erhoben werden, die z.B. der Frage nachgeht, wie die jenen Repräsentanten entsprechende religiöse Organisation "die ihrer gesellschaftlichen Lage günstigen, aber gesamtgesellschaftlich (und auch innerkirchlich, R.S.) partikulären Interessen als Gesamtinteresse (z.B. als 'Gemeinwohl') durchzusetzen vermag und wie sie die auf diesen Interessen basierenden Ideen zu herrschenden Ideen machen kann" (WAGNER 1976, 76).

Im folgenden soll nun versucht werden, vor dem Hintergrund der geschilderten Zusammenhänge katholisch-kirchlicher Devianz- und Konfliktbewältigung einige zentrale Perspektiven eines soziologischen Verständnisses dieser aufzuzeigen. Die bis hierhin vorgenommene Beschränkung auf die katholische Kirche und deren Devianz- und Konfliktbewältigungspraxis soll aus Gründen der Konkretisierbarkeit der im folgenden dargestellten theoretischen Ansätze beibehalten werden, nicht zuletzt in der Absicht, voreiligen Schlußfolgerungen, wie sie bisher zu dem Verhältnis von Religion und Devianz existieren[7], empirisch begründet entgegenzutreten. Das Bestreben ist, sich weder auf die Seite der einen, die Religion als der Devianz, Kirche als der Kriminalität diametral entgegengesetzte Entitäten (s.o.) im Sinne des 'Guten' hier und des 'Böses' dort verstehen, noch auf die Seite der anderen zu schlagen, die Religion bzw. Kirche ähnlich wie Devianz bzw. Kriminalität als wesensmäßige Reflexe gesellschaftlicher Widersprüche begrei-

---

[5]Siehe hierzu Sammlungen solcher Fälle u.a. in den Werken KARLHEINZ DESCHNERS

[6]Vgl. hierzu Kapitel 1.1

[7]Siehe hier die kurze Darstellung solcher Schlußfolgerungen in SCHWARZENTHAL 1982, 4ff.

fen, die sich angeblich in einem bestimmten Gesellschaftssystem faktisch erübrigen. So kann hier der Gegenstand theoretischer Erörterungen nicht die 'Religion an sich' sein, sondern immer nur das, was die unter ihrem Zeichen Agierenden - hier konkret die maßgeblichen Vertreter katholischer Kirche - an gesellschaftlichen Tatsachen produzieren. "Konkret heißt das: Nicht die allgemeine Form von Religion ist für uns interessant, sondern die greifbar-vorhandene; wo die Verfilzung von religiöser Macht und sozialen Strukturen augenfällig wird" (VAN ONNA 1969, 39), wo es um die Formulierung von Normen und deren Durchsetzung, um dazu notwendige Machtmittel, um die Abwehr normativer und institutioneller Alternativen, schließlich um Ausgrenzung innerhalb der verkirchlichten Version heutigen Christentums in Form der katholischen Kirche geht.

6.1 Katholische Amtskirche als Moral- und Weltanschauungsunternehmen

Regeln regulieren gesellschaftliche Teilhabechancen, Privilegien, Degradierungszeremonien etc.; sie konstituieren Maßstäbe zur Unterscheidung von 'Gut' und 'Böse', von Recht und Unrecht. "Gesellschaftliche Regeln sind das Werk spezifischer sozialer Gruppen" (BECKER 1981, 13); sie sind damit nicht unabhängig von den Interessen jener Gruppen, auf deren Initiative hin sie ins Leben gerufen werden: Sie spiegeln deren Intentionen wider und lassen sich als Handlungsinstrument zur Verteidigung entsprechender Interessen benutzen.

Gesellschaftliche Verfestigungen, d.h. Institutionalisierungen von Regeln drohen leicht über jene erkenntnistheoretische Banalität hinwegzutäuschen, daß die zu regelnden gesellschaftlichen Objekte wie Verhalten, interaktives Handeln, Strukturen etc. 'an sich' keine eindeutige Qualität besitzen; sie lassen allzuschnell und allzuoft die herrschenden Maßstäbe zur Bewertung von Verhalten und Strukturen als absolute erscheinen, und nicht in ihrer *Re-lativität*, in ihrem Rückbezug auf die Subjektivität und Partikularität der mit diesen korrespondierenden Interessen. Demnach sind auch die herrschenden kirchlichen Reglements institutionellen Umgangs mit Devianz als die der kirchlich Herrschenden, und nicht als solche eines in seiner Entscheidung unangreifbaren Gottes zu verstehen. "In Religion und Moral spricht nicht Gott oder die Sittlichkeit des Menschen zum Menschen, sondern die Gesellschaft zu ihren Mitgliedern" (JONAS 1976, 55, mit Bezug auf DURKHEIM).

Mit der Kodifizierung und bürokratischen Administration von Abweichung und Konformität konstituierenden Moralnormen begibt sich die katholische Kirche selbst auf die Ebene eines Moralunternehmers, der dadurch gekennzeichnet ist, "daß ein Eigeninteresse zumindest oberflächlich nicht sichtbar ist und daß er nicht dafür eintritt, jemanden in seinem Lebensstil auf seine Facon selig werden zu lassen oder ihn sonst in seinen manifesten Interessen unterstützt..., sondern daß er sich <u>gegen</u> jemanden richtet, jemanden einen bestimmten Lebensstil verbietet oder einen anderen aufzwingen möchte (wobei in der Argumentation freilich die Figur auftritt, es gehe um das wohlverstandene Interesse des Betroffenen, man wolle nur sein 'Bestes')" (HASSEMER/STEINERT/TREIBER 1978, 28). Der moralische Unternehmer "geht mit einer absoluten Ethik vor" (BECKER 1981, 134)[1] und ist "daran interessiert, dafür zu sorgen, daß andere Menschen tun, was er für richtig hält" (BECKER 1981, 134). Die mit innerkirchlichen Macht- und Kontrollmitteln ausgestatteten Repräsentanten katholischer Amtshierarchie "wollen bezeichnenderweise den sozial unter ihnen Stehenden zu einem besseren Status verhelfen. Daß die unter ihnen Stehenden die zu ihrer Rettung vorgeschlagenen Mittel nicht immer mögen, ist eine andere Sache. Doch dieses Faktum - daß moralische Kreuzzüge von den oberen Rängen der Sozialstruktur beherrscht werden - bedeutet, daß sie die Macht, die sie aus der Legitimität ihrer moralischen Position ableiten, noch um jene Macht verstärken, die sie aus ihrer höheren Position in der Gesellschaft ableiten" (BECKER 1981, 135). Nicht nur auf gesamtgesellschaftlicher[2], sondern heute in besonderem Maße auf innerkirchlicher Ebene ist die amtskirchliche Hierarchie bestrebt, "allgemeingültige Normen der Moralität festzulegen und zu bestimmen, durch welche Akte sie verletzt werden" (GUSFIELD 1975, 167). Schließlich zielt die Verkirchlichung bzw. Verrechtlichung des Christentums in Form der historischen katholischen Kirche auf mehr ab als auf bloße innerinstitutionelle oder gesamtgesellschaftliche Verhaltensregulierung: "Da sich jede Moral aus einem System der Weltdeutung ableitet, geht es bei diesem Ringen nicht nur um Legalisierung moralischer Normen, sondern der Tendenz nach um die weltweite Durchsetzung eines einheitlichen Glaubens" (DEIMLING 1972, 46).

Die Anwendung des Konzepts des moralischen und weltanschaulichen Unternehmers auf die katholische Amtskirche impliziert die Annahme der gesellschaftlichen Relativität sowohl der von ihr propagierten Moralnormen als auch der von ihr formulierten religiösen Glaubens- bzw. Weltdeutungssätze. Dies bedeutet keineswegs gleich ein Urteil über den theologisch-philosophischen Wahrheitsgehalt christlicher Religion, sondern führt lediglich zu der Feststellung der Selektivität kirchlicher Institution hinsichtlich des dort normativ und theologisch-philosophisch Möglichen. Eine solche relati-

---

[1]Siehe hierzu in Beziehung auf die katholische Kirche die Kapitel 1.2, 2.3 und 2.4

[2]Siehe z.B. die amtskirchlichen Versuche der Einflußnahme auf den § 218 StGB; vgl. auch SCHWARZENTHAL 1982, 142-165

vierende, d.h. auf ihren gesellschaftlichen Bezugskontext zurückführende Position ergibt sich "aus der strikten Ablehnung einer 'absolutistischen' Gesellschaftsvorstellung, die einfach der gesellschaftlichen Realität unangemessen" (KEUPP 1976, 44) ist, weil die mit Moral- und Devianznormen sowie mit Glaubens- und Weltdeutungssätzen gegebene Ordnungsleistung "unter anderen Bedingungen ganz anders hätte ausfallen können" (KEUPP 1976, 45).

Anschaulich wird dies an der heute nicht mehr nur potentiellen, sondern faktischen Pluralisierung des Angebotes an religiösen Ordnungsleistungen innerhalb einzelner Religionsgemeinschaften, welche dazu führt, "daß Religionen, die früher herrschten, heute 'verkauft' werden müssen, und zwar an einen Kundenkreis, der zu 'kaufen' nicht genötigt ist. Die pluralistische Situation ist in erster Linie eine Marktlage. Die religiösen Institutionen sind 'Werbeagenturen', und die Religion selbst zum 'Gebrauchsgut' geworden. Die Logik der Marktwirtschaft beherrscht auf diese Weise weite Bereiche des religiösen Handelns" (BERGER 1973, 132). Mit dem Ende der religiös-politischen Einheitswelt sieht sich die katholische Kirchenhierarchie der Notwendigkeit einer stärkeren Differenzierung ihres Produktangebotes unter Berücksichtigung der im 'Käuferverhalten' sehr unterschiedlichen Zielgruppen gegenüber. Über die Konfessionsgrenze hinaus dürften entsprechende Produkte kaum mehr nachgefragt werden - es sei denn, sie erweisen sich als konsistent mit bestimmten (partei-)politischen Organisationsinteressen. Selbst innerhalb der eigenen Konfession werden die Ordnungsleistungen der amtskirchlichen Repräsentanten nur teilweise akzeptiert[3]: Nur noch Mitglieder des kirchlichen Personalapparates sind qua Sanktionsbewehrung genötigt, Ordnungsnormen der Hierarchie zu konsumieren und zu reproduzieren.

---

[3]Vgl. Kapitel 2.2

6.1.1 Amtskirchliche Ausgrenzungsregeln als selektive Aktualisierung von Werten

Die Problematik der Selektivität religiöser Institutionalisierung erfährt, wie schon ausgeführt, in der Formulierung und Handhabung kirchlicher Ausgrenzungsmotive ihre besondere Zuspitzung. Deutlich wird dies an dem Wandel moralischer Bewertungen in der Geschichte der Kirche wie auch an der Schwierigkeit der Formulierung einheitlicher Ordnungsnormen im Rahmen der heutigen Weltkirche.[1] "Mit ihrer erstaunlichen Anpassungsfähigkeit war vor allem die katholische Kirche ein Meister in der Handhabung dieses Prozesses sozialer Umwandlung, indem ihre Opfer - durch geradezu an Wunder grenzende Verwandlung - zu Schutzheiligen wurden; so wurde aus Jeanne d'Arc zu gegebener Zeit die Heilige Johanna" (COSER 1968, 37).

Ohne daß sich damit eine grundsätzliche Veränderung fundamentaler kirchlicher Werthaltungen vollziehen muß, ist eine um ihre Bestandserhaltung besorgte katholisch-kirchliche Organisation geradezu genötigt, die normativen Konkretionen ihres essentiellen Wertefundus' an den strukturellen Erfordernissen unterschiedlicher Gesellschaftsformationen zu orientieren, denn "die institutionelle Verfestigung einer Religion kann nur durch weitgehende Anpassung an die ökonomische Struktur der Gesellschaft erfolgen" (KEHRER 1968, 93): Zum einen, um auf dem religiösen Markt überhaupt konkurrenzfähig zu bleiben, zum anderen, um die inhaltlichen und organisatorischen Voraussetzungen für die Austauschbeziehungen mit den relevanten anderen gesellschaftlichen Teilsystemen zu schaffen. So ist festzustellen, "daß gewisse Regeln, die uns als logische Folge einer weithin anerkannten Wertvorstellung erscheinen, nicht einmal von den Menschen bedacht werden, die an dem Wert festhalten" (BECKER 1981, 119). Dies dürfte sowohl für die

---

[1]Vgl. nur die Diskussion bei der Synode über die Funktion der Laien und Frauen (Rom 1987) vor dem Hintergrund unterschiedlicher struktureller, kultureller und politischer Organisation katholischer Kirche im Rahmen der 'Weltkirche'. Siehe u.a.: RHEINISCHER MERKUR/CHRIST UND WELT Nr. 46, vom 13. November 1987, 24: Ohne ein Amt frei für die Welt. Nach der Bischofssynode über die Laien: Mit Joseph Kardinal Ratzinger sprach in Rom Martin Lohmann.

'Masse der Gläubigen', für die kirchlichen Mitarbeiter als auch für die Repräsentanten amtskirchlicher Hierarchie gelten.

Amtskirchliche Ausgrenzungsregeln stellen in mehrfacher Weise selektive Konkretionen kirchlicher Werte dar: Die diesen Regeln unterliegenden Devianzdefinitionen selbst sind Produkte historischer, interessegeleiteter Wirklichkeitsdeutung, die letztlich nicht unabhängig sind von den perzipierten Chancen ihrer aktuellen Durchsetzbarkeit. Die Sanktionsbewehrung solcher Devianzdefinitionen erfolgt nicht automatisch. Die Durchsetzung einer Regel "ist selektiv, unterschiedlich selektiv je nach Menschengruppen, verschiedenen Zeiten und verschiedenen Situationen" (BECKER 1981, 120). Die Indikatoren für die Initiierung kirchlicher Ausgrenzungsprozeduren sind somit im wesentlichen gesellschaftlicher Natur. Letztere "scheinen nicht so sehr auf dem Bemühen zu beruhen, eine generelle Wertvorstellung zu erfüllen, als vielmehr auf dem Bemühen, das Funktionieren einer komplexen Institution zu regulieren" (BECKER 1981, 120) bzw. die 'Glaubwürdigkeit' der Institution, die für bürokratische Austauschprozesse notwendige Eindeutigkeit der Organisationszieles zu garantieren. Gerade die faktische Umkehrung der Deduktionsfolge Wert - Regel - Durchsetzung in der Situation der Kirche als Prozeßpartei vor dem staatlichen Gericht[2], wo es ihr primär um Durchsetzung ihrer institutionellen, parteiischen Belange geht, und die sich daran anschließende theologische Akrobatik - insofern sich seitens der amtskirchlichen Prozeßvertreter dieser Mühe überhaupt unterzogen wird - einer Wertunterlegung ihrer Ausgrenzungsinitiativen im Rahmen eines Kündigungsverfahrens etc., machen Rationalisierungen erforderlich, hinter denen sich das subjektive, partikulare kirchlich-institutionelle Interesse nur schwer verbergen läßt.

In dem Maße, wie durch die Eigendynamik kirchlicher Institution in Form der Effizienzsteigerung von Organisation, Personal und Programm die Abkehr von den religiösen Intentionen ihrer charismatischen Grundfigur, von ihrem ursprünglichen ethischen Anspruch betrieben zu werden droht, geraten Durchsetzungs- und Exekutivprobleme zur Hauptaufgabe der Institution einer Verwaltung verkirchlichter, 'religiöser Normalität'. Indem Religion auf *diese* Weise historisch wird, überschreitet sie "ihre ursprüngliche Zielsetzung.

---

[2]Vgl. Kapitel 5

... Je mehr die Kirche sich institutionalisiert, umso weniger stark wirkt sich die Ethik aus" (NAGEL 1975, 37). Das daraus resultierende Legitimationsproblem liegt dann nicht mehr in der Begründungsnotwendigkeit ihres Funktionswertes für das gesellschaftliche Gesamtsystem oder für entsprechende Teilsysteme - dieser ist meist mit steigender kirchlicher Bürokratisierung umso unbezweifelter -, sondern in der Divergenz zwischen ihrem verbal geäußerten Anspruch (Wert/Ethik) und ihrer real existierenden gesellschaftlichen Formgestalt und ihren Handlungsimperativen (Regeln/Durchsetzung). Insofern also Regeln und ihre Durchsetzung "mehr Verbindung zu den Realitäten des Alltagslebens" (BECKER 1981, 118) der Kirche haben als die Wertvorstellungen, die "nur eine allgemeine Handlungsanleitung liefern können und bei der Entscheidung über Handlungsweisen in konkreten Situationen nicht von Nutzen sind" (BECKER 1981, 118), muß jeder Versuch einer Rückführung der Regeln auf nur *ein eindeutiges* und *unangreifbares* Wertesystem wie das der katholisch-kirchlich dogmatisierten Moralnormen in Ideologieverdacht geraten. Denn indem die propagierte Immunität des kirchlichen Wertesystems[3] auf die daraus abgeleiteten Regeln zu übertragen versucht wird, stattet die amtskirchliche Version katholischen Christentums diese Werte ebenso wie die Regeln aus "with a sacred quality, associates reward with their violation, and thus becomes the ultimate sanction for conformity" (MARTIN/FITZPATRICK 1964, 91). Doch "gerade weil Wertvorstellungen mehrdeutig und generell sind, können wir sie in verschiedener Weise interpretieren und viele Arten von Regeln aus ihnen ableiten" (BECKER 1981, 119), auch solche Regeln eben, die eher integrative als ausgrenzende Reaktionen - im Gegensatz zu den weiter oben dargestellten Fällen - bei innerkirchlicher Devianz und innerkirchlichen Konflikten vorsehen.

Der Ideologieverdacht gegen amtskirchliche moralische Unternehmungen erhärtet sich, wenn die dogmatische Immunisierung der Werte 'nahtlos' auf die aus diesen deduzierten Regeln und Normen übertragen wird bzw. dieses Vorgehen mit der Sakralität der dieses vornehmenden Institution zu legitimieren versucht wird. Und genau letzteres geschieht, wenn die KONGREGATION FÜR DIE GLAUBENSLEHRE für die Kirche, d.h. in concreto für die diese maßgeblich repräsentierende Amtskirche - und damit meint sie nicht zuletzt sich selbst - in Anspruch nimmt: "Ferner hat Christus seine Kirche als 'die

---

[3]Vgl. Kapitel 2.4

Säule und das Fundament der Wahrheit' gegründet. Unter dem Beistand des Heiligen Geistes bewahrt sie ununterbrochen und übermittelt sie ohne Irrtum die Wahrheiten der sittlichen Ordnung und interpretiert authentisch nicht nur das geoffenbarte positive Gesetz, sondern 'auch die Prinzipien der sittlichen Ordnung, die aus dem Wesen des Menschen selbst hervorgehen' und die volle Entfaltung und die Heiligung des Menschen betreffen" (1976, 71).

Eine mit einer solchen Legitimation ausgestattete kirchliche Ordnung entwickelt adäquate Devianzdefinitionen ähnlicher institutioneller Verfestigung. Dabei bleiben mögliche Widersprüche bei der Operationalisierung von Werten in Form sich gegenüberstehender Normen bzw. Probleme einer angemessenen Subsummierbarkeit komplexer Situationen unter die vorgegebenen Normen außer Acht. Die alltägliche, routinisierte Handhabe kirchlicher Devianz- und Ausgrenzungsnormen gewinnt damit eine Unabhängigkeit von den abstrakteren Wertegebilden, daß ein zwangsläufiger Bezug zu letzteren nur noch über vielerlei theologische Umwege herzustellen möglich ist.[4] Auf diese Weise trägt der amtskirchliche 'normative Absolutismus' unweigerlich zur Verselbständigung seines Exekutivapparates bei, dessen Beziehung zu den Werten, die er ursprünglich repräsentieren sollte, sich auf partikulare Mobilisierungen dieser lediglich zum Zweck der Regel- bzw. Selbstlegitimierung reduziert. Moralische Unternehmungen der Amtskirche, d.h. deren Regelsetzungsinitiativen, zielen demnach auf die faktische Stabilisierung bzw. Vergrößerung ihres institutionellen Apparates, sprich derjenigen kirchlichen Elite, die diesen für ihre Position zu nutzen weiß; sekundär ist hingegen, ob die 'dahinterstehenden' Werte tatsächlich breitere innerkirchliche oder gesellschaftliche Anerkennung finden.

---

[4]Vgl. Kapitel 4.4

6.1.2 Zur amtskirchlichen Konstruktion eines Bedarfs an hierarchischer Reglementierung

Logische und empirische Voraussetzung für die moralische Unternehmertätigkeit der katholischen Amtshierarchie ist deren Annahme, daß in der Welt nichts in Ordnung sein kann, solange sie selbst nicht Regeln schafft, die die Übel korrigieren.[1] Ideologischer Ausgangspunkt für die Plausibilisierung amtskirchlich-hierarchischer Regelsetzungsinitiativen bzw. der Institutionalisierung ihres Normsetzungsmonopols ist die Dichotomie von Chaos und Institution. "Das Chaos ist der Naturzustand, der Schrecken einer sozialen Welt ohne Institutionen. Es ist gleichzeitig der Tod und ist derjenige Zustand, auf den die Gesellschaft zustrebt, wenn die Institutionen verfallen. Die Institution hingegen verhindert das Chaos und verwirklicht daher die Ordnung" (HINKELAMMERT 1976, 15f.). Der 'Prototyp' Ordnung stiftender Institutionen ist demnach im kirchlichen Lehramt, im definitorischen Monopol der Kirchenhierarchie, zu finden: "Es ist tröstlich, daß Christus, wie das Zweite Vatikanische Konzil lehrt, seiner Kirche, der 'Lehrerin der Wahrheit', den Auftrag erteilt hat, 'die Prinzipien der sittlichen Ordnung, die aus dem Wesen des Menschen selbst hervorgehen, autoritativ zu erklären und zu bestätigen' ('Dignitatis humanae', 14), - ein Auftrag, der dem Lehramt ... zugeordnet ist" (HÖFFNER 1978, 69).

Mit der ideologischen Immunisierung des in dieser Weise verstandenen Lehramtes, d.h. mit der Dogmatisierung der durch dieses Lehramt kreierten moralischen Ordnungsnormen, entfernt sich diese definitorische Instanz logischerweise davon, selbst Adressat ihrer Normforderungen zu sein: Die implizierte Irrtumsfreiheit eines solchen Lehramtes erhebt es über das Objekt seiner Initiativen normativer Regulierung. Aus der Absolutheit seiner Ethik folgert es die ethische Absolutheit seiner innerkirchlichen und gesellschaftlichen Position. Aus einer die 'Wahrheit' suchenden Instanz wird eine 'die Wahrheit' besitzende, 'die Wahrheit' verwaltende, 'die Wahrheit' lehrende Institution, wird die gesellschaftliche Manifestation des anthropologischen Gegenübers des Chaos. Das Lehramt verwandelt sich in ein Prinzip, in einen unangreifbaren Wert und deduziert davon wieder seine kirch-

---

[1]Vgl. BECKER 1981, 133

liche und gesellschaftliche Unangreifbarkeit und Unverzichtbarkeit: Es überhöht sich ins Prinzipielle.[2] Die Behörde zur Administration konfessionell-katholischer Glaubensinhalte sakralisiert sich dabei selbst.

Die sich daraus ergebenden Probleme lassen sich zunächst auf zwei Ebenen lokalisieren: auf der Ebene der Beziehung dieser sich unfehlbar gebarenden Glaubens-Definitionsbehörde a) zu konkurrierenden christlichen Religionsgemeinschaften und b) zu der mit entsprechenden Glaubenswahrheiten zu versorgenden eigenen konfessionellen Kundschaft. Probleme der ersten Ebene sind andernorts[3] ausführlich beschrieben; Probleme der zweiten Kategorie betreffen die Integration der konfessionellen 'Massenbasis', die sich die Kirchenhierarchie zur Aufgabe macht. Die besondere katholische Version der Lösung dieses Integrationsproblems besteht nun darin, daß die Repräsentanten amtskirchlicher Hierarchie den pragmatischen Imperativen der von ihr kontrollierten institutionellen Ordnung "die Würde des Normativen verleiht" (BERGER/LUCKMANN 1977, 100) bzw. diese Ordnung "durch ihre Beziehung zu einer kosmischen Ordnung von Macht und Gerechtigkeit" und ihre ideologisch immunisierten Kontrollorgane "als Repräsentanten dieser kosmischen Prinzipien legitimiert" (BERGER/LUCKMANN 1977, 111). Damit gerät jede Abweichung von den institutionalisierten amtskirchlichen Ordnungsnormen selbst in den 'Ruch' der Nähe zum Chaos, von dem sich gerade die Vertreter der innerkirchlichen Ordnung potentiell bedroht sehen. "Die Legitimation der institutionellen Ordnung ist also mit der ständigen Notwendig-

---

[2]Vgl. HINKELAMMERT 1976, 45ff.

[3]Siehe die Auseinandersetzung zwischen LEONARDO BOFF und der KONGREGATION FÜR DIE GLAUBENSLEHRE zur Frage des Monopolanspruchs der katholischen Kirche auf die Repräsentation des 'wahren' Christentums, vgl. Kapitel 3.5. Siehe hierzu KÜNG 1980, 157ff. "Der weitere Fortgang der ökumenischen Bewegung läßt sich nur schwer voraussagen. Sicher ist allerdings, daß er für jede der beteiligten Kirchen beträchtliche Herausforderungen mit sich bringt. So stellt sich für die katholische Kirche unausweichlich die Frage nach ihrem Lehramts-, Dogmen- und Primatsverständnis. Ohne weitere Klärung in diesen Punkten dürfte weder im katholisch-orthodoxen noch im katholisch-lutherischen und -anglikanischen Dialog das angestrebte Ziel der vollen Einheit zu erreichen sein" (RUH/SEEBER/WALTER 1986, 327); siehe auch FRIES/RAHNER 1983; BAUER 1986

keit konfrontiert, ein Chaos in Schach zu halten" (BERGER/LUCKMANN 1977, 111). Ein Indikator für das amtskirchlicherseits perzipierte Bedrohungsempfinden ist z.B. die Konstruktion der 'Verwirrung der Gläubigen' durch die Konfrontation amtskirchlicher Lehre mit den Interpretationen konkurrierender oder konfligierender religiöser, ideologischer Anbieter. Dies liest sich mit den Worten kirchlicher Repräsentanten wie folgt:

> "Vielen Suchenden und Fragenden hat Professor Küng Zugänge zu religiösen Grundfragen erschlossen, bei vielen Gläubigen haben von ihm vorgebrachte Auffassungen aber auch Verwirrung gestiftet" (DIE DEUTSCHEN BISCHÖFE 25, 1980, 2).

Oder:

> "Nach unserer Kenntnis vertritt die Arbeitsgruppe 'Homosexuelle und Kirche', die innerhalb des Bundesgebietes in mehreren kleinen Regionalgruppen organisiert ist, Anschauungen, die nicht mit der katholischen Lehre in Übereinstimmung zu bringen sind. Daher ist es kein Dienst der Kirche am Menschen, gerade mit dieser Gruppe in aller Öffentlichkeit das Gespräch über die hier anstehenden Fragen zu führen. Es kann nur zur weiteren Verwirrung der Menschen in unseren Gemeinden und in der Öffentlichkeit hinsichtlich verschiedener Fragen zur Homosexualität führen"[4].

Das Konstrukt der 'Verwirrung der Gläubigen'[5] - es wird übrigens nie von der Verwirrbarkeit des katholisches Lehramtes gesprochen - geht von der Annahme der zumindest relativen religiösen bzw. theologischen Inkompetenz der Gläubigen aus[6]: In den Augen der amtskirchlichen Repräsentanten bedür-

---

[4]So der Generalvikar des Erbischofs von Köln in einem Brief vom 17.12.1981 an die katholische Studentengemeinde Bonn.

[5]Vgl. Kapitel 3.3 sowie PAPST JOHANNES PAUL II. (1981, 88) zur Verwirrung der Gläubigen in bezug auf das amtskirchliche Verständnis der Unauflöslichkeit der Ehe.

[6]"Der einfache gläubige Christ vermag im allgemeinen nicht zu beurteilen, ob eine Lehre glaubenswidrig oder sittengefährdend ist. Darum sagt es ihm die Kirche" (NAUROIS/SCHEUERMANN 1964, 105).

fen die Gläubigen der religiösen Orientierung durch das Lehramt bzw. besitzen sogar einen Anspruch auf die Dienstleistung des Lehramtes, die darin besteht, die christlichen Glaubenswahrheiten - authentisch formuliert - präsentiert zu bekommen: "Der Gläubige hat ein Recht auf eine volle und eindeutige Darstellung unveräußerlicher Glaubenswahrheiten" (DIE DEUTSCHEN BISCHÖFE 25, 1980, 6).

Diese Ortung innerkirchlicher Bedarfslagen und Bedarfsdeckung bzw. die damit einhergehende Kompetenzzuweisung ist unzweifelhaft Kennzeichen der bürokratischen und hierarchischen Strukturiertheit der katholisch-kirchlichen Organisation. "Nur eine Konsumentenhaltung ist - um es einmal scharf zu sagen - einer bürokratischen Organisation (wie der Amtskirche, R.S.) gegenüber adäquat, und Christen, die mehr als kirchliche Konsumenten sein möchten, müssen daher mit einer gewissen Zwangsläufigkeit Anstoß an der gegenwärtigen organisatorischen Verfassung der Kirchen nehmen, wenn sie ihnen erst einmal bewußt wird" (KAUFMANN 1979, 144). Dementsprechend wird die Eigendynamik des bürokratisch organisierten, amtskirchlichen Systems darin sichtbar, daß sich die für die Repräsentanten der Hierarchie relevanten Krisenerscheinungen gerade am Fehlen der Bereitwilligkeit der konfessionellen Massenbasis abzeichnen, die von ersterer produzierten Heilsgüter in gewünschter Weise zu konsumieren: an dem Rückgang der Teilnahme an kirchlichen Kasualien, am Kirchgang etc.[7] Im Sinne einer - selbstverständlich nicht geäußerten - Intention der 'Administration religiöser Normalität' in Konsistenz mit den organisatorisch-bürokratischen Implikationen des dominierenden ökonomischen und politischen Systems ist ein solches Krisenbewußtsein nur folgerichtig.

Die amtskirchliche 'Therapie' der 'Verwirrung der Gläubigen' zielt letztlich auf die Prävention jedweder substanzieller Kritik an den amtskirchlichen Setzungen. Solche Kritik würde die Integration, "die Eingliederung in die gewohnte Erfahrung und Ordnung" (SACHS 1974, 254) etablierter kirchlicher Institutionen bedrohen. ALBERT beschreibt die Vorkehrungen gegen solche Kritik: Derartige Vorkehrungen "reichen von der Abschirmung gegen alternative Anschauungen und dogmatischen Gesichtspunkten, ihrer Abschließung gegen Personen, die andere Gesichtspunkte verfechten oder ge-

---

[7]Vgl. HÖFFNER 1979; vgl. auch Kapitel 2.2

fährliche Ideen vermitteln könnten, bis zu in gleicher Richtung wirksamen Führungs- und Abschirmungspraktiken Erwachsener gegenüber, etwa durch die glaubensmäßige 'Gleichschaltung' aller für sie in Betracht kommenden intermediären Gruppen. Solche Praktiken lassen sich im allgemeinen nur durchführen, wenn eine Führungshierarchie vorhanden ist, die für die Entscheidung von Glaubensfragen und damit zusammenhängenden Problemen ein Monopol in Anspruch nehmen kann. Um solche Entscheidungen für die Mitglieder dieser Gruppen einwandsimmun zu machen, werden bekanntlich oft Inhaber bestimmter Positionen in einer solchen Hierarchie mit einem faktischen oder sogar selbst dogmatisch festgelegten Unfehlbarkeitsanspruch ausgestattet, der unter Umständen aus dem Inhalt des betreffenden Glaubenssystems legitimiert werden kann" (1969, 98).[8] ALBERT fügt noch einen weiteren Aspekt der *Monopolisierung religiöser Kompetenz* hinzu: "Institutionalisierte Glaubenssysteme, die in dieser Weise funktionieren, sind, wie wir heute wissen, auf die Ausbeutung der menschlichen Angst gegründet, einer Angst, die teilweise durch die Methoden des Systems selbst erzeugt wird. Die dogmatisch-magische Praxis des Sakraments im christlichen Bereich und die entsprechenden Rituale in anderen Kulturmilieus sind ohne diese emotionale Verankerung kaum zu erklären" (1969, 100). Der amtskirchliche Reglementierungsbedarf oder die Plausibilisierung amtskirchlicher moralischer Unternehmungen reproduziert sich durch den 'Teufelskreis' a) der Angstbesetzung durch Androhung des Chaos[9] infolge der Bedrohung traditionell hierarchischer Institutionen durch Devianz, Konflikt und Kritik und b) der hierarchischen Monopolisierung der dagegenstehenden Heilsmittel damit selbst.

---

[8]Vgl. auch Kapitel 4 bzw. 2.4

[9]Z.B.: "Bei der strafrechtlichen Freigabe der Abtreibung geht es um das Wohl unseres Volkes" (HÖFFNER 1974, 11). "Die Freigabe der Abtreibung löst die Probleme nicht, sondern sie schafft neue Not und neues Unrecht und bedroht das menschliche Leben schlechthin" (HÖFFNER 1974, 10).

6.2 Zur Normalität von Devianz und Konflikt in der Institution der katholischen Kirche

Erfolgreiche moralische Unternehmungen beweisen sich durch die Institutionalisierung ihrer intendierten Ordnungsleistungen, durch die reziproke Typisierung der hieraus hervorgehenden Ordnungsnormen.[1] "Durch die bloße Tatsache ihres Vorhandenseins halten Institutionen menschliches Verhalten unter Kontrolle. Sie stellen Verhaltensmuster auf, welche es in eine Richtung lenken, ohne 'Rücksicht' auf die Richtungen, die theoretisch möglich wären" (BERGER/LUCKMANN 1970, 58). Darin liegt nicht nur die Selektivität kirchlicher Normsetzungs- bzw. Ausgrenzungsmotive, sondern die der gesamten kirchlich-institutionellen, historischen Existenz begründet. So gilt für die Kirche wie für jede Religionsgemeinschaft, wie schließlich für jede andere gesellschaftliche Institution: "Wenn ein Bereich menschlicher Tätigkeit institutionalisiert ist, so bedeutet das eo ipso, daß er unter sozialer Kontrolle steht" (BERGER/LUCKMANN 1970, 59). Kirchliche Sozialkontrolle hat dabei - abgesehen von ihrer Bedeutung für andere gesellschaftliche Teilsysteme[2] - die Funktion, den institutionellen Bestand der Kirche sowie deren theologischen Wissensschatz in die Zukunft zu tradieren. Denn je höher der Grad religiöser Institutionalisierung, je ausdifferenzierter das innerkirchliche Kontrollsystem, je ausgeprägter die kirchliche "Struktur ist, desto größeren Widerstand leistet sie jeder Änderung" (DURKHEIM 1965, 160).

Soziale Kontrolle ist die gesellschaftliche Reaktion auf abweichendes Verhalten[3] bzw. resultiert aus der Antizipation der Möglichkeit abweichenden Verhaltens innerhalb eines institutionalisierten Ordnungsgefüges. Die bewußte Festlegung spezifischer Ordnungs- oder Devianznormen, hier kirchlicher Moralnormen, zeigt, daß die diese maßgeblich definierenden kirchlichen Vertreter die sozialen Konsequenzen der inkriminierten Handlungen zu kennen glauben. Diese normativen Festlegungen "sind ideeller Ausdruck bestimmter, unabhängig von diesen Definitionen existierender sozialer Probleme"

---

[1]Vgl. BERGER/LUCKMANN 1970, 58

[2]Vgl. Kapitel 1.3

[3]Vgl. MALINOWSKI/MÜNCH 1975, 157

(WERKENTIN/HOFFERBERT/BAURMANN 1972, 249), insbesondere auch kirchlicher Strukturprobleme.[4] Wenn unter dieser Voraussetzung kirchliche Repräsentanten zu Mitteln sozialer Kontrolle greifen[5], gehen diese implizit von der Annahme aus, daß entsprechende soziale Kontrollaktivitäten der Stabilität des von ihnen favorisierten historischen Standards kirchlicher Institution - eine 'göttliche Einrichtung' dürfte auf solches Kontrollhandeln zur eigenen Stabilisierung wohl nicht angewiesen sein - dienlich sind. Doch nicht nur die Annahme der *Zweckmäßigkeit*, sondern auch die der *Unanfechtbarkeit der Legitimität* solchen Kontrollhandelns bzw. der dadurch zu stabilisierenden normativen Festlegungen scheint der Sichtweise katholisch-kirchlicher Hierarchie zugrundezuliegen. Daß jedoch weder von einer totalen Akzeptanz der Legitimität des Kontrollhandelns, noch von der Akzeptanz der normativen Festlegungen katholischer Kirchenführung ausgegangen werden kann, kann mit DURKHEIM wie folgt begründet werden: "Eine so umfassende und so absolute Uniformität ist jedoch schlechtweg unmöglich; denn die unmittelbare physische Umgebung, in die jeder von uns hineingestellt ist, die erblichen Vorbedingungen, die sozialen Einflüsse, von denen wir abhängen, schwanken von Individuum zu Individuum und gestalten dadurch jedes Bewußtsein anders" (1965, 159). Bei der katholischen Kirche dürfte das strukturell angelegte Problem der Abweichung von den institutionellen, normativen Setzungen insbesondere an dem Mangel an ideologischer Indifferenz der von der kirchlichen 'Elite' formulierten Konformitäts- und Devianznormen, schließlich an der Individualität und Subjektivität der Interpreten dieser selbst liegen. In diesem Sinne sind Abweichungen von kirchlichen Normen ebenso *zwangsläufig* wie solche vom "moralischen Bewußtsein der Gesellschaft" (DURKHEIM 1965, 159).

Doch die historische Relativität und der gesellschaftliche Charakter der Institution Kirche sind die logischen und empirischen Voraussetzungen nicht nur für die *Zwangsläufigkeit*, sondern auch für die *Nützlichkeit* von Devianz und Konflikt in derselben. Devianz ist Zeichen kirchlich-institutioneller Grenzen bzw. deren geschichtlich normativer Grenzziehungen; Konflikte sind Zeichen der Auflehnung gegen diese. Von daher sind Devianz und Konflikt institutionell-immanente Erscheinungen, die die Kontingenz des

---

[4]wie sie z.B. in Kapitel 2 beschrieben sind.

[5]Vgl. Kapitel 3 bis 5

normativen Status quo der real existierenden Kirche transzendieren. Insofern setzen sie die Institution möglichen Wandlungsprozessen aus, die bisweilen angezeigt scheinen z.B. a) um für die Kirche elementare religiöse Motive durch Neuinterpretation unter Berücksichtigung veränderter gesellschaftlicher Bedingungen überhaupt in ihrem Kerngehalt tradieren zu können, da sie in äußerlich veränderten Situationen womöglich einen anderen Sinn bekämen[6], und b) um durch Veränderungen äußerer, struktureller Bedingungen eine Übertragung eines diese Bedingungen betreffenden Plausibilitätsverlustes bezogen auf elementare religiöse Gehalte und Motive entgegenzusteuern. Ein Phänomen wie Devianz oder eines wie Konflikt "hält nicht bloß den notwendigen Änderungen den Weg offen, in manchen Fällen bereitet es auch diese Änderungen direkt vor" (DURKHEIM 1965, 160). Von den Moral- und Ordnungsnormen der Kirche abweichendes Verhalten ist oft "wirklich bloß eine Antizipation der zukünftigen Moral, der erste Schritt zu dem, was sein wird. ...Die Gedankenfreiheit, deren wir uns heute erfreuen, wäre niemals proklamiert worden, wenn die sie verbietenden Normen nicht verletzt worden wären" (DURKHEIM 1965, 160f.).

Vor diesem Hintergrund muß sich die Problematisierung des Zusammenhangs zwischen Kirche und Devianz auf jene Frage erstrecken, warum sich eine nicht geringe Anzahl von Gläubigen bzw. kirchlichen Mitarbeitern *trotz* einer z.T. sich bis ins Absurde gesteigerten Selektivität kirchlicher Normsetzungen bezogen auf diese Normen hin konform verhält. Denn eine prinzipielle Konformität hinsichtlich der normativen Setzungen kirchlicher Amtshierarchie wäre anthropologisch nur auf Kosten der Originalität und Individualität[7] der menschlichen Persönlichkeit, soziologisch nur auf dem Wege der totalen sozialen Kontrolle, letztlich der Klerikalisierung des gesamten psychischen und sozialen Lebens möglich.[8]

Die gesellschaftliche Faktizität kirchlicher Institution impliziert die

---

[6]Vgl. ROBBE 1974, 165

[7]Vgl. DURKHEIM 1965, 159

[8]Dieses Problem erhält nicht zuletzt sein Gewicht durch die z.T. von schweren psychischen Fehlentwicklungen begleiteten Konformitätszwänge, die traditionell-katholischer Sozialisation und Erziehung auch heute noch zu eigen sind. Vgl. hierzu RINGEL/KIRCHMAYR 1985

'Normalität' einer für diese adäquaten Devianz[9]: Nicht nur, daß sich die Kirche zwangsläufig mit den Devianzformen auseinanderzusetzen hat, die sie erst durch ihre eigenen normativen Festlegungen zu solchen erhebt, sondern auch, daß es sich dabei um inhaltlich widersprüchliche oder zumindest widersprüchlich gehandhabte Moral- und Devianzdefinitionen bzw. um inkonsistentes Sanktionsverhalten handelt, konstituiert 'institutionelle Devianz' oder 'institutionelle Pathologien'[10] in der Kirche, die entsprechendes Verhalten, abweichendes Verhalten und Konflikte, wiederum herausfordern und in diesem Sinne als plausibel, bisweilen als legitim erscheinen lassen, will man die kirchliche Institution selbst nicht als ahistorische, unhinterfragbare und unangreifbare Wesenheit begreifen. Die historische, konkrete Ausprägung der institutionellen Gestalt der Kirche präformiert letztentscheidend die Qualität ihrer Moral *und* ihrer Pathologien und damit auch die Devianz und die Konflikte in ihrem Inneren.

Letzten Endes läßt sich die gesellschaftliche Gestalt der Religion überhaupt als Produkt religiöser Konflikt- und Konkurrenzbeziehungen sowie der Regulierung und des Umgangs mit religiöser Devianz, mit unterschiedlichen religiösen Objektivierungsbestrebungen verstehen. Die Resultate solcher Objektivierungskämpfe haben sich in unserer Gesellschaft primär in der Organisationsform der Großkirchen verfestigt. "Die Geschichte eines etablierten religiösen Systems ist ... die Geschichte ihres erfolgreichen Kampfes gegen abweichende religiöse Interessen bzw. gegen die Befriedigung dieser Bedürfnisse durch andere religiöse Vermittler" (HOUTART/ROUSSEAU 1973, 290). Abweichende wie etablierte, 'konforme' religiöse Systeme gehen demnach aus denselben gesellschaftlichen Bewegungsgesetzen hervor bzw. spiegeln in Form religiöser Polarisierungen die Widersprüche und Pathologien übergeordneter gesellschaftlicher Strukturmuster wider. In derselben Weise reflektieren abweichende Handlungen *innerhalb* der Kirche den 'Normalzustand', die strukturellen Grundbedingungen und Widersprüche kirchli-

---

[9]Dieses Verständnis der 'Normalität von Devianz' lehnt sich an folgende Regel DURKHEIMS an: "Ein soziales Phänomen ist für einen bestimmten sozialen Typus in einer bestimmten Phase seiner Entwicklung normal, wenn es im Durchschnitt der Gesellschaften dieser Art in der entsprechenden Phase ihrer Evolution auftritt" (1965, 155).

[10]Vgl. Kapitel 6.3

cher Institution, welche andererseits für die in diesem Sinne "normale Entwicklung des Rechtes und der Moral unentbehrlich" (DURKHEIM 1965, 159) sind.

Devianz und Konflikte sind normale Erscheinungen innerhalb der gesellschaftlich relevanten Form institutionalisierter Religion, insbesondere innerhalb der Kirchen. Eine für die Plausibilisierung und Legitimierung kirchlicher Institution wesentlich folgenschwerere Frage, "die bis an ihre Wurzeln reicht", ist jedoch, "ob sie bereit ist und ob es ihr gelingt, (mit der für sie typischen Devianz bzw., R.S.) mit den Konflikten kritischer Freiheit zu leben und sie als ein Moment an sich selbst zu begreifen" (METZ 1980, 131).

6.3 Pathologisierung innerkirchlicher Devianz und Konflikte und Immunisierung kirchlicher Institution

Die Faktizität innerkirchlicher Devianz und Konflikte verweist nicht nur auf die Zwangsläufigkeit und bisweilen auch Nützlichkeit dieser Phänomene für kirchlich-institutionalisierte religiöse Systeme, sondern auch auf die *Relativität*, d.h. auf die Entwicklungsfähigkeit und Entwicklungsnotwendigkeit kirchlicher Institutionen. Das bedeutet wiederum, daß der gesellschaftlich relevanten Erscheinung der Kirche eine Ambivalenz zu eigen ist, die darin besteht, daß sie - z.B. entgegen der von ihr gehegten Intentionen hinsichtlich ihres Organisationszieles - *immer auch* deviante und konfliktträchtige Strukturelemente in sich birgt. Dies betrifft sowohl formale als auch inhaltliche Strukturelemente der Kirche. So muß die Anerkennung der Notwendigkeit gesellschaftlicher Institutionalisierung zur Gewährleistung historisch-sozialer Relevanz von Religion, die Anerkennung "der strategischen Bedeutung der Gemeinschaft und der Tradition ... auch eine Anerkennung ihrer ewigen Pathologie beinhalten. Die Funktion der religiösen Institution ist es, die gemeinsame Basis für die göttlich-menschliche Begegnung und Beziehung zu schaffen. Das schließt sich entwickelnde Formen der Idee, Liturgie und Organisation für den Ausdruck und die Darstellung, die Definition und Erfassung dieser Begegnung und Beziehung ein, soweit sie definiert und erfaßt werden können. Solche Entwicklungen enthalten notwendig eine Relativierung des Absoluten. Aber die Pathologie der Institutionen, ein Fundamentalismus hinsichtlich verhaltensmäßiger und intellektueller Spezifikationen und Konkretionen, eine Tendenz, Mittel in Zwecke zu transformieren und die Einkleidung egoistischer Motivationen in bestehende Formen, zusammen mit der Angst vor Offenheit, die sich aus der ontologischen Verletzlichkeit des Glaubens ergibt, all dies verwandelte die Relativierung des Absoluten in die Absolutsetzung des Relativen" (O'DEA 1974, 65).

Dem Dilemma der Relativität kirchlicher Institution bzw. der damit verbundenen Selektivität religiöser Institutionalisierung[1] - was bedeutet, daß sich *eine* Version möglicher religiöser Institutionen durchgesetzt hat und

---

[1]Vgl. Kapitel 1.1

zur 'religiösen Normalität' emporgehoben worden ist - wird seitens der katholischen Kirche mittels ideologischer Immunisierung ihrer institutionellen, gesellschaftlichen Existenz zu entgehen versucht. Dieses geschieht durch die Transformation des geglaubten Glaubens in einen gewußten, monopolhaft verwalteten Glauben, durch die Dogmatisierung einzelner religiöser Motive, durch die Sakralisierung der gesellschaftlichen Organisationsstrukturen der Glaubensadministration. Das wesentliche Kennzeichen dieser Vorgehensweise ist die "Absolutsetzung des Relativen" (O'DEA 1974, 65). "Dieser Rekurs auf ein 'Absolutes' erscheint ihnen (hier: den Vertretern der Verwaltung kirchlicher Glaubensinhalte, R.S.) so selbstverständlich, daß sie sich weitergehende Fragen kaum vorstellen können" (ALBERT 1979, 193). Repräsentanten eines solchen Kirchen- bzw. Gottesglaubens errichten Reflexionsblockaden[2], bei denen die Absolutierung "als Mittel benutzt wird, den *Begründungsregreß* willkürlich *anzuhalten* und zwar in der Analyse moralischer oder kosmologischer Probleme. ... Es handelt sich ... um eine *Kapitulation der Vernunft* vor den eigenen Wünschen, und zwar unter Umständen vor Wünschen, die selbst mit Moral wenig zu tun haben" (ALBERT 1979, 193f.; Hervorhebungen durch ALBERT). Die Absolutsetzung eines kirchlichen Glaubenssystems oder kirchlicher Rechtsnormen[3] präjudiziert die tendenziöse Zuschreibung solcher Merkmale wie 'religiös' oder 'kirchlich normal' oder im Sinne der Religion und Kirche - was oft in ideologieträchtiger Absicht gleichgesetzt wird - 'von der Norm abweichend'. Das persönlich *gewollte* Objekt religiöser Institutionalisierung konstituiert dann eine unhinterfragbare Norm, angesichts der sich jeder rational-analytische Diskurs erübrigen muß. Die "ontologische Verletzlichkeit des Glaubens" (O'DEA 1974, 65) - das psychologische Pendant zu der Relativität und Selektivität religiöser Institution - wird substituiert durch theologisch-ideologische *Lehrgebäude*[4], aus denen 'objektive', immunisierbare Normen deduzierbar scheinen.

Wer jedoch "das Begründungsdenken des klassischen Rationalismus durchschaut hat, wird *auch ethische Normen* nicht mehr als *Dogma* behandeln wol-

---

[2]Vgl Kapitel 2.4

[3]Vgl. die Diskussion über das 'ius divinum' u.a. in POTZ 1978, 186ff.

[4]Zur theologischen Problematik des Verständnisses des Christentums als eine *Lehre* vgl. DREWERMANN 1988, 15ff.

len, es sei denn, er halte aus gewissen 'pragmatischen' Gründen eine Verschleierung der Problemsituation für notwendig" (ALBERT 1979, 191; Hervorhebungen durch ALBERT). Letzteres genau scheint angesichts der Problemkonstellationen innerhalb der katholischen Kirche von Seiten deren Leitung beabsichtigt zu sein. Die in der Selektivität religiöser Institutionalisierung begründete, unaufhebbare Pathologie der Kirche ist dieser - im Verständnis der Repräsentanten der Hierarchie - grundsätzlich wesensfremd. Das pathologische Potential kirchlicher Institutionen und die durch Devianz und Konflikte tangierten strukturellen Probleme der Kirche werden seitens der katholischen Amtskirche prinzipiell in der Abweichung oder dem Abweichler, in der gegenüberstehenden Konfliktpartei und schließlich in der Tatsache des Konfliktes selbst lokalisiert: Konflikte als Störung der 'geheiligten Ordnung' der Kirche erscheinen immer als von außen an diese herangetragen zu sein; unabhängig von den durch sie transportierten Inhalten werden Konflikte von der amtskirchlichen Leitung als anmaßende Herausforderung kirchlicher Institution[5], niemals aber als ein Produkt dieser selbst empfunden. Die 'Hybris', mit den Institutionen der Amtskirche überhaupt in Konflikt zu treten, diskriminiert damit automatisch jede konfligierende Position, die im Gegenüber zu der Position der Kirchenführung vertreten wird. Der diskursive Anspruch des Konflikts ist für die Kirchenführung Anzeichen der Bedrohung des durch sie repräsentierten religiösen Systems, d.h. dem *Interaktionsmuster Konflikt* wird eine lediglich pathologische, den angeblichen 'Gesundheitszustand', die 'Einheit der Kirche' gefährdende Zielrichtung unterstellt. "Die Einheit, die als Konformität und Uniformität ausgelegt wird, verstellt den Blick dafür, daß Konflikte Zeichen für Vielfalt und Leben sind. So wird der Konflikt zu etwas Pathologischem herabgemindert, das Spaltung und Schisma verursacht. Die schlichteste und einfachste Lösung besteht in seiner Beseitigung" (BOFF 1985, 102). Im Sinne der Argumentationslogik des monokausalen Erklärungsmodells 'aus Bösem folgt nur Böses' wird die Absurdität jeder der Amtskirche konträren Position bzw. jeder diese legitimierenden Stützkonzeption zu deduzieren versucht. Die idealistische Überhöhung des kirchlich-institutionellen Status quo als die Bändigung des Chaos durch 'das Gute, das

---

[5]"Die Kirche als Institution teilt ... gewisse Verhaltensformen der Führung mit anderen Organisationen, von denen nur sehr wenige Toleranz gegenüber dem Konflikt zeigen" (RUDGE 1974, 52).

Gesunde, Wahre' ist das ideologische Pendant der Kreation des zumindest latent 'Falschen' in jeder gesellschaftlichen Alternative zu katholischer Institution. Damit wird die institutionelle Pathologie, die "Krankheit der Kirche" (RINGEL/KIRCHMAYR 1985, 12)[6], systematisch dethematisiert.

Der Pathologisierung des Konflikts und der Immunisierung kirchlicher Institution und damit der amtskirchlichen Position liegt die erkenntnistheoretische Prämisse zugrunde, daß hinter jeder ihr gegenüber konträren Po-

---

[6]"Vielfach und auf mannigfaltige Weise wirkt die Kirche auf ihre Mitglieder nicht nur nicht befreiend, begeisternd und lebensentfaltend, sondern lebenshemmend, verknechtend und unterdrückend. Diese negativen Einflüsse können dann sowohl zum Religionsverlust als auch zur Vergiftung und Entartung des religiösen Lebens führen" (RINGEL/KIRCHMAYR 1985, 12f.). So auch EXELER: "Es gibt nun leider eine Religiösität, früher wohl noch stärker als heute, die mit vielen Ängsten und Zwängen, mit Depressionen, Skrupulosität und systematischer Drosselung der Vitalität verbunden ist. Wiederholt haben religiöse Zeitgenossen darauf aufmerksam gemacht, daß intensive religiöse Erziehung oft auffallend leidenschaftslose Menschen hervorbringt. ... Menschen, die sich sehr intensiv auf die Kirche eingelassen haben, werden oft als besonders langweilig empfunden. Es gibt tatsächlich eine Art von Gläubigkeit und eine entsprechende religiöse Erziehung, durch die die Fülle menschlicher Existenz reduziert wird. ... Die entscheidende Ursache sehe ich darin, daß die Kirche leider immer wieder ihrer eigenen Botschaft von der Menschenfreundlichkeit Gottes im Wege steht, und zwar dadurch, daß sie nicht ernsthaft genug fragt, ob das, was sie vertritt, den Menschen gut tut. Immer wieder gewinne ich den schmerzlichen Eindruck, daß für vieles von dem, was in der Kirche geschieht, das harte Wort gilt, das Jesus über die Pharisäer gesagt hat: 'Sie schnüren schwere Lasten zusammen und legen sie den Menschen auf die Schultern, wollen aber selbst keinen Finger anrühren, um die Lasten zu tragen'. ... Jesus ist daran zugrunde gegangen, daß er sich entschieden gegen eine den Menschen deformierende Religiösität wandte. Man sollte nie vergessen, daß er nicht von irgendwelchen Schurken, sondern von durchaus frommen Leuten ums Leben gebracht wurde, im Namen Gottes und im Namen der Religion" (so zitiert in RINGEL/KIRCHMAYR 1985, 21f.).

sition grundsätzlich kein "Wahrheitsethos stehen kann, das zumindest Anspruch auf Beachtung verdient", sondern viel eher "eine ohne weiteres als amoralisch abzuurteilende Gleichgültigkeit gegen die Wahrheit" (ALBERT 1969, 100) bzw. eine offensiv gegen diese gerichtete Intention. Dies ist wiederum im Rahmen der Plausibilitätsstrukturen amtskirchlichen Denkens nur folgerichtig, "denn wer den Glauben an bestimmte Auffassungen an sich prämiert, der kann zum kritischen Denken bestenfalls ein ambivalentes Verhältnis haben" (ALBERT 1969, 100).

Innerkirchliche Konflikte werden demnach von den Repräsentanten der Amtskirche prinzipiell als isoliert-einseitige Akte der Nichtakzeptanz amtskirchlicher Moral- oder Ordnungsnormen bzw. der Auflehnung gegen diese, nicht jedoch als ein interaktiver Prozeß des Aushandelns konsensfähiger Normen verstanden. Konsensfähigkeit ihrer Ordnungsnormen ist für die kirchliche Hierarchie von sekundärer Bedeutung, da deren Legitimation anderweitig besorgt wird: Durch ideologische Überhöhung und Immunisierung der normativen Festlegungen sowie deren maßgeblicher Interpreten.

Die in innerkirchlichen Konflikten zutage tretenden unterschiedlichen Interessenpositionen werden dabei - wenn überhaupt - grundsätzlich an der Vereinbarkeit mit den normativen Festlegungen kirchlicher Vertreter bemessen. Eine diesen entgegengesetzte Norm- oder Interessenposition hat innerkirchlich auch dann keine Chance auf Durchsetzung, wenn sie sich durch eine größere Nähe zu den 'eigentlichen' Werten, die auch seitens der Amtskirche zur Legitimierung deren Aktivitäten mobilisiert und propagiert werden, auszeichnet: Bewertungsmaßstab sind die historisch-institutionellen Festlegungen und nicht der 'überzeitliche' Wertefundus christlicher Ethik.

Zusammenfassend kann gesagt werden: Solange Religion "nichts mehr ist als ein symbolischer Idealismus, eine uns überlieferte Philosophie, über die man diskutieren kann und die den Dingen, mit denen wir uns täglich beschäftigen, fernsteht, kann sie schwerlich noch viel Einfluß auf uns haben" (DURKHEIM 1973, 445). Ist Religion, wie in ihrer institutionalisierten Form der Kirchen, mit den Grundbedingungen des sozialen Lebens verbunden, beeinflußt sie die Gestaltung des gesellschaftlichen Lebens z.B. durch die Festlegung moralischer Normen, dann nimmt sie unweigerlich teil an dem Herstellungsprozeß von Indikatoren zur Differenzierung von Devianz und Konformität, an der Verteilung und Verwendung wesentlicher gesellschaftlicher Ressourcen, sowie an der Widerspiegelung der Pathologien der Gesellschaft, schließlich an den Mechanismen von Integration und Ausgrenzung innerhalb und - je nach der Intensität ihrer Austauschbeziehungen mit anderen gesellschaftlichen Teilsystemen - auch außerhalb ihrer organisatorischen Grenzen.

6.4 Macht und Ausgrenzung als essentielle Dimensionen hierarchisch organisierter katholisch-kirchlicher Institution

Den im vorausgegangenen beschriebenen Prozessen der selektiven Aktualisierung von Werten, der Verrechtlichung religiöser Gehalte, der ideologisch-legitimatorischen Stabilisierung kirchlicher Institution, der selektiven Zuschreibung von Pathologie und Devianz liegt jener Mangel an Vertrauen in das 'religiöse Absolutum', an die eigene Wirkkraft des ethischen Potentials der ursprünglichen charismatischen Grundfigur zugrunde, der zu gesellschaftlichen Ordnungs- und Organisations-, schließlich zu Machtmitteln zur Durchsetzung oder gar Erzwingung reziproker Typisierungen eines bürokratisch handhabbaren, operationalisierten Abbildes dieses 'religiös-normativen Absolutums' greifen läßt, das - in ein gesellschaftsimmanentes Konstrukt überführt - nur noch mittels historischer Bewegungsgesetze tradierbar erscheint. Diese Transformation eines solchen 'religiösen Absolutums' in die Verfügungsgewalt einer religiösen Institution wie der katholischen Kirche ist *ohne* Machtgebrauch undenkbar, da es sich dabei um die Verteilung bzw. Monopolisierung eines gesellschaftlich höchst relevanten religiösen Mangelgutes handelt, das für ideologische Immunisierungen auch nicht-religiöser, normativer Objektivationen wie z.B. politische Ideologien letztlich kaum entbehrlich ist. Denn Religion "vests these values with a sacred quality, associates reward with their fulfillment and punishment with their violation, and thus becomes the ultimate sanction for conformity" (MARTIN/FITZPATRICK 1964, 91). Religiöser Machtgebrauch wird dort virulent, wo im Kampf um die Mediatisierung des 'religiösen Absolutums' gedankliche und institutionelle Alternativen erfolgreich liquidiert werden können. "In dem Ausmaß, in dem die Kirche an Macht, an politischer, wirtschaftlicher und geistig-kultureller Macht zunahm, indem sie sich mit den politisch Mächtigen verbündete, in dem Ausmaß wurde sie in ihrem Wesen weitgehend destruiert und in ihrer Auswirkung neurotisierend. Im wesentlichen begann dies im 4. Jahrhundert, in der sogenannten 'Konstantinischen Wende', als die ersten Kriege 'im Zeichen des Kreuzes' geführt wurden, das Christentum innerhalb weniger Jahrzehnte zur Staatsreligion avancierte und die Kirche sich der schrecklichen Gefahr des Machtmißbrauchs keineswegs gewachsen zeigte. Seit dieser Zeit hat sich die Kirche in wesentlichen Punkten von Christus entfernt" (RINGEL/KIRCHMAYR 1985, 19).

Voraussetzung für die Wirksamkeit neurotisierender Funktionen von Religion wie auch für die gesellschaftspolitische Relevanz religiöser Kontingenzbewältigung bzw. religiös-ideologischer Immunisierungen ist die Institutionalisierung von Religion. Die religiöse Institution "ersetzt die Wahrheit durch systeminterne Sicherheit und schafft Schismen, indem sie Bewegungen, die sich nicht mit den Maschen ihres Netzes einfangen lassen, abstößt. Jede Institution hat die Tendenz, sich zu ontokratisieren, das heißt zu einem Machtsystem zu werden, das Kreativität und Kritik unterdrückt. Institution hat stets mit Macht zu tun" (BOFF 1985, 95). Die weiter oben dargestellten Ausgrenzungsmechanismen in der katholischen Kirche, die kircheninterne[1] und gesamtgesellschaftliche[2] Durchsetzungsfähigkeit der hierarchisch organisierten, katholischen Version des Christentums, sind für sich allein genommen schon ausreichende Belege der Faktizität des institutionellen Charakters, des Politikums katholischer Kirche.[3] Mag sich darin das 'Wesen' katholischer Kirche auch nicht erschöpfen - Spekulationen darüber muß und kann der Soziologe auch weiterhin getrost den Theologen und Philosophen überlassen: Kirchliche Ausgrenzungsprozesse sind als meßbare gesellschaftliche Größen Resultate institutionellen Machtgebrauchs, ganz gleich, welche theologische bzw. ekklesiologische Attributionen in Bezug auf die katholische Kirche ansonsten noch vorgenommen werden mögen.

Wie die Kirche schließlich mit Devianz und Konflikten umgeht, welche Devianz- und Sanktionsnormen sie definiert, "wie die Kirche aussieht und wie sie arbeitet, ...hat untrennbar damit zu tun, mit was für einem Gott sie in der Geschichte unterwegs ist" (ZULEHNER 1987, 65) bzw. welches Abbild von Gott, welche Paradigmen ihre Theologie und Ekklesiologie[4] bestimmen. Die nur relative, historische Validität ihrer theologischen und ekklesiologischen Paradigmen in Abrede stellen zu wollen, hieße, die tatsächlichen

---

[1]Vgl. Kapitel 4

[2]Vgl. Kapitel 5

[3]Diese Erkenntnis entspricht u.a. der Aussage der Sachkommission V der Gemeinsamen Synode der Bistümer in der Bundesrepublik Deutschland innerhalb des Arbeitspapiers zu den Aufgaben der Kirche in Staat und Gesellschaft: "Die Kirche ist durch ihr bloßes Dasein ein Politikum" (A.I.2).

[4]Vgl. KÜNG/TRACY 1984 und 1986

gesellschaftlichen Folgen daraus resultierenden kirchlichen Handelns (wie z.B. auch die Folgen von Ausgrenzungsprozeduren wie die Zerstörung der finanziellen Basis von Familien, die Isolierung und religiöse Vereinsamung) jedem kritischen Diskurs zu entziehen, hieße letztlich, eine Irrtumsunfähigkeit kirchlicher Institution, insbesondere des Lehramtes, für jedwedes Handeln vorauszusetzen. Daß dem nicht so sein kann, sollte sich in den Darstellungen amtskirchlicher Konfliktbewältigung bis hierhin deutlich genug gezeigt haben. Zudem hat KÜNG die Irrtumsfähigkeit katholisch-kirchlichen Lehramtes an einer Reihe von Beispielen belegt.[5]

---

[5] "Die Irrtümer des kirchlichen Lehramtes sind zahlreich und schwerwiegend; sie können heute, da man die offene Diskussion nicht mehr verbieten kann, auch von konservativeren Theologen und Kirchenführern nicht mehr in Abrede gestellt werden. Gleichsam klassische und heute weithin zugegebene Irrtümer des kirchlichen Lehramtes sind: die Exkommunikation des ökumenischen Patriarchen von Konstantinopel Photius und der griechischen Kirche, welche die nun bald tausendjährige Kirchenspaltung mit der Ostkirche formell machte; das Verbot des Zinsnehmens zu Beginn der Neuzeit, wo das kirchliche Lehramt nach mannigfachen Kompromissen viel zu spät seine Auffassung änderte; die Galilei-Verurteilung und entsprechende Maßnahmen, die wesentlich für die heute noch nicht überwundene Entfremdung von Kirche und Naturwissenschaften verantwortlich sind; die Verurteilung neuer Gottesdienstformen im Ritenstreit, die ein Hauptgrund ist für das weitgehende Scheitern der katholischen Mission der Neuzeit in Indien, China und Japan; die Aufrechterhaltung der mittelalterlichen Welt-Macht des Papstes bis zum Ersten Vatikanischen Konzil mit allen weltlichen und geistlichen Mitteln der Exkommunikation, was das Papsttum als geistlichen Dienst weithin unglaubwürdig machte; schließlich zu Beginn unseres Jahrhunderts die zahlreichen Verurteilungen der neuen historisch-kritischen Exegese bezüglich der Autorschaft der biblischen Bücher, der Quellenforschung im Alten und Neuen Testament, der Historizität und der literarischen Gattungen, des Comma Joanneum, der Vulgata; aber auch die Verurteilungen auf dogmatischem Gebiet, besonders im Zusammenhang mit dem 'Modernismus' (Entwicklungstheorie, Verständnis der Dogmenentwicklung) und in allerneuester Zeit im Zusammenhang mit Pius' XII. Enzyklika 'Humani generis' und der entsprechenden kirchlichen Disziplinarmaßnahmen usw." (1980, 25f.).

Die Irrtumsfähigkeit kirchlicher Institution ist gerade dort am ehesten zu vermuten, wo es um Definitionen *negativer* Art, um Diskriminierungen vermeintlich irrtümlicher, konkurrierender religiöser Interpretationen geht. Das kritische, innovative, das 'Wahrheits'- und Charismenpotential jeder von Seiten des katholischen Lehramtes als deviant typisierten Gegenposition wird durch solche Diskreditierungen ebenfalls liquidiert[6], wenn der Unfehlbarkeitsanspruch der Hierarchie sich mittels Dogmatisierung gesellschaftlich institutionalisieren kann. Die Ideologieträchtigkeit einer solchen 'Vergewaltigung' der Pluralität religiöser Bewußtseine, einer solchen Monopolisierung des religiösen Wahrheitsanspruchs - durch die Sprachphilosophie und Wissenschaftstheorie längst belegt[7] - ist als philosophisch-theologisches Problem gesellschaftlich solange relativ unbedeutend, als sich die entsprechenden Positionen keiner Machtmittel bedienen. "Macht bedeutet jede Chance, innerhalb einer sozialen Beziehung den eigenen Willen auch gegen Widerstreben durchzusetzen" (WEBER 1985, 28). Macht wird demnach innerhalb der katholischen Kirche dort angewandt, wo der Unfehlbarkeitsanspruch als solcher bzw. darauf zurückzuführende normative Definitionen in den Stand institutioneller Elemente kirchlicher Organisation erhoben werden gegen die Interessen oder den Widerstand anderer Organisations- und Institutionalisierungsbestrebungen. Die pure Existenz einer Glaubenssätze und Verhalten kontrollierenden Behörde wie der Kongregation für die Glaubenslehre oder entsprechender Behörden bei den Ortskirchen oder auch bei kirchlichen Arbeitgebern ist ein hinreichendes Indiz für den Machtgebrauch katholisch-kirchlicher Institution. "Typisch für jede Art von Machtstruktur ist es, alles zu eliminieren, was nicht in das System paßt. Die Kirche, die auf einen Bruch mit der Synagoge zurückgeht, läuft Gefahr, selbst zu einer Synagoge zu werden, zu einer in sich selbst ge-

---

[6]Vgl. Kapitel 3

[7]"Glaubenssätze sind Sätze. Glaubensformeln, Glaubensbekenntnisse und Glaubensdefinitionen sind Sätze oder Satzgefüge und sind den Gesetzlichkeiten von Sätzen nicht von vornherein enthoben. Auch Glaubenssätze sind ja nie unmittelbares Gotteswort, sondern bestenfalls in und durch Menschenwort bezeugtes und vermitteltes Gotteswort: vernehmbar, tradierbar als Menschensätze. Als solche aber partizipieren Glaubenssätze an der Problematik von Menschensätzen überhaupt" (KÜNG 1980, 128); vgl. auch ALBERT 1969

schlossenen, großen Sekte, in der die Kleriker alles kontrollieren. Die Logik der Macht ist der Wille nach mehr Macht, nach Selbsterhaltung und Fortbestand, nach Aushandlung von Kompromissen und im Falle eines Risikos von Konzessionen, um überleben zu können. All dies läßt sich ablesen an der Geschichte der Institution Kirche" (BOFF 1985, 102).

Eines der derzeit in der katholischen Kirche der Bundesrepublik Deutschland *bedeutendsten Machtmittel* ist die (weiter oben in ihren Folgen analysierte) *Lohnabhängigkeit kirchlicher Arbeitnehmer.* "Loonafhankelijkheid is binnen de kerk in feite een machtmiddel, waardoor aanpassing ... wordt afgedwongen of uitgelokt" (CRIJNS/ZUIDBERG 1986, 45). Innerhalb der faktisch klerikalisierten Arbeitsverhältnisse besitzt die kirchliche Hierarchie auch heute noch nahezu alle Kontrollmöglichkeiten über Auswahl, 'Programmierung' und Verwaltung nicht nur kirchlichen Kleruspersonals, sondern auch - und gerade im Bereich der Bundesrepublik Deutschland, in einem Land, "staatlicher Kirchenförderung mit äußerst günstigen staatlich-rechtlichen Lebensbedingungen für die Kirchen - günstig, wie wohl in keinem anderen Land sonst" (MARRE 1982, 42)[8] - kirchlichen Laienpersonals. Allein die Beschäftigung von über 300.000 Mitarbeitern beim Caritas-Verband läßt Rückschlüsse auf die gewaltigen ökonomischen (Macht-)Mittel der katholischen Kirche Deutschlands schließen, die nicht zuletzt wegen ihrer Finanzkraft auch auf der Ebene der Weltkirche bedeutenden Einfluß besitzt.

---

[8]Hier sei nur auf einige Aspekte dieser 'günstigen' Situation der Kirchen in der Bundesrepublik Deutschland hingewiesen: "Der 6. Subventionsbericht der Bundesregierung (1980) weist eine geschätzte Gesamtsumme der staatlichen Steuervergünstigungen (negativer und positiver Art) zugunsten der Kirchen von 31,7 Md. DM auf. Auf Grund veränderter Kriterien werden im neunten Subventionsbericht (1983) Subventionen in Höhe von 15,5 Md. DM zusammengestellt" (BENSBERGER KREIS o.J., 13). Daneben können die Kirchen auf über 10 Milliarden DM Kirchensteuer und viele andere finanzielle Einkünfte jährlich zurückgreifen (vgl. WALF 1984(a), 161ff.).

7 Ausblick: Zur Institutionalisierbarkeit religiöser Toleranz in der katholischen Kirche

"Das Ideal mißt man vielleicht am besten an den Opfern, die es verlangt"[1].

Nach Darstellung einiger Problemstellungen einer Soziologie religiöser Devianz soll zum Schluß nun ein kurzer Ausblick auf einige Voraussetzungen zur Reduzierung des Dilemmas religiöser Institutionalisierung gegeben werden, vor dem Hintergrund der Konfliktträchtigkeit und Ausgrenzungsaffinität gegenwärtigen, hierarchisch organisierten katholischen Kirchentums, mit dem Ziel der Erweiterung der "universalen Offenheit", die im unvermeidlichen "Ärgernis einer bestimmten konkreten Gestalt" (KASPER 1988, 65) der Kirche verwirklicht werden soll, um auf der einen Seite "bornierter Enge, partikularistischer Zersplitterung, häretischen Auswahlchristentum", auf der anderen Seite "unverbindlichem Liberalismus und bloßem Spiritualismus" (KASPER 1988, 65) innerhalb der katholischen Kirche entgegenzutreten.

Diese Überlegung leitet über zu der die gesamte Thematik dieser Arbeit überlagernden Fragestellung: Sind die essentiellen Inhalte des Christentums überhaupt gesellschaftlich institutionalisierbar bzw. inwieweit sind sie es? Inwieweit läßt sich die 'Liebe und Barmherzigkeit Gottes' realisieren und bewahren in kirchlichen oder anderen religiösen Institutionen?

Die gesellschaftliche Umsetzung von auf Lehren oder Ideologien reduzierten Christentums ist unweigerlich verbunden mit der Frage nach deren Machtausstattung. Der amtskirchliche Machtgebrauch läßt demnach schließen auf die Reduzierung christlicher Inhalte auf definierbare, d.h. gesellschaftlich operationalisierbare und kontrollierbare Lehr- bzw. Normgehalte. Dabei scheint - angesichts der im vorausgegangenen dargelegten Fakten - das Ver-

---

[1]CARL FRIEDRICH VON WEIZSÄCKER, nach KÖLNER STADT-ANZEIGER, Nr. 2, vom 4. Januar 1988, Seite 3

halten der katholischen Kirchenleitung, insbesondere im Konfliktfall, implizit von der Annahme geleitet zu sein, daß die Wirksamkeit des 'Geistes Gottes' von der Machtausstattung und den Kontrollaktivitäten der gesellschaftlichen, kirchlichen Institutionen bzw. ihrer hierarchischen Elite abhängig sei. Sicherlich ist die gesellschaftliche Wirksamkeit religiöser Gehalte von deren Transformation in soziale Vermittlungsmedien abhängig, jedoch immer nur auf Kosten deren Komplexität. Interessant ist dabei die Frage, ob mit der Auswahl speziell repressiver Vermittlungsmechanismen, wie für einige Bereiche katholisch-kirchlichen Lebens gezeigt, christliche Gehalte nicht nur schwer zu legitimierende Komplexitätsverluste erleiden, sondern geradezu in einigen Fällen ihre eigene Pervertierung erfahren müssen, oder, theologisch gesprochen, ob der Geist eines dementsprechenden Vorgehens nicht von der faktischen Leugnung der die gesellschaftlichen Bedingtheiten transzendierenden Kraft des Gottesglaubens, um es verkürzt zu sagen, von einem faktischen Atheismus bestimmt ist.

Ohne an dieser Stelle hierauf näher eingehen zu wollen, sei im folgenden auf die Problematik der kirchlichen Umsetzung einer der gerade heute von kirchlichen Repräsentanten propagierten essentiellen Werthaltungen, der *Toleranz,* rekurriert, an der sich einerseits das *Dilemma*, andererseits aber auch die *Chance* religiöser Vergemeinschaftung beispielhaft offenbart.

Toleranz und gesellschaftliche Institutionalisierung stehen in einem prinzipiell unauflöslichen Spannungsverhältnis zueinander: Institutionalisierungen als Objektivationen von Handlungssequenzen, Wertvorstellungen, Interessen etc. bzw. als Transformationen dieser auf die Ebene sozialer Tatsachen sind Reduktionen einer Möglichkeitsvielfalt mit vor- *und* nachteiligen Konsequenzen für die davon Betroffenen. Je nach sozialer Position finden sich diese in ihren persönlichen Erwartungshaltungen oder rollenspezifischen Anforderungsprofilen durch gesellschaftliche Institutionen repräsentiert, unterstützt oder aber behindert und diskreditiert. Die Institutionalisierung bzw. Ausstattung einer Wertekonfiguration mit gesellschaftlichen Machtmitteln bedeutet den Verzicht auf die Institutionalisierung anderer, möglicherweise konkurrierender Wertesysteme: Das vorherige gegenseitige Tolerieren verschiedener Wertesysteme in einem Zustand unentschiedenen normativen Diskurses weicht mit der Institutionalisierung auch nur eines von diesen einem Über-Unterordnungsverhältnis, in dem dann meist kein Raum mehr verbleibt für das freiwillige, duldsame Ertragen des anderen.

Religiöse Toleranz als "das geduldige Aushalten" (RAHNER 1977, 15) inner- und auch zwischenkirchlicher Konflikte geht von der Annahme einer prinzipiell gleichen Existenzberechtigung konkurrierender religiöser Organisationen aus; sie akzeptiert die eigenen sowie die religiösen Aktualisierungsformen anderer in ihrer historisch-gesellschaftlichen Relativität; sie weist sich durch das "Ertragen der letztlich immer unintegrierten und unintegrierbaren Geschichtlichkeit der Kirche" (RAHNER 1977, 17) wie jeder anderen Form religiöser Institutionalisierung aus.

Die durch religiöse Institutionalisierung mobilisierten unterschiedlichen Interessen und Motive zur Unterstützung der Ziele und Werte religiöser Organisationen können "eine heimliche Transformation der Ziele und Werte selbst zur Folge haben, was auch oft der Fall ist. Wenn sich ein professioneller Klerus in der Kirche bildet, entsteht eine Körperschaft von Männern, für die das klerikale Leben nicht einfach nur die 'religiösen' Befriedigungen der früheren charismatischen Periode bietet, sondern auch Prestige und Ansehen, Macht und Einfluß in Kirche und Gesellschaft und die Befriedigung, die aus dem Einsatz persönlicher Talente in das Lehren, in die Führerschaft usw. erwächst" (O'DEA 1986, 31). Die Stabilisierung eben dieses Zustandes, der auch über den Rahmen der religiösen Organisation hinaus besondere gesellschaftliche Teilhabechancen zu garantieren verspricht, wird zu einem wesentlichen Strukturmotiv der kirchlichen Organisationen. "Der höhere Klerus in den Kirchenämtern ... wurde ein Teil der herrschenden und dominierenden Klassen der Gesellschaft und ihre Interessen verschmolzen mit denen solcher Klassen. Diese neuen Interessen des Klerus wichen oft von den Zielen und Werten der Kirche ab. ... Da es der Klerus ist, der die Lehren der Kirche interpretiert, werden diese allmählich derart verstanden und angewandt, daß sie die Interessen der klerikalen Schicht selbst ausdrücken und erhalten" (O'DEA 1986, 31).

Toleranz, als ein Wert und Ziel religiöser Organisation, ist für die kirchliche Hierarchie dann nur noch in ihrer sekundären, instrumentellen Bedeutung relevant, als durch sie möglicherweise Integrationsmechanismen in Gang gesetzt oder gehalten werden, die die Stabilität des klerikal dominierten Kirchenapparates und dessen Belohnungsverteilungen bewahren helfen. Ähnliches dürfte auch für andere primärethische Postulate des Christentums zutreffen.

Das Spannungsverhältnis zwischen solchen Postulaten und religiösen Institutionalisierungen zeigt sich schließlich im Konfliktfall, in dem die Divergenz zwischen primärethischem Anspruch und gelebter institutioneller Praxis offensichtlich wird, in jenem essentiell politischen Problem eines jeden gesellschaftlichen Systems in dessen Umgang mit Devianz, "how to avoid social disorder while at the same time avoiding the problem of total social control. It is a dilemma precisely because of the impossibility of solving both problems simultaneously. Political decisions about deviance must reflect judgements about the relative dangers of these two problems, and must constitute a weighing process based on ethical no less than empirical considerations" (HOROWITZ/LIEBOWITZ 1967, 295). Die Funktionalisierung religiöser primärethischer Ziele für den Organisationshaushalt institutionalisierter Religionssysteme mag zeitweilig den Legitimationsbedarf letzterer decken; lösen kann sie das prinzipielle Spannungsverhältnis, das letzten Endes in der Selektivität und Eigendynamik jedes gesellschaftlichen Produktes von Institutionalisierung begründet liegt, auf Dauer jedenfalls nicht, wie Art und Vielzahl kirchlich-institutioneller Konflikte gezeigt haben.

Jeder Versuch der Verdrängung der Selektivität religiöser Institutionalisierung - gemessen an der Komplexität und Vielfalt möglicher religiöser Objektivationen -, der Leugnung der Aporie der Institutionalisierung absoluter Entitäten muß vor dem Problem der historischen Vorläufigkeit jeder konkreten, d.h. gesellschaftlichen Aktualisierung religiöser Gehalte scheitern. "Denn auch die grundsätzlich universellen Gesinnungen und Weltanschauungen stehen unter dem Gesetz der Geschichte; sie haben eine partikuläre Ausgangsbasis, ein endliches, vererbtes Vokabular, eine *Differenzierung* zwischen dem eigentlich Gemeinten, aber bloß formal Antizipierten, gleichsam noch ohne konkrete Erfahrung abstrakt Vorweggenommenen einerseits *und* dem konkret Realisierten andererseits, dem Erfahrenen, der partikulären geschichtlichen Vorstellung und Anschauung, an der sie ihr eigentlich Gemeintes sich gegenwärtig setzen. Auch eine grundsätzlich universelle Weltanschauung kann diese ihre Geschichtlichkeit, die Unvollkommenheit der existentiellen, geschichtlichen Realisation ihres grundsätzlichen Entwurfes anerkennen, ohne sich aufzugeben" (RAHNER 1986, 30f.).

Die Konstatierung der Universalität einer bestimmten Weltanschauung bzw. von Religion wird nur dann plausibel, wenn es gelingt, unter Zuhilfenahme ideologischer Immunisierungen die Partikularität bzw. Selektivität deren institutionalisierter Formen zu verschleiern, ohne aber in der Lage zu sein, diese Selektivität grundsätzlich aufheben zu können. Dies geschieht mit der Verabsolutierung, d.h. Entgesellschaftung des historischen Standards religiöser Institutionen, mit der Zuschreibung eines ontologischen Status, mit der Sakralisierung kirchlicher Organisationsstrukturen auf der einen und der Relativierung religiöser Transzendenzgehalte in die gesellschaftliche Verfügungsgewalt einer hierarchischen Elite auf der anderen Seite. "Die Verkörperung des Absoluten in empirischen Symbolen bewirkt eine Minderung der Bedeutung des Absoluten selbst" (O'DEA 1986, 33). Die 'Heiligkeit des Absoluten' wird dann auf die Institutionen dessen gesellschaftlicher Repräsentanz zu übertragen versucht.

Genau hier liegt das Dilemma jener Versuche der Institutionalisierung absoluter religiöser Entitäten, jenes Versuchs, den Affront gegen das Absolute gesellschaftlich justiziabel zu machen: Indem von der kirchlichen Institution - und nicht, wie immer durch diese behauptet, von den Soziologen - das Göttliche in eine sozio- bzw. anthropomorphe Gestalt überführt wird, wird Gott bzw. das Absolute verletzlich. Die Abweichung von den Normen der Institution wird zur Devianz gegen das Absolute selbst - vice versa. "Das verletzte religiöse Gefühl begibt sich damit in einen Zwiespalt. Weil es kein Vertrauen hat zur Vollkommenheit des göttlichen Wesens, an das es sich wendet, versucht es seinen unvollkommenen Gott per Menschengesetz gegen die Lästerung zu schützen" (SEILER 1987). Das Vertrauen in die Vollkommenheit Gottes, in die Kraft des Glaubens wird ersetzt durch den Glauben an die selbst geschaffenen kirchlichen Institutionen. Aus der Unvollkommenheit und Verletzlichkeit des Gottesbildes konstruiert man einen verletzlichen und unvollkommenen Gott, den man mittels Dogmen über die Geschichte retten, mittels Kirchengesetz und Kirchenzucht vor offener Infragestellung schützen zu müssen glaubt.[2] Vor diesem Hintergrund gewinnt folgende Konklusion von METZ erstaunliche Plausibilität: Wenn die Kirche "evangelisch 'radikaler' wäre, brauchte sie vermutlich gesetzlich nicht so 'rigoros' zu sein. Rigorosität stammt eher aus Angst, Radikalität aus Freiheit, aus der Freiheit des Rufes Christi" (1978, 422).

Der sozialpsychologische Zusammenhang von Angst und Gesetzesrigorismus entspricht der Fixierung auf einen historischen Standard kirchlicher Institution, der Sicherheiten garantieren, Alternativen abschirmen und Selbstreflexion und Dialog ersparen hilft. Die soziologische Analyse kirchlicher Organisations- und Wissensstrukturen wird von den verantwortlichen kirchlichen Repräsentanten nicht so sehr *deshalb* als bedrohlich empfunden, weil diese selbstverständlich auch nur über Reduktionen religiöser Komplexität zu Erkenntnissätzen gelangen kann, sondern weil sie das Monopol von amtskirchlicher Seite längst vorher vorgenommener Selektionen und Reduktionen bei der Vergesellschaftung absoluter Entitäten zu problematisieren wagt.

Binnenkirchliche Ausgrenzungen sind die zwangsläufige Folge einer hierarchisch kontrollierten, monopolhaft verwalteten Vergesellschaftung religiöser Gehalte, ein unter *diesen* Voraussetzungen adäquates Verfahren des Umgangs mit alternativen religiösen Aktualisierungsbestrebungen; sie setzen die Reduktion christlicher Glaubensinhalte in administrativ kontrollierbare theologische Lehrsätze voraus. Wer jedoch "das Christentum *wesentlich* als eine Lehre betrachtet, die lediglich im Unterschied zu allen anderen religiösen Lehren behauptet, die einzige 'eschatologisch' geoffenbarte Wahrheit Gottes zu besitzen, der wird nicht nur erleben, daß auch die anderen Religionen von sich in ähnlichem Sinne und mit guten Gründen behaupten, wahre Offenbarungen Gottes zu sein, er wird vor allem sogleich zu spüren bekommen, daß jedes schriftgelehrte Verständnis des Christlichen zur ideologischen Kampfansage, zum missionarischen Terror, zur Gewaltsamkeit des Vorgehens

---

[2]Unter theologischen Gesichtspunkten ließe sich dieses Problem aus der sehr interessanten Perspektive eines 'Atheismus der Amtskirche' analysieren. Klerikaler Atheismus und moralischer Rigorismus als Instrument zur Angstbewältigung scheinen in diesem Zusammenhang eine fatale Symbiose einzugehen.

nach innen und nach außen anleiten muß und Jesus Christus dabei in Wort und Tat immer mehr verdunkelt, statt ihn zu offenbaren" (DREWERMANN 1988, 30). In diesem Sinne argumentiert auch LEONARDO BOFF: "Solange dieses dogmatische und lehrhafte Verständnis von Offenbarung und Heil in Jesus Christus fortbesteht, müssen wir unweigerlich damit rechnen, daß die Freiheit zu divergierendem Denken in der Kirche unterdrückt wird. Dabei wird die Repression mit dem besten Gewissen durchgeführt werden – in der Annahme, eine heilige Pflicht zu erfüllen, und mit dem einzigen Willen, das göttliche Recht der Offenbarung zu erhalten, angesichts dessen jedes menschliche Recht weichen muß" (1985, 84).

Zu den unausweichlichen Folgen der Institutionalisierung des Göttlichen, des Absoluten, der religiösen Ideale gehört die Ausgrenzung derjenigen, die sich dem normativen Reglement entsprechender Institutionen bzw. Organisationen nicht unterwerfen mögen. Daß diese Dichotomie des Für oder Gegen in der faktischen Existenz katholisch-kirchlicher Institution nur wenig Spielraum für mögliche Zwischenlösungen läßt, soll im folgenden an der weitgehenden Dialogunfähigkeit der hierarchisch strukturierten Amtskirche dargelegt werden.

Die Art der Legitimation, die Immunisierung amtskirchlicher Institution, geht von der Entschiedenheit jeglichen potentiellen Dialoges über die Angemessenheit deren bürokratischer bzw. judifizierter Organisationsstrukturen aus. Die diese repräsentierende Hierarchie verweigert den Dialog, in dem sie sich selber wagen würde.[3] Doch "gerade eine grundsätzliche universelle, sich absolut setzende Weltanschauung muß dies fertigbringen und darf es; sie kann ja solchen universalen Anspruch nur erheben, wenn sie sich allem öffnet und auch so den Grund des Neins des Gegners in sich selbst zu entdecken sucht und weiß, daß sie diesen Grund nur überwindet in ein volleres Ja, wenn sie ihm standhält und so sich selber wagt" (RAHNER 1986, 34). Um jedoch derartige Reflexionsmöglichkeiten zulassen zu können, muß die Identität des kirchlichen Systems problematisierbar, ja negierbar erscheinen können.[4] Wo dies jedoch nicht der Fall ist – wie in Kapitel 3 und 4 dieser Arbeit beschrieben –, wo die Konfliktverarbeitungskapazität

---

[3]Vgl. RAHNER 1986, 34

[4]Vgl. LUHMANN 1977, 59

kirchlicher Hierarchie integrative Momente der Adaption des innovativen Potentials innerkirchlicher Devianz fast gänzlich vermissen läßt und lediglich mit Ausgrenzungsverfahren reagiert, wird die strukturell angelegte Unfähigkeit zu einem wirklichen Dialog offensichtlich. "Im wahren Dialog ist man langmütig, gütig, nicht eifersüchtig, da prunkt man nicht, überhebt man sich nicht, heuchelt man nicht, sucht man nicht das Seine, wird man nicht verbittert, trägt man das erlittene Böse nicht nach, hofft man alles, duldet man alles" (RAHNER 1986, 35). Die Ethik des Dialoges scheint vielfältig verletzbar und in Wirklichkeit oft vielfach verletzt durch das Verhalten innerhalb der bürokratischen, katholischen Kirchenorganisation mit der Ignorierung jenes Leitsatzes, "daß also auch die wahrste, objektivste Überzeugung in Sätzen und Lehren noch keine Garantie dafür ist, daß man 'in der Wahrheit' der Existenz ist, und daß sich hinter - nach eigenem Urteil - falschester Theorie das 'Sein-in-der-Wahrheit' des ... Menschen verbergen kann; daß also, um mit Augustinus im Hinblick auf die Kirche zu formulieren, mancher meint, er sei 'drinnen', der hinsichtlich der eigenen Wahrheit 'draußen' ist, und mancher sich für 'draußen' hält oder dafür gehalten wird, der in Wahrheit 'drinnen' ist" (RAHNER 1986, 35f.).

Kirchenbürokratische Ausgrenzungsverfahren scheinen vielmehr ihre immanente Plausibilität so zu konstruieren, daß sie von der prinzipiellen Nicht-Negierbarkeit der derzeitigen kirchlichen Organisations- und Wissensstrukturen ausgehen, andersherum aber die Negierbarkeit jedes anderen Religions-, Wissens- oder Normensystems voraussetzen. Diese Feststellung entspricht weitestgehend der ebenso häufig anzutreffenden 'Verwechslung', nämlich der Ineinssetzung des tatsächlichen, gesellschaftlichen Ist-Seins mit dem theologisch-philosophischen Soll-Sein katholischer Kirche. Diese Differenzierungsunfähigkeit bzw. -unwilligkeit scheint mit dem Implementationsgrad hierarchischer Organisations- und entsprechender monologischer Kommunikations- oder besser Interaktionsmuster innerhalb der katholischen Kirche zu korrelieren. Im Fehlen der Voraussetzung, "daß sie ihr eigenes jetziges geschichtliches Stadium nicht mit ihrem absoluten Wesen und mit dem *ganzen* geschichtlichen Auftrag ihres Werdens schlechthin identifiziert" (RAHNER 1986, 32), manifestieren sich die strukturellen Bedingungen amtskirchlich-hierarchischer Dialogunfähigkeit. Ausgrenzungsverfahren drohen dann in einem solchen System zum Normalfall institutioneller Konfliktbewältigung zu werden.

Es sollte bis hierhin einsichtig geworden sein, daß es sich bei binnenkirchlichen Ausgrenzungsstrategien - seien sie in dieser Arbeit auch nur exemplarisch aufgezeigt worden - um 'Wesenszüge' derzeitiger katholischer Organisationstätigkeit handelt. Nicht weiter eingegangen werden kann hier auf die Kosten der Ausgrenzung und Ignorierung des innovativen Potentials von Devianz und Konflikt und sich dahinter verbergender Charismen für die katholisch-kirchliche Institution. Diese dürften vielmehr als in öffentlichen Distanzierungen christlicher Gruppen von Entscheidungen und Festlegungen der Amtskirche in dem sogenannten 'lautlosen Auszug' aus der katholischen Volkskirche, schließlich in einer 'Versektung' katholischer Kirche liegen. Die Rigidität, mit welcher Ausgrenzungsmechanismen gegen kirchliche Mitarbeiter initiiert werden, lassen durchaus Rückschlüsse auf vergleichbares Handeln religiöser 'Sekten' im Umgang mit ihren 'renitenten' Mitgliedern zu. In dem Versuch, durch diese Art von Herstellung konfessioneller Konformität bei kirchlichen Mitarbeitern 'religiöse Elite' mit Multiplikatorenfunktion zu rekrutieren, dürfte ein weiteres Indiz für die zunehmende 'Versektung' der katholischen Kirche in der Bundesrepublik liegen, es sei denn, diese bliebe auch weiterhin für das wirtschaftliche und politische Gesamtsystem instrumentalisierbar.[5]

Sollten jedoch innerhalb der katholischen Kirche in der Bundesrepublik Deutschland noch Bestrebungen existieren, den Status einer Volkskirche auf lange Sicht hin aufrechtzuerhalten, wird sie sich als "Typus einer hierarchischen Religionsgemeinschaft, in der alle gemeinsam in der gleichen Einstellung religiös erleben und handeln, die einen aber oben und die anderen unten, ... aufgeben müssen zugunsten eines mehr interaktionistischen Modells, das Komplementarität, aber nicht Identität des Erlebens und Handelns vorsieht und damit differenzierungsfähiger ist. Die 'Kosten' einer solchen Wendung im Bereich der Motivation sind schwer abzuschätzen, besonders was genuin religiöse Gehalte betrifft. Es ist aber zu vermuten, daß sie den in anderen Funktionsbereichen der Gesellschaft forcierten und erprobten Motivstrukturen entgegenkommt" (LUHMANN 1972, 285). Doch mit der Befolgung dieses LUHMANNschen Ratschlages allein wäre lediglich der Stabilisierung der volkskirchlichen *Form*gestalt katholischer Kirche gedient. Relativ unberührt bliebe die Frage nach ihrer Kompetenz, essentiell

---

[5]Vgl. Kapitel 1.3 und Kapitel 2.6

christliche Inhalte auch weiterhin in die Gesellschaft zu übertragen und in die Zukunft zu tradieren. Ein Kenner des Katholizismus sieht "für die katholische Kirche in Europa keinerlei Chancen, ihre missionarische Kraft wieder zu gewinnen ohne tiefgreifende Veränderungen ihres institutionellen Selbstverständnisses und ihrer faktischen Organisation" (KAUFMANN 1979, 144). Diese dürften sowohl den Aspekt der Wiederherstellung der 'Glaubwürdigkeit' der das Christentum vermittelnden kirchlichen oder möglicherweise in Zukunft auch anders organisierten Institutionen, d.h. ekklesiologische, sozial- und moraltheologische, insbesondere kirchenrechtliche Neuorientierungen betreffen sowie damit korrespondierende Reformen kirchlicher Außenbeziehungen zu Staat und anderen gesellschaftlichen Systemen. So wird es z.B. "die Aufgabe gerade einer ... kritischen Rechtstheologie sein, sowohl in der theoretischen Reflexion als auch in der Bereitstellung des institutionellen Rahmens für die Fruchtbarmachung der Konflikte in der Kirche und für die Kirche zu sorgen" (POTZ 1978, 152). Entscheidend ist, daß die Dialektik inhaltlicher und formaler Gestalt des Christentums, christlich-religiöser Institutionalisierung nicht zugunsten von 'Pseudorevolutionen'[6] in nur einem dieser Gestaltprinzipien durchbrochen wird. Diese Dialektik ist als ehernes *Bewegungs*gesetz eine Aufforderung zu permanenter Selbstreflexion *und* Selbsterneuerung ('ecclesia semper reformanda') und damit eine Aufforderung nicht nur an das Wort, sondern viel eher noch an die Tat der Kirche.[7] "Nicht der Selbstbehauptungswille von Recht und Dogma, nicht

---

[6]Vgl. die eher 'kosmetischen' Korrekturen nach Vatikanum II - zumindest in der westlichen Hemisphäre - in einzelnen rituellen, liturgischen Bereichen bei weitgehend Restaurierung hierarchischer Organisationsstrukturen bzw. die Diskrepanz zwischen verbal geäußerter Toleranz und institutioneller Rigidität (Ausweitung des römischen Zentralismus, Stillstand ökumenischer Entwicklungen in den konfessionellen Kernfragen).

[7]Es kann hier nicht nur um die "Institutionalisierung der Dauerreflexion" (SCHELSKY), also lediglich um kommunikative Strukturen dialogischer Art zur Kompensation sonstiger institutioneller Pathologien gehen. Es ist durchaus denkbar, daß der Radikalität christlicher Nachfolge auch normative Setzungen sowie organisatorisch-strukturelle Elemente der Kirche zum Opfer fallen könnten. Die Reflexion der motivationalen und strukturellen Konsequenzen einer derartigen, notwendigen Erneuerung kann an dieser Stelle selbstverständlich nicht geleistet werden.

die eigenmächtige Stabilisierung des Amtlichen, sondern die ständige Selbstrelativierung in die Finalität des Dienstes an der Freiheit und Einheit der Glaubenden muß das Charakteristikum kirchlicher Institutionen sein" (HÖHN 1985, 242). Und dies wiederum betrifft zutiefst die Dialogfähigkeit kirchlicher Amtsvertreter: "Erkennt sich aber eine Weltanschauung in diesem Sinne als eine in die Zukunft offene an, dann ist sie dialogfähig; ein Dialog hat für sie auch schon einen Sinn, bevor er - utopisch oder asymptotisch - mit ihrem Sieg, mit ihrem Übergang von der faktisch partikulären zur *faktisch* universellen Geltung beendet ist. Sie selbst nämlich lernt und bereichert sich in diesem Dialog, sie holt selbst ihre eigenen Möglichkeiten in diesem nie endenden Dialog immer mehr ein; sie kann sich selbst am Dialogpartner und in ihm immer mehr erkennen und vollziehen, sie lernt so erst, was sie immer schon weiß" (RAHNER 1986, 31).

LITERATUR

Acerbi, Antonio: Die ekklesiologische Grundlage der nachkonziliären Institutionen, in: G. Alberigo/Y. Congar/H.J. Pottmeyer (Hrsg.): Kirche im Wandel, Düsseldorf 1982, S. 208-240

Alberigo, G./Congar, Y./Pottmeyer, H.J. (Hrsg.): Kirche im Wandel, Düsseldorf 1984

Albert, Hans: Traktat über kritische Vernunft, 2. Auflage, Tübingen 1969

Albert, Hans: Das Elend der Theologie. Kritische Auseinandersetzung mit Hans Küng, Hamburg 1979

Arbeitskreis Laisierung des Tübinger Regionalkomitees zur Verteidigung der Christenrechte in der Kirche: Informationen und Überlegungen zur Laisierung, Tübingen o.J.

Balthasar, Hans Urs von: Der antirömische Affekt, Freiburg 1974

Bauer, Johannes B.: Zerstörung der Kirche durch Ökumenismus? Eine Verteidigung: Karl Rahner und Heinrich Fries, in: Greinacher, Norbert/ Küng, Hans (Hrsg.): Katholische Kirche - wohin? Wider den Verrat am Konzil, München 1986, S. 206-224

Bauer, Rudolph: Wohlfahrtsverbände in der Bundesrepublik, Weinheim/Basel 1978

Becker, Howard S.: Aussenseiter. Zur Soziologie abweichenden Verhaltens, Frankfurt 1981

Becker, Matthias: Die Macht in der katholischen Kirche. Kritik der hierarchischen Praxis, München 1967

Bensberger Kreis: Zu einigen Aspekten der Kirchenfinanzierung. Ein Memorandum deutscher Katholiken, o.J., o.O.

Berchtenbreiter, Angelika: Kündigungsschutzprobleme im kirchlichen Arbeitsverhältnis. Zur Festlegung kirchenspezifischer Loyalitätspflichten und ihrer staatsgerichtlichen Kontrolle, Heidelberg 1984

Berger, Peter L.: Zur Dialektik von Religion und Gesellschaft. Elemente einer soziologischen Theorie, Tübingen 1973

Berger, Peter L./Luckmann, Thomas: Secularization and Pluralism, in: Joachim Matthes (Hrsg.): Internationales Jahrbuch für Religionssoziologie, Band 2, 1966, S. 73-86

Berger, Peter L./Luckmann, Th.: Die gesellschaftliche Konstruktion der Wirklichkeit. Eine Theorie der Wissenssoziologie, 5. Auflage, Frankfurt 1977

Bethge, Horst u.a.: Die Zerstörung der Demokratie in der BRD durch Berufsverbote, Köln 1976

Bilger, Ingrid: Sozialarbeit zwischen Caritas und Protest, in: Kritische Justiz, 7. Jahrgang, 1974, S. 83-89

Bischoff, J.N.: Straffälligenhilfe der Diakonie, Diakonie 3/79, S. 221-225

Bock, T.: Bahnhofsmission als Vorposten sozialer Arbeit, Diakonie 5/79, S. 392-398

Böckenförde, Werner: Der neue Codex Iuris Canonici, in: Neue Juristische Wochenschrift (NJW) 1983, Heft 45, S. 2532-2540

Boff, Leonardo: Kirche: Charisma und Macht. Studien zu einer streitbaren Ekklesiologie, Düsseldorf 1985

Brasilianische Bewegung für die Menschenrechte: Der Fall Boff. Eine Dokumentation, Düsseldorf 1986

Bühler, Hans Harro: Die katholischen sozialen Einrichtungen der Caritas in der Bundesrepublik Deutschland. Stand 1.1.1984, in: Caritas '86, Jahrbuch des Deutschen Caritasverbandes, Freiburg 1985, S. 66-75

Christenrechte in der Kirche e.V. (Hrsg.): Memorandum des 'Komitees Christenrechte in der Kirche' an die katholischen Bischöfe in der Bundesrepublik Deutschland und an die Leitungen der Gliedkirchen der evangelischen Kirche in Deutschland, Tübingen 1982

Codex Iuris Canonici (Codex des kanonischen Rechts), herausgegeben im Auftrag d. Dt. u. d. Berliner Bischofskonferenz, Kevelaer 1983

Coriden, James A.: Die Menschenrechte in der Kirche: Eine Frage der Glaubwürdigkeit und Authentizität, in: Herder Korrespondenz, 15. Heft, 33. Jahrgang, 1979, S. 234-239

Cortes, J.B.: Juvenile Delinquency: A Biosocial Approach, in: Angelo D' Agostino (Hrsg.): Family, Church, and Community, New York 1965, S. 114-155

Coser, L.A.: Einige Funktionen abweichenden Verhaltens und normativer Flexibilität, in: Fritz Sack/Rene König (Hrsg.): Kriminalsoziologie, Frankfurt 1968, S. 21-37

Crijns, H./Zuidberg, G.: De doos van Pandora. Tien jaar benoemingsbeleid in de Nederlandse kerkprovincie, in: Vereiniging van Pastoraal Werkenden. Bureau Arbeidsverhoudingen: Van Beroep: Pastor, Hilversum 1986, S. 35-48

Daiber, Karl-Fritz: Verkündigung und Diakonie. Analyse einer theologischen Diskrepanz, in: Ingrid Lukatis/Ulrich Wesenick (Hrsg.): Diakonie - Außenseite der Kirche: Sozialarbeit im Kirchenkreis zwischen Anpassung und Wirklichkeit, Gelnhausen 1980, S. 3-20

Deimling, Gerhard: Recht und Moral, Neuwied/Berlin 1972

Denzler, Georg: Die verbotene Lust. 2000 Jahre christliche Sexualmoral, München 1988

Dericum, Christa: Wovon der Kardinal einst träumte..., in: Publik-Forum, Nr. 22 vom 1. November 1985

Deschner, Karlheinz: Kriminalgeschichte des Christentums. Die Frühzeit, Reinbek 1986

Deschwanden, Leo von: Eine Rollenanalyse des katholischen Pfarreipriesters, in: Joachim Matthes (Hrsg.): Internationales Jahrbuch für Religionssoziologie, Band IV, Köln/Opladen 1968, S. 123-157

Die Deutschen Bischöfe: Zu Fragen der menschlichen Geschlechtlichkeit, herausgegeben vom Sekretariat der Deutschen Bischofskonferenz, München 1973

Die Deutschen Bischöfe: 7, Zur Novellierung des § 218, Bonn, 7. Mai 1976

Die Deutschen Bischöfe: Erklärung der Vollversammlung der Deutschen Bischofskonferenz zum Terrorismus vom 21. September 1977, in: Die deutschen Bischöfe: 16, Ursachen des Terrorismus und Voraussetzungen seiner Überwindung, Bonn 1978

Die Deutschen Bischöfe: 16, Ursachen des Terrorismus und Voraussetzungen seiner Überwindung, Bonn 1978

Die Deutschen Bischöfe: Dem Leben dienen, Bonn 1979

Die Deutschen Bischöfe: 25, Zum Entzug der kirchlichen Lehrbefugnis Professor Dr. Hans Küngs, Bonn 1980

Die Deutschen Bischöfe: 35, Erklärung zum kirchlichen Dienst, Bonn 1983

Deutsche Bischofskonferenz: Die Kirche in der pluralistischen Gesellschaft und im demokratischen Staat der Gegenwart, Trier 1969

Deutsche Bischofskonferenz, Unterkommission Jugend: Stellungnahme zur Diskussionsvorlage "Standortbestimmung der KJG in der Kirche", o.O., 1986

Dostojewskij, F.M.: Die Brüder Karamasow, Zürich, 5. Auflage, o.J.

Dreitzel, Hans Peter: Die gesellschaftlichen Leiden und das Leiden an der Gesellschaft. Vorstudien zu einer Pathologie des Rollenverhaltens, Stuttgart 1972

Drewermann, Eugen: Das Christentum ist keine Lehre, in: Publik-Forum, Nr. 2, 17. Jahrgang, 29. Januar 1988, S. 29-30

Drewermann, Eugen: "An ihren Früchten sollt ihr sie erkennen". Antwort auf Rudolf Peschs und Gerhard Lohfinks "Tiefenpsychologie und keine Exegese", Olten 1988

Dunde, Siegfried R.: Wenn Bewegungen von unten scheitern..., in: Siegfried R. Dunde (Hrsg.): Katholisch und rebellisch. Ein Wegweiser durch die andere Kirche, Reinbek 1984(a), S. 258-269

Dunde, Siegfried R.: Bekenntnisdienstliche Behandlung. Das Kreuz der Psychologen, in: Psychologie heute, Januar 1984(b), S. 65-70

Durkheim, Emile: Die Regeln der soziologischen Methode, Neuwied/Berlin 1965

Durkheim, Emile: Der Selbstmord, Neuwied/Berlin 1973

Durkheim, Emile: Kriminalität als normales Phänomen, in: Fritz Sack/Rene König (Hrsg.): Kriminalsoziologie, Frankfurt 1974, S. 3-8

Dütz, Wilhelm: Das Bundesverfassungsgericht zur Kündigung kirchlicher Arbeitsverhältnisse, in: Neue Zeitschrift für Arbeits- und Sozialrecht, Beilage Nr. 1/86 zu Heft 3/86, S. 11-15

Etzioni, Amitai: A Comperative Analysis of Complex Organisations. On Power, Involvement, and Their Correlates, New York 1971

Fischer, Erwin: Trennung von Staat und Kirche. Die Gefährdung der Religions- und Weltanschauungsfreiheit in der Bundesrepublik, 3., neubearbeitete Auflage von Gerhard Härdle, Frankfurt 1984

Fries, Heinrich/Rahner, Karl: Einigung der Kirchen - reale Möglichkeit, Freiburg 1983

Fuchs, Ottmar: "Umstürzlerische" Bemerkungen zur Option der Diakonie hierzulande, in: Deutscher Caritasverband e.V. (Hrsg.): Caritas '85, Jahrbuch des Caritasverbandes, Freiburg 1985, S. 18-40

Gabriel, Karl: Die neuzeitliche Gesellschaftsentwicklung und der Katholizismus als Sozialform der Christentumsgeschichte, in: Karl Gabriel/ Franz-Xaver Kaufmann (Hrsg.): Zur Soziologie des Katholizismus, Mainz 1980, S. 201-225

Galtung, Johan: Strukturelle Gewalt. Beiträge zur Friedens- und Konfliktforschung, Reinbek 1975

Garfinkel, Harold: Conditions of Successful Degradation Ceremonies, in: American Journal of Sociology, 61, 1956, S. 420-424

Gemeinsame Synode der Bistümer in der Bundesrepublik Deutschland: Unsere Hoffnung. Ein Bekenntnis zum Glauben in dieser Zeit, Heftreihe: Synodenbeschlüsse Nr. 18, Bonn 1975

Göller, Wolfgang: Staat und Kirche ab Konstantin dem Großen, in: Illustrierte Geschichte des Christentums, Genehmigte Sonderausgabe für Weltbild-Bücherdienst, Augsburg 1983, S. 742-746

Gollwitzer, Helmut: "Klassenkampf um des Reiches Gottes willen?", Referat von Prof. Dr. H. Gollwitzer auf der Tagung der Rheinischen Bruderschaft in Düsseldorf am 8. November 1975, unveröffentlichtes Manuskript

Greinacher, Norbert/Haag, Herbert (Hrsg.): Der Fall Küng. Eine Dokumentation, München 1980

Greinacher, Norbert/Jens, Inge (Hrsg.): Freiheitsrechte für Christen? Warum die Kirche ein Grundgesetz braucht, München 1980

Greinacher, Norbert: Hintergrund des Konflikts. Welches sind die zentralen Streitpunkte?, in: Norbert Greinacher (Hrsg.): Konflikt um die Theologie der Befreiung, Zürich/Einsiedeln/Köln 1985, S. 300-312

Gusfield, J.R.: Der Wandel moralischer Bewertungen. Devianzdefinition und symbolischer Prozeß, in: F.W. Stallberg (Hrsg.): Abweichung und Kriminalität, Hamburg 1975, S. 167-180

Hasenhüttl, Gotthold: Kirche und Institution, in: Concilium 10. Jahrgang, Heft 1 1974, S. 7-11

Hassemer/Steinert/Treiber: Soziale Reaktion auf Abweichung und Kriminalisierung durch den Gesetzgeber, in: Hassemer/Lüderssen (Hrsg.): Sozialwissenschaften im Studium des Rechts, Band III, München 1978, S. 1-65

Hauschild, Hans Peter: Der Papst, die Schwulen und AIDS. Redebeitrag zu "Das andere Gesicht der Kirche", gehalten auf der gleichnamigen Veranstaltung der Initiative Kirche von unten, am 24.4.1987 in Köln, unveröffentlichtes Manuskript

Hengsbach, Friedhelm: Zur Eigenart des kirchlichen Dienstes, in: ÖTV-Abteilung Kirchen und ihre Einrichtungen einschließlich Caritas und Diakonie: Stellungnahme zur Erklärung des Ständigen Rates der Deutschen Bischofskonferenz zum kirchlichen Dienst, Stuttgart 1984

Hepworth, M./Turner, B.S.: Confession: Studies in Deviance and Religion, London 1982

Herms, E.: Die Fähigkeit zu religiöser Kommunikation und ihre systematischen Bedingungen in hochentwickelten Gesellschaften, in: ZEE (Zeitschrift für evangelische Ethik, 4/1977, S. 276-299

Herr, Theodor: Arbeitgeber Kirche - Dienst in der Kirche. Biblische und theologische Grundlagen, Paderborn 1985

Herriger, Norbert/Schwarzenthal Rainer: Endbericht zum DFG-Forschungsprojekt: Handlungsspielräume der Kommune bei der Planung von Maßnahmen zur Prävention von Jugendkriminalität, unveröffentlichtes Manuskript, Wuppertal 1984

Herrmann, Horst: Ein unmoralisches Verhältnis. Bemerkungen eines Betroffenen zur Lage von Staat und Kirche in der Bundesrepublik Deutschland, Düsseldorf 1974

Herrmann, Horst: Die sieben Todsünden der Kirche, München 1976(a)

Herrmann, Horst: Zu den Berufsverboten innerhalb der Kirche in der BRD, in: Horst Bethge u.a. (Hrsg.): Die Zerstörung der Demokratie durch Berufsverbote, Köln 1976(b), S. 94-96

Hinter, Paul: Grundrechte in der Kirche. Eine Untersuchung zur Begründung der Grundrechte in der Kirche, Freiburg Schweiz 1977

Hinkelammert, F.J.: Die Radikalisierung der Christdemokraten, Berlin 1976

Hoffmann, Johannes: Praktizierende Katholiken zwischen Kirche und Gesellschaft. Ein Beitrag zu Problemen der Moralverkündigung, Düsseldorf 1973

Höffner, Joseph Kardinal: Nicht töten - sondern helfen. Zehn Grundsätze über den Schutz des ungeborenen Lebens, herausgegeben vom Presseamt des Erzbistums Köln, 1974

Höffner, Joseph Kardinal: Christliche Gesellschaftslehre, Kevelaer 1978

Höffner, Joseph Kardinal: Pastoral der Kirchenfremden. Eröffnungsreferat bei der Herbstvollversammlung der Deutschen Bischofskonferenz 1979 in Fulda, Bonn 1979

Höffner, Joseph Kardinal: Grüne wählbar? Fragen an den Kölner Erzbischof, Kardinal Joseph Höffner, Vorsitzender der Deutschen Bischofskonferenz, herausgegeben vom Presseamt des Erzbistums Köln, 10. Oktober 1986

Höffner, Joseph Kardinal: Aids. Vier Aussagen des Erzbischofs von Köln, Kardinal Joseph Höffner, herausgegeben vom Presseamt des Erzbistums Köln, 1987

Höhn, Hans-Joachim: Kirche und kommunikatives Handeln, Frankfurt 1985

Horowitz, Irving L./Liebowitz, Martin: Social Deviance and Political Marginality: Toward a Redefinition of the Relation between Sociology and Politics, in: Social Problems 15, 1967-68, S. 280-296

Houtart, F./Rousseau, A.: Ist die Kirche eine antirevolutionäre Kraft?, München 1973

Initiative Kirche von unten: Kirche lebt von unten, Bonn 1984

Initiativgruppe der vom Zölibat betroffenen Frauen (Hrsg.): Ein Sprung in der Kette. Vom Zölibat betroffene Frauen und Priester durchbrechen ein Tabu, Solingen 1985

Jensen, Anne: Sanfte Verschwörer. Das Komitee 'Christenrechte in der Kirche', in: Dunde, Siegfried (Hrsg.): Katholisch und rebellisch. Ein Wegweiser durch die andere Kirche, Reinbek 1984, S. 120-138

Jonas, Friedrich: Geschichte der Soziologie, Band 2, Reinbek 1976

Josuttis, Manfred: Dogmatismus als Problem der Theologie, in: Karl-Fritz Daiber/Manfred Josuttis (Hrsg.): Dogmatismus. Studien über den Umgang des Theologen mit Theologie, München 1985, S. 25-76

Kasper, Walter: Zur Lage der katholischen Kirche Deutschlands, in: Internationale Zeitschrift 'Communio', Köln, 1/88, S. 64-72

Katholische Junge Gemeinde (KJG): Standortbestimmung der KJG in der Kirche. Beschluß der KJG-Bundeskonferenz 1986, herausgegeben von der Bundesleitung der Katholischen Jungen Gemeinde, Düsseldorf 1986

Kaufmann, Franz-Xaver: Zum Verhältnis von Sozialarbeit und Sozialpolitik, in: Hans-Uwe Otto/Siegfried Schneider (Hrsg.): Gesellschaftliche Perspektiven der Sozialarbeit, Erster Halbband, Neuwied/Berlin 1973, S. 87-104

Kaufmann, Franz-Xaver: Theologie in soziologischer Sicht, Freiburg 1973

Kaufmann, Franz-Xaver: Kirche als religiöse Organisation, in: Concilium 10 1974, S. 30-36

Kaufmann, Franz-Xaver: Kirche begreifen. Analysen und Thesen zur gesellschaftlichen Verfassung des Christentums, Freiburg 1979

Kehl, Medard: Kirche als Institution. Zur theologischen Begründung des institutionellen Charakters der Kirche in der neueren deutschsprachigen katholischen Ekklesiologie, Frankfurt 1976

Kehrer, Günter: Religionssoziologie, Berlin 1968

Kehrer, Günter: Organisierte Religion, Stuttgart 1982

Keupp, Heinrich: Abweichung und Alltagsroutine. Die Labeling-Perspektive in Theorie und Praxis, Hamburg 1976

Kongregation für die Glaubenslehre: Abtreibung, Sittengesetz und Strafrecht. Die Erklärung der Glaubenskongregation zum vorsätzlichen Abort, in: Herder Korrespondenz, Heft 1, 29. Jahrgang, Freiburg 1975, S. 18-23

Kongregation für die Glaubenslehre: Erklärung zu einigen Fragen der Sexualethik, Trier 1976

Kongregation für die Glaubenslehre: Erklärung der Kongregation für die Glaubenslehre zur Frage der Zulassung der Frauen zum Priesteramt, 15. Oktober 1976, herausgegeben vom Sekretariat der Deutschen Bischofskonferenz, Bonn 1976

Kongregation für die Glaubenslehre: Instruktion der Kongregation für die Glaubenslehre über einige Aspekte der "Theologie der Befreiung", 6. August 1984, herausgegeben vom Sekretariat der Deutschen Bischofskonferenz, Bonn 1984

Kongregation für die Glaubenslehre: Notifikation der Kongregation für die Glaubenslehre zu dem Buch 'Kirche, Charisma und Macht. Versuch einer militanten Ekklesiologie' von Pater Leonardo Boff OMF, herausgegeben vom Sekretariat der Deutschen Bischofskonferenz, Bonn 1985

Kongregation für die Glaubenslehre: Verfahrensordnung zur Prüfung von Lehrfragen, in: Brasilianische Bewegung für die Menschenrechte: Der Fall Boff. Eine Dokumentation, Düsseldorf 1986, S. 54-57

Kreiner, Armin: Religionssoziologie zwischen Theorie, Apologie und Kritik der Religion, Frankfurt 1986

Kroh, Werner: Kirche im gesellschaftlichen Widerspruch, München 1982

Küng, Hans: Unfehlbar? Eine Anfrage, Frankfurt/M/Berlin/Wien 1980

Küng, Hans/Tracy, David (Hrsg.): Theologie - wohin? Auf dem Weg zu einem neuen Paradigma, Zürich/Köln/Gütersloh 1984

Küng, Hans/Tracy, David (Hrsg.): Das neue Paradigma von Theologie. Strukturen und Dimensionen, Zürich/Gütersloh 1986

Läpple, Alfred: Priesterlose Gemeinde - Modell der Zukunft?, Trier 1980

Lange, Max G.: Politische Soziologie, München 1961

Lau, Ephrem Else: Ordensfrauen und Laienchristinnen als Mitarbeiterinnen in der Kirche, in: CONCILIUM, 23. Jahrg., 6/1987, S. 492-495

Lautmann, Rüdiger: Justiz - die stille Gewalt, Frankfurt 1972

Legrand, Herve M.: Die Entwicklung der Kirchen als verantwortliche Subjekte, in: Alberigo, G./Congar, Y./Pottmeyer, H.J. (Hrsg.): Kirche im Wandel, Düsseldorf 1982, S. 141-174

Lehmann, Karl: Kommentar zum Verständnis der römischen Erklärung über die Zulassung der Frauen zum Priesteramt, 1977, in: Erklärung der Kongregation für die Glaubenslehre zur Frage der Zulassung der Frauen zum Priesteramt vom 15. Oktober 1976, herausgegeben vom Sekretariat der Deutschen Bischofskonferenz, Bonn, o.J., S. 53-56

Lipp, Wolfgang: Selbststigmatisierung, in: Manfred Brusten/Jürgen Hohmeier (Hrsg.): Stigmatisierung, Band 1, Neuwied/Darmstadt 1975, S. 25-53

Listl, Joseph: Die Arbeitsverhältnisse der kirchlichen Dienstnehmer in der Rechtsprechung der Gerichte der Bundesrepublik Deutschland, als Sonderdruck aus: Jahrbuch für christliche Sozialwissenschaften, herausgegeben von Wilhelm Weber, 27. Band, Münster 1986

Lorenzer, Alfred: Die katholische Kirche und die Reform der Abtreibungsgesetzgebung, in: Kritische Justiz, Jahrg. 13, Heft 1, 1980, S. 28-38

Luhmann, Niklas: Die Organisierbarkeit von Religionen und Kirchen, in: Jakobus Wössner: Religion im Umbruch, Stuttgart 1972, S. 245-285

Luhmann, Niklas: Funktion der Religion, Frankfurt 1977

Luthe, Friedhelm: Der Berufswechsel der Priester. Eine empirische Studie, Düsseldorf 1971

Malinowski, Peter/Münch, Ulrich: Soziale Kontrolle. Soziologische Theoriebildung und ihr Bezug zur Praxis der sozialen Arbeit, Neuwied/Darmstadt 1975

Marre, Heiner: Die Kirchenfinanzierung in Kirche und Staat der Gegenwart. Die Kirchensteuer im internationalen Umfeld kirchlicher Abgabensysteme und im heutigen Sozial- und Kulturstaat Bundesrepublik Deutschland, Essen 1982

Martin, J./Fitzpatrick, J.: Delinquent Behavior. A Redefinition of a Problem, New York 1964

Marx, Karl/Engels, Friedrich: Über Religion, 2., überarbeitete und erweiterte Auflage, Berlin 1976

Mette, Norbert/Steinkamp, Hermann: Sozialwissenschaften und Praktische Theologie, Düsseldorf 1983

Mette, Norbert: Seelsorge der Kirche im Umfeld anderer Beratungsberufe, Manuskript eines Referates, gehalten auf dem Religionssoziologischen Kolloquium III, Loccum 1986

Metz, Johann B.: Glaube in Geschichte und Gesellschaft, Mainz 1977

Metz, Johann B.: Glaube - Befähigung zur Zukunft?, in: Zentralkomitee der deutschen Katholiken (Hrsg.): Ich will euch Zukunft und Hoffnung geben, Paderborn 1978, S. 417-428

Metz, Johann B.: Jenseits bürgerlicher Religion, München 1980

Mies, Herbert: Zur Politik der DKP, Frankfurt 1979

Mieth, Dietmar: Moraldoktrin auf Kosten der Moral? Die römischen Dokumente der letzten Jahrzehnte und die christlich gelebten Überzeugungen, in: Greinacher, Norbert/Küng, Hans: Katholische Kirche - wohin? Wider den Verrat am Konzil, München 1986, S. 162-183

Müller, Iris: Die Misere katholischer Theologinnen in den deutschen Universitäten, Weinheim 1987

Müller, Wunibald: Priester als Seelsorger für Homosexuelle. Eine pastoraltheologische und psychologische Untersuchung, Düsseldorf 1979

Nagel, Wilhelm Hendrik: Religion, in: Sieverts, R./Schneider, H.J. (Hrsg.): Handwörterbuch der Kriminologie, 3. Band, 2. Auflage, Berlin 1975, S. 31-38

Naurois, Louis de/Scheuermann, Andomar: Der Christ und die kirchliche Strafgewalt, München 1964

Nell-Breuning, Oswald von: Kirche(n) als Arbeitgeber, in: ÖTV-Magazin, März 1980, S. 33-35

Neumann, Johannes: Ketzerverfahren - eine Form der Wahrheitsfindung? Rechtstheoretische Anmerkungen zum Ringen um die Rechtgläubigkeit, in: Theologische Quartalschrift, 154. Jahrgang, 1974, München/Freiburg, S. 328-339

O'Dea, Thomas F.: Pathologie und Erneuerung der religiösen Institution, in: Concilium, Jahrgang 10, 1974, S. 62-66

O'Dea, Thomas F.: Fünf Dilemmata der Institutionalisierung von Religion, in: Bogensberger, H./Gannon, Th.M./Zapotoczky, K. (Hrsg.): Religion und sozialer Wandel, Linz 1986, S. 30-40

Offe, Claus: Leistungsprinzip und industrielle Arbeit, Frankfurt 1973

Onna, B.v.: Der Katholizismus in der spätkapitalistischen Gesellschaft, in: Onna/Stankowski (Hrsg.): Kritischer Katholizismus, Frankfurt 1969, S. 8-43

Panzer, Karl (Hrsg.): § 218 Schwangerschaftsabbruch. Eine Dokumentation, Köln 1972

Papst Johannes Paul II.: Apostolisches Schreiben *Familiaris Consortio* von Papst Johannes II. an die Bischöfe, die Priester und die Gläubigen der ganzen Kirche über die Aufgaben der christlichen Familie in der Welt von heute, 22. November 1981, herausgegeben vom Sekretariat der Deutschen Bischofskonferenz, Bonn o.J.

Pfeifer, Hans: Von der Aktion zur Motivation - Diakonie vor neuen Aufgaben, in: Meurer, Siegfried (Hrsg.): Diakonie und gesellschaftliche Veränderung, Wuppertal 1973

Philippek, Heinrich (Hrsg.): Dokumente eines Konflikts. Philippek zum Beispiel..., Verlag Selbsthilfe, Gelsenkirchen 1971

Potz, Richard: Die Geltung kirchenrechtlicher Normen. Prolegomena zu einer kritisch-hermeneutischen Theorie des Kirchenrechts, Wien 1978

Pree, Helmuth: Das Recht im Selbstvollzug der Kirche: Der Codex Iuris Canonici (CIC) 1983, in: Bogensberger, H./Gannon, Th.M./Zapotoczky, K. (Hrsg.): Religion und sozialer Wandel, Linz 1986, S. 140-177

Priests for Equality (Hrsg.): Toward a Full and Equal Sharing. Pastoral Letter on Equality in the Church, 1985, hier zitiert in der autorisierten deutschen Übersetzung, herausgegeben durch Christenrechte in der Kirche e.V., Frankfurt 1987

Rahner, Karl: Was ist Häresie?, in: Schriften zur Theologie, Band V, Einsiedeln 1962, S. 527-576

Rahner, Karl: Toleranz in der Kirche, Freiburg 1977

Rahner, Karl: Politische Dimensionen des Christentums, Ausgewählte Texte zu Fragen der Zeit, herausgegeben von Herbert Vorgrimler, München 1986

Raming, Ida: Der Ausschluß der Frau vom priesterlichen Amt - Gottgewollte Tradition oder Diskriminierung?, Köln/Wien 1973

Rath, Peter (Hrsg.): Trennung von Staat und Kirche, Reinbek 1974

Ratzinger, Joseph Kardinal: Einführung in das Christentum, München 1968

Ratzinger, Joseph Kardinal: Dokument von Kardinal Ratzinger über die beanstandeten Punkte des Buches "Kirche: Charisma und Macht", in: Brasilianische Bewegung für die Menschenrechte (Hrsg.): Der Fall Boff. Eine Dokumentation, Düsseldorf 1986, S. 60-67

Richardi, Richard: Arbeitsrecht in der Kirche, München, 1984(a)

Richardi, Richard: Das kollektive Arbeitsrecht der Kirchen in der Bundesrepublik Deutschland, in: Rüthers/Savatier/Fontaine/Richardi: Die Kirchen und das Arbeitsrecht in der Bundesrepublik Deutschland, Kehl/Straßburg, 1984(b), S. 95-120

Richardi, Richard: Das Selbstbestimmungsrecht der Kirchen im Arbeitsrecht, in: Neue Zeitschrift für Arbeits- und Sozialrecht, Beilage Nr. 1/86 zu Heft 3/86, S. 3-10

Ringel, Erwin/Kirchmayr, Alfred: Religionsverlust durch religiöse Erziehung. Tiefenpsychologische Ursachen und Folgerungen, Wien 1985

Robbe, Martin: Marxismus und Religionsforschung, in: Joachim Matthes (Hrsg.): Internationales Jahrbuch für Religions- und Wissenssoziologie, Band 2, Köln/Opladen 1966, S. 157-184

Rottländer, Peter: Politische Theologie und Theologie der Befreiung, unveröffentlichte Diplomarbeit, Walberberg 1979

Rudge, Peter: Die Soziologie des Konflikts und das kirchliche Leben, in: Concilium 10, 1974, S. 51-55

Rüfner, Wolfgang: Die Geltung von Grundrechten im kirchlichen Bereich, in: Josef Krautscheid/Heiner Marre (Hrsg.): Essener Gespräche zum Thema Staat und Kirche, Band 7, 1972, S. 9-27

Ruh, U./Seeber, David/Walter, R.: Handwörterbuch religiöser Gegenwartsfragen, Freiburg 1986

Ruland, Franz: Die Sonderstellung der Religionsgemeinschaften im Kündigungsschutzrecht und in den staatlichen Mitbestimmungsordnungen, in: NJW (Neue Juristische Wochenschrift) 1980, Heft 3, S. 89-98

Rüthers, Bernd: Wie kirchentreu müssen kirchliche Arbeitnehmer sein?, in: NJW (Neue Juristische Wochenschrift) 1986, Heft 7, S. 356-359

Rüthers, Bernd/Savatier, Jean/Fontaine, Nicole/Richardi, Reinhard; Die Kirchen und das Arbeitsrecht in der Bundesrepublik Deutschland und in Frankreich, Kehl am Rhein/Straßburg 1984

Sachs, Wolfgang: Bistumspresse und bürgerliche Ideologie, in: Spiegel, Yorick (Hrsg.): Kirche und Klassenbindung, Frankfurt 1974, S. 241-257

Sack, Fritz: Gegenstand und Methoden der Analyse, in: Sack, Fritz/Steinert, Heinz (Hrsg.): Analysen zum Terrorismus, Band 4.2: Protest und Reaktion, Opladen 1984, S. 24-103

Savramis, Demosthenes: Wie frei kann und darf die Kirche sein?, in: Siegfried R. Dunde (Hrsg.): Katholisch und rebellisch. Ein Wegweiser durch die andere Kirche, Reinbek 1984, S. 289-303

Schillebeeckx, Edward: Christliche Identität und kirchliches Amt. Plädoyer für die Menschen in der Kirche, Düsseldorf 1985

Schmidtchen, Gerhard: Die gesellschaftlichen Folgen der Entchristlichung, in: Wilhelm Kasch (Hrsg.): Entchristlichung und religiöse Desozialisation, Paderborn 1978, S. 17-28

Schnettler, Johannes: Durch die alternative katholische Szene, in: Dunde, Siegfried R. (Hrsg.): Katholisch und Rebellisch. Ein Wegweiser durch die andere Kirche, Reinbek 1984, S. 13-23

Schreuder, Osmund: Die strukturell-funktionale Theorie und die Religionssoziologie, in: Joachim Matthes (Hrsg.): Internationales Jahrbuch für Religionssoziologie, Band 2, Köln/Opladen 1966, S. 99-134

Schur, E.M.: Labeling deviant behavior, New York 1971

Schwarzenthal, Rainer: Religion - Kirche - Devianz. Versuch einer theoretischen und empirischen Analyse zu Wissensbeständen, Legitimierungs- und Durchsetzungsstrategien von Devianzkonstruktionen unterschiedlicher religiöser Denominationen (Katholiken/Protestanten/Zeugen Jehovas), unveröffentlichte Diplomarbeit, Wuppertal 1982

Schwerdt, Reinhold: Theologische Betrachtungen zu den Rechten der Beschäftigten der Kirche und ihrer Einrichtungen, Aus evangelischer Sicht, in: ÖTV: Informationen der Fachgruppe kirchliche Mitarbeiter, Stuttgart 1983, S. 3-5

Seibert, Horst: Diakonie - Hilfehandeln Jesu und soziale Arbeit des Diakonischen Werkes, Gütersloh 1983

Seiterich, Thomas: Ehescheidung. Zur Halbwahrheit genötigt. Kirchenrechtliche Hintertüren fördern Doppelmoral, in: Publik-Forum, Nr. 11, 23. Mai 1986, S. 34

Sommer, Norbert (Hrsg.): Nennt uns nicht Brüder! Frauen in der Kirche durchbrechen das Schweigen, Stuttgart 1985

Sorg, Richard: Marxismus und Protestantismus in Deutschland, Köln 1974

Spiegel, Yorick: Kirche als bürokratische Organisation, München 1968

Spiegel, Yorick (Hrsg.): Kirche und Klassenbindung, Frankfurt 1974

Spiegel, Y./Teichler, U.: Theologie und gesellschaftliche Praxis, München 1974

Statistisches Bundesamt (Hrsg.): Datenreport 1985. Zahlen und Fakten über die Bundesrepublik Deutschland, Stuttgart 1986

Steinkamp, Hermann: Nicht zum religiösen Verein verkümmern. Wie die Kirche auf die soziale Not der Gegenwart zu antworten hat, in: Publik-Forum, Nr. 4, 14. Februar 1986, S. 20

Storch, Carlo: Katholische Religion und gesellschaftliche Orientierungskrise, Frankfurt 1984

Wagner, Heinz: Recht als Widerspiegelung und Handlungsinstrument. Beitrag zu einer materialistischen Rechtstheorie, Köln 1976

Walf, Knut: Vom Umgang mit Konflikten, in: Michaela Pilters/Knut Walf (Hrsg.): Menschenrechte in der Kirche, Düsseldorf 1980(a), S. 91-103

Walf, Knut: Die Menschenrechte in der katholischen Kirche, in: Michaela Pilters/Knut Walf (Hrsg.): Menschenrechte in der Kirche, Düsseldorf 1980(b), S. 104-119

Walf, Knut: Kirchenrecht, Düsseldorf 1984(a)

Walf, Knut: Einführung in das neue katholische Kirchenrecht, Zürich/Einsiedeln/Köln 1984(b)

Warwick, Donald: Die Zentralisierung der kirchlichen Autorität, in: CONCILIUM 10, 1974, S. 56-61

Weber, Edmund/Trommershäuser, Rolf: Kirche im Kapitalismus II. Deutscher Protestantismus in einer technologischen Welt?, in: U. Greiwe (Hrsg.): Herausforderung an die Zukunft, München 1970, S. 260-273

Weber, Hermann: Gelöste und ungelöste Probleme des Staatskirchenrechts, in: NJW (Neue Juristische Wochenschrift) 1983, Heft 45, S. 2541-2554

Weber, Max: Wirtschaft und Gesellschaft. Grundriß einer verstehenden Soziologie, Tübingen 1985

Weber, Wilhelm: Wenn aber das Salz schal wird, Frankfurt 1984

Werkentin, Falko/Hofferbert, Michael/Baurmann, Michael: Kriminologie als Polizeiwissenschaft oder: Wie alt ist die neue Kriminologie?, in: Kritische Justiz 5, 1972, S. 221-252

Wieland, Joachim: Die Angelegenheiten der Religionsgesellschaften, in: Der Staat, 3/86, S. 321-350

Wullschleger, Otto: Religion und Kriminalität, in: Hans Joachim Schneider (Hrsg.): Kriminalität und abweichendes Verhalten, Band 2, Weinheim/ Basel 1983, S. 18-26

Zentralkomitee der deutschen Katholiken: Thesen gegen den Mißbrauch der Demokratie, in: Herder Korrespondenz, 9. Heft, 25. Jahrgang, 1971, S. 433-441

Zentralkomitee der deutschen Katholiken (Kommission 1: Politik, Verfassung, Recht): Zur rechtspolitischen Entwicklung in der Bundesrepublik Deutschland, in: Zeitschrift für Rechtspolitik (ZRP), Heft 2, 13. Jahrgang, Frankfurt 1980, S. 51-56

Zulehner, Paul Michael: Pastorale Zielperspektiven, in: Bertsch, Ludwig/ Schlösser, Felix (Hrsg.): Kirchliche und nichtkirchliche Religiösität, Freiburg 1978, S. 88-106

Zulehner, Paul Michael: Religion im Leben der Österreicher, Wien 1981

Zulehner, Paul Michael: Das Gottesgerücht. Bausteine für eine Kirche der Zukunft, Düsseldorf 1987

ERFAHRUNG UND THEOLOGIE
Schriften zur praktischen Theologie

Herausgegeben von Wilhelm Gräb, Norbert Greinacher, Ferdinand Klostermann †, Norbert Mette, Dietrich Rössler

Mit dem Titel "Erfahrung und Theologie" soll zum Ausdruck gebracht werden, daß in dieser Reihe Schriften aufgenommen werden sollen, die reflektieren über die Vermittlung von christlichem Glauben und menschlichen Erfahrungen. Der Begriff "Praktische Theologie" im Untertitel wird hier im weitesten Sinne verwendet. Gegenstand der Reflexion sollen alle Handlungsbereiche kirchlicher Praxis sein. Für Hinweise auf Projekte, die für diese Schriftenreihe in Betracht kommen, sind wir sehr dankbar.

Priv.-Doz. Dr. Wilhelm Gräb, Hauptstr. 11, D-3412 Nörten-Hardenberg
Prof. Dr. Norbert Greinacher, Ahornweg 4, D-7400 Tübingen
Prof. Dr. Norbert Mette, Liebigweg 11a, D-4400 Münster
Prof. Dr. Dietrich Rössler, Engelfriedshalde 39, D-7400 Tübingen

Band 1 Norbert Greinacher/Ferdinand Klostermann: Vor einem neuen politischen Katholizismus? 1978.

Band 2 Josef Breuss: Theorie des Evangeliums und pastorale Praxis. Schriftanalyse als Bekenntnisanalyse aufgrund von Texten aus dem Markusevangelium. 1979.

Band 3 Klaus Otte: Durch Gemeinde zur Predigt. Zur Verhältnisbestimmung von Theologie und Predigt bei Alexander Schweizer und Alois Emanuel Biedermann. 1979.

Band 4 Hans-Günter Heimbrock: Vom Heil der Seele. Studien zum Verhältnis von Religion und Psychologie bei Baruch Spinoza. Zugleich ein Beitrag zur Vorgeschichte der modernen Religionspsychologie. 1981.

Band 5 Reinhard Schmidt-Rost: Verkündigung in evangelischen Zeitschriften. Elemente eines publizistisch-homiletischen Prozesses. 1982.

Band 6 Luis Zambrano: Entstehung und theologisches Verständnis der "Kirche des Volkes" (Iglesia Popular) in Lateinamerika. 1982.

Band 7 Johannes Loh: Gott der Vater. Ein Beitrag zum Gespräch mit der Psychologie über den praktisch-theologischen Sinn der Vater-Symbolik. 1983.

Band 8 Dieter Funke: Verkündigung zwischen Tradition und Interaktion. Praktisch-theologische Studien zur Themenzentrierten Interaktion (TZI) nach Ruth C. Cohn. Mit einem Vorwort von Hermann Steinkamp. 1984.

Band 9 Carlo Storch: Katholische Religion und gesellschaftliche Orientierungskrise. 1984.

Band 10 Karl-Fritz Daiber/Ingrid Lukatis (Hrsg.): Die Praxisrelevanz von Theologie und Sozialwissenschaften. Ein Symposion mit Beiträgen von Helge Hognestad, Wenzel Lohff, Otwin Massing, Bernhard Moltmann, Hans-Martin Müller, Gerhard Rau, Mady A. Thung und Gerhard Wurzbacher. 1984.

Band 11 Jochen Ellerbrock: Adamskomplex. Alfred Adlers Psychologie als Interpretament christlicher Überlieferung. 1985.

Band 12 Dietmar Rollny: Pastoraler Dienst am straffälligen jungen Menschen. 1986.

Band 13 Wolfgang Albers: Schulen ohne Rassenschranken. Handeln nach dem Evangelium in Südafrika. 1986.

Band 14 Christopher Elberg: Öffentlichkeitsprobleme der katholischen Kirche Frankreichs. Eine Theorie kirchlicher Öffentlichkeit angewandt am Beispiel der Geschichte katholischer Sekundarschulgemeinden in Frankreich (1928-1975). 1989.

Band 15 Josef Senft: Im Prinzip von unten. Redefinition des Subsidiaritätsgrundsatzes für ein solidarisches Ethos. 1990.

Band 16 Jochen Ellerbrock: Lebensexperimente des Glaubens. Eine empirische Untersuchung zu Entwicklung und gegenwärtigem Erleben von Religiosität. Mit einem Vorwort von Walter Neidhart. 1990.

Band 17 Christiane Burbach: Argumentation in der "politischen" Predigt. 1990.

Band 18 Rainer Schwarzenthal: Konflikt und Ausgrenzung in der Katholischen Kirche. Analysen zur Selektivität religiöser Institutionalisierung. 1990.